Arash Ahmadi Esfahani

Redes móveis ad-hoc

Arash Ahmadi Esfahani

Redes móveis ad-hoc

ScienciaScripts

Imprint

Any brand names and product names mentioned in this book are subject to trademark, brand or patent protection and are trademarks or registered trademarks of their respective holders. The use of brand names, product names, common names, trade names, product descriptions etc. even without a particular marking in this work is in no way to be construed to mean that such names may be regarded as unrestricted in respect of trademark and brand protection legislation and could thus be used by anyone.

Cover image: www.ingimage.com

This book is a translation from the original published under ISBN 978-620-6-77321-4.

Publisher:
Sciencia Scripts
is a trademark of
Dodo Books Indian Ocean Ltd. and OmniScriptum S.R.L publishing group

120 High Road, East Finchley, London, N2 9ED, United Kingdom
Str. Armeneasca 28/1, office 1, Chisinau MD-2012, Republic of Moldova, Europe
Printed at: see last page
ISBN: 978-620-7-89849-7

Prefácio

As redes móveis ad-hoc (MANET) representam uma evolução notável na tecnologia de comunicação sem fios, caracterizada pela sua natureza dinâmica e auto-configurável. Ao contrário das redes tradicionais, as MANET não dependem de qualquer infraestrutura fixa, o que as torna altamente adaptáveis e resilientes em vários ambientes. Este livro tem como objetivo fornecer uma exploração abrangente dos princípios, protocolos e aplicações que definem o panorama das redes ad-hoc móveis.

Nos últimos anos, a proliferação de dispositivos móveis e a crescente necessidade de conetividade sem descontinuidades impulsionaram as MANET para a vanguarda da investigação e desenvolvimento das comunicações sem fios. De cenários de recuperação de desastres a operações militares, de sistemas de comunicação veicular à Internet das Coisas (IoT), as aplicações das MANETs são tão diversas quanto impactantes. Este livro aprofunda os fundamentos teóricos, bem como as implementações práticas destas redes, oferecendo aos leitores uma perspetiva equilibrada sobre os desafios e as oportunidades que apresentam.

Ao longo deste livro, esforcei-me por cobrir uma vasta gama de tópicos essenciais para compreender e trabalhar com MANETs. Começando com os conceitos básicos e arquitecturas, passo por protocolos de encaminhamento, considerações de segurança, métricas de desempenho e questões de escalabilidade.

O meu objetivo é não só educar, mas também inspirar a inovação no domínio das redes ad-hoc móveis. Ao fornecer explicações pormenorizadas, exemplos do mundo real e ideias de investigação recente, espero equipar os leitores com os conhecimentos e as ferramentas necessárias para contribuírem para o avanço deste domínio excitante e em constante evolução.

Gostaria de expressar a minha gratidão aos numerosos investigadores, engenheiros e académicos cujo trabalho lançou as bases para este livro. A sua dedicação e contribuições foram fundamentais para moldar o estado atual da tecnologia MANET.

Espero que este livro sirva como um recurso valioso para aqueles que procuram compreender e inovar no domínio das redes ad-hoc móveis. Quer seja um estudante a iniciar a sua primeira viagem nas comunicações sem fios ou um profissional experiente que procura aprofundar os seus conhecimentos, esperamos que este livro seja informativo e inspirador.

Arash Ahmadi Esfahani
2024

Índice

Capítulo 1: Um novo protocolo de encaminhamento de vectores de distância Ad Hoc On-Demand baseado em Fuzzy para MANETs

1. Introdução

As redes móveis ad-hoc (MANET) têm-se revelado importantes para os métodos de comunicação actuais e futuros, facilitadas em parte pelos avanços nas tecnologias sem fios e pela ubiquidade dos dispositivos móveis [1]. Embora existam muitas aplicações potenciais para as MANET (ver [2] para exemplos), existem ainda vários desafios substanciais e problemas por resolver [3] - sendo o mais significativo e desafiante o do encaminhamento [4]. Neste estudo, centramo-nos nos desafios de encaminhamento em redes móveis ad-hoc de alta densidade.

Quase todos os protocolos de encaminhamento MANET se baseiam num esquema de difusão para distribuir informações de encaminhamento através da rede [5]. Os mecanismos fundamentais na descoberta de rotas em protocolos de encaminhamento reactivos baseiam-se em técnicas de difusão através dos nós, desde as fontes até aos destinos, para encontrar caminhos existentes [6]. Os nós nas MANETs são móveis e a sua mobilidade leva a falhas frequentes nas rotas e à necessidade de descoberta contínua de rotas [7]. Enquanto a difusão aumenta a acessibilidade das mensagens de pedido de rota para os destinos em redes esparsas, a retransmissão provoca um número excessivo de pacotes redundantes nas redes de alta densidade, o que diminui significativamente o desempenho da rede [8]. Devido a restrições de recursos (por exemplo, acesso aos meios de comunicação, largura de banda limitada e energia da bateria), este tráfego redundante é indesejável porque reduz o desempenho da rede [8]. Por conseguinte, o processo de descoberta de encaminhamento implica uma sobrecarga que não pode ser negligenciada.

Um dos principais desafios no desenvolvimento de algoritmos de encaminhamento de MANET é a criação de técnicas de difusão mais eficazes que possam ajustar-se rapidamente às alterações da topologia, tendo simultaneamente em conta as condições do canal, a largura de banda da ligação, o congestionamento e a energia da bateria dos dispositivos móveis.

O principal objetivo deste estudo é investigar melhorias no desempenho da rede através da supressão da carga de encaminhamento de difusão na fase de descoberta de rotas. Propomos um protocolo de encaminhamento CLAF-AODV (Cross-layer Adaptive Fuzzy-based Ad hoc On-demand Distance Vetor) para reduzir o tráfego de difusão de encaminhamento, considerando os factores que afectam a qualidade do serviço (ou seja, largura de banda, comprimento da fila), a estabilidade (ou seja, energia do nó, intensidade do sinal recebido) e a adaptabilidade à densidade da rede. Seguimos uma abordagem híbrida para a tomada de decisões de difusão, considerando três fases e empregando a lógica difusa e a conceção entre camadas. O protocolo de retransmissão híbrido adaptativo sugerido evita tempestades de difusão em redes altamente densas, mantendo a acessibilidade numa rede esparsa. O protocolo CLAF-AODV resultante é então comparado com os protocolos AODV e FP-AODV padrão.

2. Protocolos existentes

Foram utilizadas várias abordagens de retransmissão para reduzir ou evitar o reencaminhamento redundante de pacotes com o objetivo de desenvolver soluções de encaminhamento óptimas [9]. A diferença entre estas técnicas reside nas políticas de decisão e nos parâmetros utilizados para o reencaminhamento de pacotes de difusão.

A. Mecanismo de radiodifusão

A inundação é o mecanismo básico para enviar um pacote de uma fonte para um determinado nó de destino. Na inundação simples (também conhecida como inundação cega), o nó de origem transmite um pacote de dados a todos os seus vizinhos. Os vizinhos repetem este procedimento até que o pacote chegue ao seu destino. O protocolo AODV (Ad hoc On-demand Distance Vetor) é um exemplo de um protocolo de encaminhamento por inundação simples [10]. A grande desvantagem da inundação é o facto de produzir tráfego redundante excessivo (ou seja, tempestades de difusão), que desperdiça recursos da rede (por exemplo, largura de banda, bateria), especialmente em ambientes de rede de alta densidade. Estes problemas podem afetar a funcionalidade da rede e conduzir a perdas de pacotes, atrasos extremo-a-extremo, aumento da latência e baixa taxa de transferência [11].

Uma estratégia determinística que permite que um número selecionado de nós participe na difusão através da construção de uma rede virtual sobreposta é uma forma de ultrapassar este problema [12]. É necessária informação topológica global para selecionar o subconjunto de nós. Connected dominating set (CDS) [13] e multi-point relay (MPR) [14] são duas estratégias comuns para esta abordagem de difusão. A técnica CDS selecciona um subconjunto de nós da rede como backbone ligado (também conhecido como backbone virtual), de modo a que todos os outros nós da rede tenham pelo menos um vizinho nesse subconjunto. Encontrar um CDS mínimo numa dada rede é uma tarefa difícil [15]. No caso do MPR, cada nó da MANET escolhe um subconjunto dos seus nós vizinhos de um salto que são responsáveis pela retransmissão de quaisquer pacotes de difusão recebidos (designado por retransmissão multiponto). Neste cenário, os nós vizinhos que não estão no conjunto MPR recebem os pacotes de difusão e descartam-nos.

A maioria dos algoritmos de difusão determinística depende da topologia da rede e da sua espinha dorsal. Em ambientes de rede de baixa mobilidade, foram levantadas questões sobre a utilização repetida dos mesmos nós, que pode resultar num consumo de energia desequilibrado, numa carga desequilibrada, etc. Esta classe de algoritmo envolve a troca periódica de informações topológicas para manter ou selecionar os conjuntos MPR ou CDS. Em condições de rede de elevada mobilidade (em que a topologia da rede pode mudar rapidamente), deve ser enviado um elevado número de mensagens de controlo para manter a informação topológica actualizada. No entanto, isto pode resultar num grande número de colisões, bem como numa elevada taxa de perda de pacotes [16]. Dependendo da aplicação, oferecer uma estrutura virtual em vez de uma topologia de rede real pode ou não ser suficientemente vantajoso para justificar a despesa de a construir e manter.

As técnicas baseadas em contadores tentam resolver o problema impedindo um nó móvel de retransmitir uma mensagem se o número de pacotes de difusão duplicados recebidos pelo nó durante um período de espera aleatório exceder um valor limite [17]. As estratégias de contador fixo são incapazes de ter um bom desempenho em diferentes condições de funcionamento da rede. Um limiar de contador baixo poupa muitas retransmissões, mas a acessibilidade sofre muito em redes esparsas. Um valor elevado para este limiar, por outro lado, indica uma boa acessibilidade, mas poupa poucos pacotes de difusão. Para resolver este problema, alguns investigadores propuseram limiares dinâmicos para melhorar a eficiência da difusão. Por exemplo, [18] usa três limiares dinâmicos para considerar a distribuição da rede como densa, média ou esparsa. A densidade da rede é determinada pela contagem dos pacotes HELLO recebidos dos vizinhos. Os nós móveis retransmitem a mensagem tendo em conta a densidade dos nós se o número de pacotes de difusão duplicados recebidos for inferior a um determinado limiar [18]. Os autores em [19] apresentam um algoritmo baseado num contador ajustável, utilizando a densidade da rede como parâmetro para definir o Random Assessment Delay (RAD) (temporizador de espera aleatório). Para redes densas, é utilizado um RAD pequeno e para redes esparsas, um RAD grande. Verificou-se que estes esquemas melhoram o débito e a acessibilidade, mas à custa de atrasos mais longos.

As técnicas probabilísticas reduzem o número de nós de difusão atribuindo uma probabilidade de encaminhamento P aos nós (ou seja, os nós não participam na difusão, com uma probabilidade de 1 - P). A parte mais difícil destas técnicas é escolher P. Vários autores exploraram a utilização de abordagens de difusão probabilística fixas e dinâmicas [20]. A probabilidade fixa única não é eficaz para diferentes densidades de rede (pequenos valores de P são eficazes para redes de alta densidade, enquanto valores elevados de P são necessários se a rede for esparsa [21]). Para ultrapassar a limitação da probabilidade fixa, foram propostas várias abordagens probabilísticas dinâmicas. Uma extensão probabilística do protocolo AODV [22] utilizou um método probabilístico baseado em limiares para tomar decisões sobre a probabilidade de encaminhamento do pedido de rota. Especificamente, o protocolo calcula primeiro um valor limite para o número médio de nós vizinhos e, em seguida, dado o número total de nós da rede, determina se a rede localizada em torno de cada nó é esparsa ou densa. Se a rede localizada de um nó tiver menos vizinhos do que um limiar, é rotulada de esparsa. Neste caso, o nó encaminha o RREQ com uma probabilidade de P1. A rede localizada é designada densa quando o número de vizinhos de um nó ultrapassa o limiar e a probabilidade de difusão é definida como P2, em que P1 > P2. Infelizmente, nem sempre é possível, em aplicações do mundo real, que o algoritmo saiba quantos nós estão presentes na rede como um todo. Além disso, não existem critérios para selecionar nós de elevada qualidade para participarem no encaminhamento. Outros métodos, como a abordagem AODV [23], baseada na energia residual dos nós, calcula as probabilidades de retransmissão dinâmica com base na energia residual, na potência do sinal recebido pelos nós e na densidade dos nós para reduzir a sobrecarga da rede. Quando é recebido um RREQ, a intensidade do sinal recebido é comparada com um limiar. Se for inferior a esse limiar, o RREQ é rejeitado. Caso contrário, a energia residual mínima normalizada desde a fonte até ao nó atual é utilizada para calcular a probabilidade de encaminhamento P. Se um nó deixar cair o pacote RREQ, verifica se o pacote foi ou não recebido pelo seu vizinho para evitar a morte prematura do pacote de encaminhamento. Neste caso, o nó define um temporizador de coscuvilhice C com base na densidade da rede e, em seguida, espera para saber se foi recebida uma cópia do RREQ. Se não receber um RREQ durante o período de bisbilhotice, retransmite o RREQ. Embora o protocolo tenha em conta a energia, não considera métricas de qualidade para calcular a probabilidade de encaminhamento. Em alternativa, o método de difusão probabilística controlada por Fuzzy, sensível à topologia [24], utiliza a contagem de saltos e a cobertura dos vizinhos de ligação descendente para determinar a probabilidade de retransmissão de um nó. A referência [25] introduziu um AODV dinâmico baseado no estado da energia difusa (DFES-AODV) que calcula a probabilidade de reencaminhamento do RREQ utilizando um sistema de lógica difusa Mamdani (ver [26] para mais pormenores sobre a lógica difusa Mamdani). As entradas para o algoritmo DFES-AODV incluem o nível de bateria residual de um nó, bem como a sua taxa de consumo de energia. É vantajoso escolher a probabilidade de difusão de uma forma que tenha em conta os requisitos de QoS para além da densidade da rede.

Foram também propostas várias abordagens probabilísticas dinâmicas em que são utilizados vários critérios para determinar a probabilidade de avanço. Por exemplo, [27] propôs um algoritmo probabilístico de duas fases que utilizava um esquema de difusão de segunda hora baseado na intensidade do sinal e nas distâncias derivadas do GPS para calcular a probabilidade de avanço e o atraso de avaliação aleatória (ver [8] para mais pormenores). A mobilidade dos nós e a estabilidade das ligações também foram consideradas em [28], que propôs um algoritmo de difusão probabilística para prever ligações estáveis envolvidas em trajectórias de encaminhamento. Escolher os parâmetros do nó/rede e descobrir como utilizá-los para gerar uma probabilidade adaptativa é o maior desafio das técnicas probabilísticas dinâmicas.

Nos algoritmos baseados na área, a área de cobertura da rede de cada nó é utilizada para informar as decisões de retransmissão. Especificamente, um nó recetor retransmite os pacotes recebidos se isso aumentar a área de cobertura. No caso dos Algoritmos Baseados em Beacon-less propostos em [29], cada nó inicia um temporizador assim que recebe a primeira cópia de uma mensagem. O nó continua a receber mais cópias da mesma mensagem enquanto o temporizador não tiver expirado. Se o nó A (por exemplo) receber uma mensagem de várias fontes e essas fontes cobrirem o alcance de transmissão de A, o nó A descarta a mensagem de difusão recebida. O protocolo AOMDVDREAM [30] combina o protocolo AOMDV (ad hoc on-demand multipath distance vetor) com o protocolo DREAM (Distance Routing Effect Algorithm for Mobility). Com a ajuda desta técnica, o número de mensagens de difusão na rede pode ser reduzido através da estimativa da localização do alvo. A técnica baseada em áreas tem dificuldades com a mobilidade dos nós, uma vez que estes têm de atualizar constantemente os seus dados de posição, o que aumenta a sobrecarga [31]. Além disso, a utilização de GPS e de informação de posição é necessária para abordagens baseadas em áreas, o que coloca limitações em algumas aplicações.

Os métodos de conhecimento da vizinhança utilizam informações sobre os vizinhos para decidir se uma mensagem deve ou não ser retransmitida. Embora os nós tenham um maior conhecimento da sua vizinhança graças às técnicas de conhecimento da vizinhança, pode ser difícil dispor de informações fiáveis e actualizadas em redes altamente móveis. Os autores em [32] definiram uma técnica de auto-reprodução que reduz o número de mensagens de difusão redundantes com base no conhecimento da vizinhança de três saltos. Nas técnicas de auto-reprodução, um nó emissor acrescenta informação sobre o seu vizinho no cabeçalho do pacote e o nó recetor compara essa informação com a sua tabela para decidir sobre a retransmissão. O algoritmo de difusão escalável [33] é semelhante ao auto-propagação, mas utiliza mensagens Hello para propagar o conhecimento de vizinhança de 2 saltos. A poda dominante baseada no conhecimento alargado da vizinhança é proposta em [34] e utiliza uma técnica de poda dominante para diminuir o número de pacotes de difusão desnecessários, utilizando informações de conetividade da vizinhança de 3 saltos. Na poda dominante, os nós de origem escolhem alguns dos seus vizinhos que estão autorizados a retransmitir. Os endereços dos nós seleccionados são adicionados ao cabeçalho da mensagem de difusão e os nós que encontram o seu endereço na mensagem recebida são autorizados a retransmitir. Os métodos baseados no conhecimento da vizinhança decidem se a difusão deve ser efectuada com base nas informações recebidas dos nós vizinhos. A sobrecarga de informação de vizinhança aumenta com o aumento da densidade ou da dimensão da rede [35].

Por último, os esquemas de difusão híbridos optimizam a difusão nas MANET, combinando as vantagens de dois ou mais métodos para obter um melhor desempenho do encaminhamento. Em [27] foi proposta uma técnica de difusão probabilística adaptativa baseada no conhecimento da vizinhança e num critério de zona de encaminhamento. O algoritmo considera a densidade dos nós utilizando uma métrica de densidade chamada métrica de expansão. A referência [36] combinou os benefícios dos esquemas probabilísticos e baseados em contadores para sugerir um esquema eficiente baseado em contadores (ECS). Quando um nó recebe um novo pacote de difusão no ECS, inicia um temporizador e regista quantos pacotes de difusão idênticos adicionais recebe. O pacote é descartado se este valor for superior a um limiar pré-definido; caso contrário, é repetido com uma probabilidade de P. O protocolo de encaminhamento de factores de conetividade dinâmica [37] diminui a sobrecarga de RREQ utilizando uma métrica de conetividade (ou seja, informação sobre a densidade) e factores de conetividade dinâmica (ou seja, o rácio de conetividade de um nó com base na sua informação sobre a vizinhança), para calcular a probabilidade de encaminhamento. O protocolo de retransmissão baseado no conhecimento da vizinhança, que combina o conhecimento da cobertura da vizinhança e abordagens probabilísticas, foi proposto pelos autores em [38] para obter uma boa QoS. O Sistema de Posicionamento Global (GPS) ou a intensidade do sinal podem ser utilizados para calcular a distância entre os nós de origem e de destino neste cenário, o que determina a probabilidade de retransmissão.

É preocupante o facto de alguns artigos de investigação não incluírem pormenores importantes sobre a configuração da simulação, o que dificulta a reprodução exacta do estudo [39].

B. Procedimento de descoberta de rotas do AODV

Um dos protocolos de encaminhamento reativo mais populares que tem sido amplamente utilizado no domínio da investigação sobre redes móveis sem fios é o protocolo AODV. Ao contrário dos protocolos de encaminhamento proactivos, um nó AODV não guarda qualquer informação de encaminhamento sobre todos os potenciais destinos da rede. As rotas são encontradas a pedido, iniciando um processo de descoberta de rotas baseado numa inundação simples (blind flooding). Na inundação simples, quando um nó móvel tem dados para um destino específico, emite um pacote de pedido de rota (RREQ) para os seus vizinhos em busca de um destino específico. Os nós que recebem o RREQ retransmitem-no até chegar ao seu destino. Depois de receber o RREQ, o destino envia uma resposta de rota (RREP) na direção oposta ao nó de origem (ver [40] para informações mais detalhadas sobre o funcionamento do AODV). A inundação cega de mensagens RREQ na fase de descoberta de rotas pode causar um número significativo de pacotes duplicados (RREQs), que utilizam os recursos da rede de forma ineficiente e têm efeitos negativos no atraso extremo-a-extremo, na perda de pacotes, no débito, etc.

3. Uma descoberta de rotas híbrida entre camadas
Algoritmo com lógica difusa

Esta secção explica o mecanismo de descoberta de rotas sugerido para protocolos de encaminhamento reactivos em MANET que se ajusta às alterações da rede, incluindo a qualidade dos nós (em termos de comprimento da fila, congestionamento do canal e energia restante), a qualidade das ligações (em termos de largura de banda e intensidade do sinal recebido) e a densidade da rede em torno dos nós. O método sugerido tira partido de três técnicas para proporcionar um bom compromisso entre o mínimo de despesas de comunicação e a qualidade do serviço: 1) retransmissão baseada em limiares, 2) retransmissão probabilística e 3) mecanismo baseado em contadores para controlar as despesas de encaminhamento. A retransmissão baseada em limiares considera os requisitos mínimos de um nó para participar no processo de encaminhamento. Além disso, se a densidade da rede estiver abaixo do limiar predefinido, o nó certamente transmite os pacotes de difusão recebidos. Utilizamos a lógica difusa para calcular a probabilidade de difusão para os nós receptores com base na qualidade do nó, na densidade da rede e na qualidade do caminho que o pacote de difusão percorre. Finalmente, para evitar a inalcançabilidade dos pacotes de difusão, usamos o algoritmo baseado em contadores para garantir que um número adequado de nós na rede propague os pacotes de difusão. A técnica de retransmissão híbrida proposta é aplicada a um protocolo AODV, que é um dos protocolos de encaminhamento reativo mais populares para MANETs.

A MANET é um sistema distribuído que não dispõe de uma gestão central nem de um sistema de monitorização central. Por conseguinte, os nós móveis não podem ter uma visão completa do estado da rede para tomar decisões sobre o seu funcionamento. Além disso, a recolha de informações globais não é prática devido aos recursos limitados das MANET, como a largura de banda ou o hardware dos nós.

Neste estudo, é utilizada uma conceção de camadas cruzadas para ajudar os nós móveis a conhecerem as condições da rede através da análise de parâmetros locais em diferentes camadas OSI. Os protocolos de encaminhamento operam na camada três. Embora os protocolos de camadas superiores não interajam diretamente com a camada física, as características da camada física e da camada de ligação de dados nas comunicações sem fios têm impacto no desempenho dos protocolos de camadas superiores. Por conseguinte, estas camadas não devem ser ignoradas para protocolos de encaminhamento de elevado desempenho. Estamos à procura de características em várias camadas que afectam a adaptabilidade, a estabilidade e a qualidade, que foram discutidas mais adiante nesta secção. Tanto quanto sabemos, nenhum dos estudos anteriores tem em conta os factores adequados para tomar a melhor decisão relativamente à escolha dos melhores nós para retransmissão.

Para lidar com as tempestades de difusão em MANETs de alta densidade, sugere-se uma solução de lógica difusa com a consideração de parâmetros de várias camadas como entradas para tomar decisões adequadas sobre o encaminhamento de RREQ. A lógica difusa, proposta por Zadeh [41], é utilizada em muitas aplicações que requerem controlo ou tomada de decisões, uma vez que fornece respostas de baixo custo. A lógica difusa é uma técnica de computação suave que pode produzir decisões precisas e exactas em situações que são multi-variáveis, incertas e imprecisas. A lógica difusa tira partido da incerteza para produzir decisões aproximadas que podem ser utilizadas no encaminhamento de MANET. As outras vantagens da adoção do sistema de lógica difusa são a sua simplicidade e os baixos requisitos computacionais [42].

O algoritmo proposto é implementado com o sistema de inferência fuzzy Mamdani. O modelo do tipo Mamdani é um modelo relacional difuso em que cada regra de controlo linguístico é representada por uma instrução IF-THEN para definir o antecedente e o consequente. Cada regra produz um conjunto fuzzy como saída. O algoritmo proposto contém o módulo de monitorização e análise fuzzy e o módulo de tomada de decisões de difusão.

O objetivo do modelo difuso proposto é identificar os nós mais adequados, tendo em conta a densidade da rede, a qualidade dos nós e os factores de estabilidade, para participarem no processo de descoberta de rotas com o objetivo de criar um caminho de alta qualidade entre um nó de origem e um nó de destino. Os nós mais adequados não são apenas seleccionados com base nas propriedades locais dos nós, mas também definimos um novo parâmetro que indica a qualidade do caminho que o pacote RREQ percorre até esse nó. Estes nós participam no encaminhamento com maior probabilidade.

4. Conclusão

Neste trabalho, propusemos o novo protocolo de encaminhamento CLAF-AODV para lidar com o problema de difusão. Utilizámos a lógica difusa de dois níveis para suprimir os pacotes de difusão na rede. O protocolo proposto considerou factores de estabilidade, qualidade e adaptabilidade para tomar a decisão adequada sobre o encaminhamento de pacotes de difusão. Para este efeito, a probabilidade de reencaminhamento é calculada de forma adaptativa com base em parâmetros como a qualidade do nó, a qualidade do caminho e a densidade da rede em torno de um nó. Utilizámos a lógica difusa para determinar a qualidade do nó com base na energia, na largura de banda, no comprimento da fila, na intensidade do sinal e na contenção MAC como entradas. O nosso estudo e análise de simulação demonstram que, em comparação com os protocolos AODV e FP-AODV originais, o protocolo de encaminhamento proposto diminui a carga de encaminhamento e a contenção da camada MAC de forma eficiente. O CLAF-AODV apresenta um desempenho superior em termos de débito, perda de pacotes e atraso de ponta a ponta, em contraste com os dois outros protocolos de encaminhamento numa rede de elevada densidade. Iremos avaliar o protocolo sugerido utilizando várias velocidades de nó e modelos de mobilidade no nosso próximo estudo. Depois, para sugerir uma estratégia de difusão adaptativa, teremos em conta o padrão de mobilidade e a velocidade relativa dos nós, para além das características acima mencionadas. Além disso, os protocolos de encaminhamento devem ser testados no terreno, uma vez que os estudos de simulação não captam necessariamente os factores ambientais que podem afetar a funcionalidade de uma MANET.

Referências

[1] D. Ramphull, A. Mungur, S. Armoogum e S. Pudaruth, "A review of Mobile Ad-hoc Network (MANET) protocols and their applications", em Proc. 5th Int. Conf. Intell. Comput. Control Syst. (ICICCS), maio de 2021, pp. 204-211.

[2] F. Safari, I. Savić, H. Kunze, e D. Gillis, "The diverse technology of MANETs:Asurvey of applications and challenges", Int. J. Future Comput. Commun., vol. 12, no. 2, 2023.

[3] D. E. M. Ahmed and O. O. Khalifa, "An overview of MANETs: Applications, characteristics, challenges and recent issues," Int. J. Eng. Adv. Technol., vol. 6, no. 4, pp. 128-133, 2017.

[4] T. K. Saini and S. C. Sharma, "Prominent unicast routing protocols for Mobile Ad-hoc Networks: Critério, classificação e atributos-chave", Ad Hoc Netw., vol. 89, pp. 58-77, Jun. 2019.

[5] Z. J. Haas, J.Y. Halpern, and L. Li, "Gossip-based ad hoc routing," in Proc. 21st Annu. Joint Conf. IEEE Comput. Commun. Soc., vol. 3, Jun. 2002, pp. 1707-1716.

[6] B. H. Khudayer, M. Anbar, S. M. Hanshi, e T.Wan, "Efficient route discovery and link failure detection mechanisms for source routing protocol in mobile ad-hoc networks", IEEE Access, vol. 8, pp. 24019-24032, 2020.

[7] M. A. Gawas, L. J. Gudino, and K. R. Anupama, "Cross layered adaptive cooperative routing mode in Mobile Ad-hoc Networks," in Proc. 22nd Asia-Pacific Conf. Commun. (APCC), agosto de 2016, pp. 462-469.

[8] Q. Zhang and D. P. Agrawal, "Dynamic probabilistic broadcasting in MANETs," J. Parallel Distrib. Comput., vol. 65, no. 2, pp. 220-233, Fev. 2005.

[9] P. Ruiz and P. Bouvry, "Survey on broadcast algorithms for Mobile Ad-hoc Networks", ACM Comput. Surv., vol. 48, no. 1, pp. 1-35, Sep. 2015.

[10] S. R. Das, C. E. Perkins, e E. M. Belding-Royer, Ad Hoc On-Demand Distance Vetor (AODV) Routing, documento RFC 3561, RFC Editor, Jul. 2003. [Online]. Disponível: https://www.rfc-editor.org/info/rfc3561, doi: 10.17487/RFC3561.

[11] Y.-C. Tseng, S.-Y. Ni, Y.-S. Chen, e J.-P. Sheu, "The broadcast storm problem in a Mobile Ad-hoc Network", Wireless Netw., vol. 8, nos. 2-3, pp. 153-167, 2002.

[12] I. Stojmenovic e J. Wu, "Broadcasting and activity scheduling in ad hoc networks", Mobile Ad Hoc Netw., pp. 205-229, Jun. 2004.

[13] V. R. Kavitha and M. Moorthi, "A quality of service load balanced connected dominating set-stochastic diffusion search (CDS-SDS) network backbone for MANET," Comput. Netw., vol. 151, pp. 124-131, Mar. 2019.

[14] L. Zhang, L. Hu, F. Hu, Z. Ye, X. Li e S. Kumar, "Enhanced OLSR routing for airborne networks with multi-beam directional antennas", Ad Hoc Netw., vol. 102, May 2020, Art. no. 102116.

[15] X. Huang, Y. Qing, and Y. Bao, "A distributed algorithm for virtual backbone construction in wireless networks", in Proc. Int. Conf. Commun. Signal Process. (ICCSP), abril de 2018, pp. 0045-0049.

[16] R. C. Gómez, I. Gonzalez-Herrera, Y. Bromberg, L. Réveillère, and E. Rivière, "Density and mobility-driven evaluation of broadcast algorithms for MANETs," in Proc. IEEE 37th Int. Conf. Distrib. Comput. Syst. (ICDCS), Jun. 2017, pp. 2308-2313.

[17] Y.-C. Tseng, S.-Y. Ni, and E.-Y. Shih, "Adaptive approaches to relieving broadcast storms in a wireless multihop Mobile Ad-hoc Network", IEEE Trans. Comput., vol. 52, no. 5, pp. 545-557, maio de 2003.

[18] M. B. Yassein, S. F. Nimer, and A. Y. Al-Dubai, "A new dynamic counter-based broadcasting scheme for Mobile Ad-hoc Networks", Simul. Model. Pract. Theory, vol. 19, no. 1, pp. 553-563, Jan. 2011.

[19] S. O. Al-Humoud, L. M. Mackenzie, and J. Abdulai, "Neighbourhood aware counter-based broadcast scheme for wireless ad hoc networks," in Proc. IEEE Globecom Workshops, Nov. 2008, pp. 1-6.

[20] D. G. Reina, S. L. Toral, P. Johnson, and F. Barrero, "A survey on probabilistic broadcast schemes for wireless ad hoc networks", Ad Hoc Netw., vol. 25, pp. 263-292, Feb. 2015.

[21] S.-Y. Ni, Y.-C. Tseng, Y.-S. Chen, e J.-P. Sheu, "The broadcast storm problem in a Mobile Ad-hoc Network," in Proc. 5th Annu. ACM/IEEE Int. Conf. Mobile Comput. Netw., agosto de 1999, pp. 151-162.

[22] N. Nissar, N. Naja, and A. Jamali, "A review and a new approach to reduce routing overhead in MANETs," Wireless Netw., vol. 21, no. 4, pp. 1119-1139, May 2015.

[23] K. Mariyappan, "Gossip based node residual energy AODV routing protocol for ad-hoc network (GBNRE-AODV)", Int. J. Adv. Res. Comput. Sci., vol. 8, no. 8, pp. 193-202, Aug. 2017.

[24] A. Banerjee e S. Ghosh, "FPR: Fuzzy controlled probabilistic rebroadcast in Mobile Ad-hoc Network," Int. J. Inf. Technol., vol. 12, n.º 2, pp. 523-529, Jun. 2020.

[25] S. Chettibi e S. Chikhi, "Dynamic fuzzy logic and reinforcement learning for adaptive energy efficient routing in mobile ad-hoc networks", Appl. Soft Comput., vol. 38, pp. 321-328, Jan. 2016.

[26] D. Driankov, H. Hellendoorn, and M. Reinfrank, An Introduction to Fuzzy Control. Springer, 2013.

[27] W. K. Lai e C. Chiu, "Probabilistic second-chance broadcasting with/without global positioning system information in wireless ad hoc networks", IEEE Access, vol. 8, pp. 212608-212622, 2020.

[28] X. Zhang, K. Chen, Y. Zhang, and D. K. Sung, "A probabilistic broadcast algorithm based on the connectivity information of predictable rendezvous nodes in Mobile Ad-hoc Networks," in Proc. 23rd Int. Conf. Comput. Commun. Netw. (ICCCN), agosto de 2014, pp. 1-6.

[29] F. J. Ovalle-Martínez, A. Nayak, I. Stojmenovic, J. Carle, and D. Simplot-Ryl, "Area-based beaconless reliable broadcasting in sensor networks," Int. J. Sensor Netw., vol. 1, nos. 1-2, pp. 20-33, 2006.

[30] K. Chandravanshi and D. K. Mishra, "Minimization of routing overhead on the bases of multipath and destination distance estimation mechanism under MANET," in Proc. Int. Conf. ICT Bus. Ind. Government (ICTBIG), 2016, pp. 1-6.

[31] F. Yu, E. Lee, S. Park, and S.-H. Kim, "A simple location propagation scheme for mobile sink in wireless sensor networks", IEEE Commun. Lett., vol. 14, no. 4, pp. 321-323, Abr. 2010.

[32] R. Rab, S. A. D. Sagar, N. Sakib, A. Haque, M. Islam, and A. Rahman, "Improved self-pruning for broadcasting in ad hoc wireless networks", Wireless Sensor Netw., vol. 9, no. 2, pp. 73-86, 2017.

[33] W. Peng and X.-C. Lu, "On the reduction of broadcast redundancy in Mobile Ad-hoc Networks," in Proc. 1st Annu. Workshop Mobile Ad Hoc Netw. Comput. (MobiHOC), 2000, pp. 129-130.

[34] T. T. Anannya and A. Rahman, "Extended neighborhood knowledge based dominant pruning (ExDP)", in Proc. 5th Int. Conf. Netw., Syst. Secur. (NSysS), Dez. 2018, pp. 1-9.

[35] B. Williams e T. Camp, "Comparison of broadcasting techniques for Mobile Ad-hoc Networks", em Proc. 3rd ACM Int. Symp. Mobile Ad Hoc Netw. Comput., Jun. 2002, pp. 194-205.

[36] A. Mohammed, M. Ould-Khaoua, and L. Mackenzie, "An efficient counter-based broadcast scheme for Mobile Ad-hoc Networks", in Proc. Eur. Perform. Eng. Workshop. Berlim, Alemanha: Springer, 2007, pp. 275-283.

[37] A. M. E. Ejmaa, S. Subramaniam, Z. A. Zukarnain, e Z. M. Hanapi, "Neighbor-based dynamic connectivity fator routing protocol for Mobile Ad-hoc Network", IEEE Access, vol. 4, pp. 8053-8064, 2016.

[38] Y. H. Robinson, R. S. Krishnan, E. G. Julie, R. Kumar, L. H. Son e P. H. Thong, "Neighbor knowledge-based rebroadcast algorithm for minimizing the routing overhead in mobile ad-hoc networks", Ad Hoc Netw., vol. 93, Oct. 2019, Art. no. 101896.

[39] I. Savić, M. Asch, K. Rourke, F. Safari, P. Houlding, J. F. D. Veubeke, J. Ernst e D. Gillis, "M-ODD: Um protocolo padrão para relatar modelos, simulações e descobertas relacionadas com MANET", em Proc. Ad Hoc Netw. Tools IT, 13th EAI Int. Conf. ADHOCNETS, 16ª EAI Int. Conf. TRIDENTCOM. Cham, Suíça: Springer, 2022, pp. 114-129.

[40] C. Perkins, E. Belding-Royer e S. Das, Ad Hoc On-Demand Distance Vetor (AODV) Routing, documento RFC 3561, RFC Editor, Jul. 2003. [Online]. Disponível em: http://www.rfc-editor.org/rfc/rfc3561.txt

[41] L. A. Zadeh, "Fuzzy sets," in Fuzzy Sets, Fuzzy Logic, and Fuzzy Systems: Selected Papers. Singapore: World Scientific, 1996, pp. 394-432.

[42] D. Ibrahim, "An overview of soft computing", Proc. Comput. Sci., vol. 102, pp. 34-38, Jan. 2016.

[43] M. M. Islam, M. A. Uddin, A. N. Bahar, A. K. Islam, and M. S. A. Mamun, "Energy efficient routing mechanism for Mobile Ad-hoc Networks," Int. J. Comput. Sci. Eng., vol. 3, no. 1, pp. 9-20, 2014.

[44] S. Zheng, L. Li, and Y. Li, "A QoS routing protocol for Mobile Ad-hoc Networks based on multipath," J. Netw., vol. 7, no. 4, p. 691, Abr. 2012.

[45] R Core Team, "R: A language and environment for statistical computing", R Found. Stat. Comput., Viena, Áustria, 2021. [Online]. Disponível: https://www.R-project.org/

[46] F. Palmieri, "A wave propagation-based adaptive probabilistic broadcast containment strategy for reactive MANET routing protocols", Pervas. Mobile Comput., vol. 40, pp. 628-638, set. 2017.

[47] D. Bisen and S. Sharma, "An energy-efficient routing approach for performance enhancement of MANET through adaptive neuro-fuzzy inference system", Int. J. Fuzzy Syst., vol. 20, n.º 8, pp. 2693-2708, Dez. 2018.

[48] K. L. Arega, G. Raga, and R. Bareto, "Survey on performance analysis of AODV, DSR and DSDV in MANET," Comput. Eng. Intell. Syst., vol. 11, no. 3, pp. 23-32, 2020.

Capítulo 2: Um mecanismo adaptativo de seleção de gateways para aplicações MANET-IoT em redes 5G

1. Introdução

O lançamento das redes móveis de quinta geração (o chamado 5G) marca a formação de uma era digital abrangente, resultando na formação de uma série de novas aplicações e serviços para melhorar a qualidade de vida dos seres humanos [1], [2]. De acordo com a Cisco, prevê-se que, até 2023, o tráfego de rede das aplicações móveis represente 75% do tráfego global. Além disso, existem mais de 12 mil milhões de dispositivos móveis ligados à Internet. Prevê-se também que cada pessoa possua mais de 1,5 dispositivos móveis e que quase todos estes dispositivos estejam equipados com módulos de comunicação dispositivo-a-dispositivo (D2D) que permitem a comunicação direta com outros sem depender de uma infraestrutura pré-instalada para formar as redes de redes móveis ad hoc (MANET) [3], [4].

As MANET são um conjunto de nós de rede móveis (dispositivos móveis pessoais, sensores inteligentes, computadores portáteis, smartphones, etc.) que têm capacidade de auto-configuração e auto-estabelecimento para transmitir mensagens na rede de forma conveniente, sem depender de estações de base [5]. Devido à mobilidade do nó da rede, que conduz a uma estrutura de rede instável, as MANET enfrentam uma série de problemas difíceis, como a poupança de energia, a melhoria do desempenho e a garantia de QoS [6], [7], [8].

Embora ainda existam barreiras, devido à sua simplicidade e flexibilidade na comunicação, as MANET têm sido aplicadas em muitas áreas para melhorar a qualidade de vida dos seres humanos, como os cuidados de saúde e a medicina [9], o sector militar [10] e a recuperação de catástrofes [11].

Com o objetivo de tirar partido das capacidades de comunicação flexíveis das MANET e da poderosa tecnologia IoT, estudos recentes propuseram a combinação de MANET e redes IoT para formar redes MANET-IoT, a fim de fornecer novas soluções com capacidades e competências sem precedentes, o que foi indicado em estudos [12], [13]. No entanto, a comunicação entre nós ad hoc móveis e nós de rede fixos da IoT enfrenta alguns desafios, especialmente problemas de seleção de gateways de Internet (IGW) [14], [15].

A. Trabalhos relacionados

Para criar novas capacidades e habilidades sem precedentes para os seres humanos, foram propostas estruturas MANET-IoT; no entanto, os mecanismos de encaminhamento das redes IoT são ineficazes nas MANET. Devido à natureza móvel dos nós das MANET, as ligações sem fios são frequentemente desligadas. Consequentemente, a retransmissão e o reencaminhamento provocam uma rápida diminuição da eficácia e um elevado consumo de energia dos sistemas. Para resolver este problema, foi proposta uma série de soluções de encaminhamento para as redes MANET-IoT [16], [17], [18], [19], [20], [21], [22], [23], [24], [25], [26], tendo sido alcançados alguns resultados viáveis, como se segue.

Tsiropoulou et al. [16] introduziram uma abordagem consciente da QoS baseada em três factores, nomeadamente a disponibilidade de energia, o interesse e os laços físicos na formação de agrupamentos e na gestão de recursos em aplicações

MANET-IoT. Os resultados da simulação demonstraram que a abordagem proposta melhorou significativamente o desempenho em comparação com as abordagens existentes.

Banaie et al. [17] propuseram um mecanismo de balanceamento de carga para redes IoT em cenários com muitos gateways. O foco da proposta é levar a métrica de gateway de tráfego para tomar a decisão de selecionar um gateway visando o balanceamento de carga. Os resultados experimentais mostraram que o mecanismo proposto melhorou as métricas de desempenho e o balanceamento de carga para a rede em geral.

Nugur et al. [18] propuseram uma solução de seleção de gateways para sistemas de gestão de energia em edifícios inteligentes (BEM). De facto, ao adicionar uma nova camada de funções no topo da pilha, a solução proposta permite que os sistemas BEM seleccionem IGWs estáveis e eficientes para comunicar com servidores na nuvem. Os resultados da simulação mostraram que a solução proposta melhora significativamente a flexibilidade e a personalização dos sistemas de gestão de energia baseados em BEM.

Mostafa et al. [19] propuseram um esquema de encaminhamento de descoberta de gateways baseado em heurísticas. Em vez da abordagem tradicional baseada no menor salto, utilizam um algoritmo de otimização de colónia de formigas para identificar um IGW estável e eficiente para arquitecturas Internet-MANET. Os resultados da simulação demonstraram que a solução proposta melhorou significativamente a estabilidade e o desempenho em comparação com as soluções de seleção de gateways existentes.

Chen e Wu [20] propuseram um novo algoritmo de seleção de IGW para redes IoT. Com efeito, utilizam a estratégia da teoria dos jogos para identificar a porta de ligação óptima que fornece a maior intensidade de sinal recebida. Os resultados da simulação mostraram que a solução proposta melhora a estabilidade e o desempenho em comparação com as soluções de seleção de gateways existentes.

Hoque et al. [21] propuseram uma nova solução de gateway, a chamada gateway IGaaS. De facto, consideram as gateways como serviços e, por conseguinte, esta solução permite o aprovisionamento da gateway a pedido, tanto em termos de mobilidade como de métodos permanentes. Ao conceberem um mecanismo de recompensa eficaz, incentivam os smartphones e os veículos aéreos não tripulados (UAV) a juntarem-se aos sistemas para desempenharem o papel de gateways. Os resultados da simulação demonstraram que a solução proposta melhora significativamente o desempenho e o estado estável em comparação com as soluções de gateway existentes.

Batbayar et al. [22] propuseram um novo mecanismo de seleção de gateway optimizado para nós IoT através da fusão da classificação, da previsão do desempenho e da seleção aleatória, sendo que a gateway selecionada não só é a mais eficaz para o nó, como também deve ter em conta o equilíbrio geral da carga do sistema. As figuras de simulação demonstraram que o algoritmo proposto melhorou a estabilidade e o desempenho em comparação com as soluções de gateway existentes.

Ferreira et al. [23] conceberam um gateway IoT baseado em códigos open-source que permitem a programação, comunicação e monitorização de dispositivos

IoT. Um ponto avançado do gateway foi a adição do módulo OpenPLC para permitir a programação e automação de processos industriais. Além disso, o gateway armazena informações e permite o acesso online em tempo real. Os resultados experimentais demonstraram a eficácia da solução proposta em comparação com as soluções de gateway existentes.

Banaie et al. [24] propuseram um modelo de seleção de gateway multithread através de uma política de armazenamento em cache baseada na perceção dos recursos dos dispositivos IoT. Os valores de simulação demonstraram que o modelo proposto melhorou o consumo de energia e o tempo de resposta do serviço em comparação com as soluções de gateway multithread existentes.

Para além desta abordagem, Lins e Vieira [25] apresentaram um quadro completo das questões de segurança para o IGW; afirmaram que o IGW é um dos componentes mais importantes dos sistemas IoT, mas continua a não merecer a devida atenção. Indicaram uma série de ameaças graves à segurança dirigidas aos IGWs.

Estas análises mostraram que há ainda uma série de questões que têm de ser investigadas no problema da seleção da porta de ligação para as redes MANET-IoT. A seleção da porta de ligação ideal é um dos grandes desafios das redes sem fios em geral. Um IGW adequado aumenta a estabilidade, o consumo de energia e a fiabilidade, e melhora o desempenho geral do sistema. Para resolver este problema, foram propostas várias abordagens, nomeadamente com base na distância (contagem de saltos), na intensidade do sinal e na estratégia heurística. No entanto, cada abordagem tem vantagens e limitações. Neste estudo, propomos uma abordagem híbrida de baixa complexidade entre o número de saltos e a largura de banda disponível para selecionar um gateway para redes MANET-IoT.

B. Motivações e as nossas principais contribuições

As motivações do nosso trabalho podem ser explicadas da seguinte forma. Em primeiro lugar, apesar destes esforços de investigação, a maioria dos mecanismos de seleção de gateways existentes [16], [17], [18], [19], [20], [21], [22], [23], [24], [25] para redes MANET-IoT utilizam a contagem de saltos. Consequentemente, o tráfego da rede concentra-se no IGW com a menor distância. Isto causa estrangulamentos na largura de banda, aumenta a latência, a taxa de perda de pacotes e o consumo de energia. Por conseguinte, estas soluções só são adequadas para determinados cenários. Atualmente, não existe uma solução que possa ser aplicada a todas as estruturas e cenários para obter uma porta de ligação óptima desejada. Em segundo lugar, na era da IoT, devido às crescentes preocupações dos utilizadores com a segurança e a privacidade dos sistemas, os IGW são um ponto fraco contra os ciberataques. Por conseguinte, a seleção de gateways óptimas e de segurança é considerada um problema crítico. Em terceiro lugar, a combinação de factores que consistem na distância, no número de entradas na tabela de encaminhamento da porta de ligação (REG) e no comprimento da fila de espera (QL) é uma direção de investigação muito interessante, que pode alcançar uma porta de ligação óptima para melhores aplicações IoT em tempo real. Por último, o desenvolvimento de uma nova solução de seleção de gateway para aplicações IoT seguras e de baixa latência é uma necessidade urgente, com vista à realização de aplicações IoT em tempo real.

Motivados por estas limitações, propomos aqui um novo esquema de seleção de gateways para um desempenho eficiente, considerando um mecanismo adaptativo de seleção de gateways (AGSM) baseado em três métricas, incluindo a distância, a QV e a capacidade de resposta das gateways. Em poucas palavras, as contribuições únicas deste artigo são destacadas a seguir.

1) Propomos uma nova métrica combinada tendo em conta três factores, incluindo hops (distância), o número de REG e QL.

2) Fornecemos um novo esquema de seleção de gateway para redes MANET-IoT, combinando a métrica proposta com o protocolo tradicional Ad hoc on-demand distance vetor (AODV) para obter um protocolo de encaminhamento AGSM-AODV melhorado.

3) Estabelecemos simulações para avaliar a eficácia da solução proposta no software de simulação NS2 sob os critérios de atraso, taxa de entrega de pacotes (PDR) e capacidade de balanceamento de carga (LBC) em comparação com diferentes soluções para redes MANET-IoT.

2. AGSM-AODV PARA APLICAÇÕES MANET-IOT

Os resultados acima referidos demonstraram as amplas capacidades de aplicação e o grande potencial das MANET-IoT em muitos domínios. Além disso, nas redes MANET-IoT, a identificação do gateway ótimo é um desafio significativo. Com efeito, a Internet Engineering Task Force (IETF) propôs os protocolos de encaminhamento reativo AODV [26] e de encaminhamento dinâmico da fonte (DSR) [27] para as MANET tradicionais. Estes protocolos funcionam com base no princípio de que, sempre que um nó móvel de origem necessita de transferir dados para um nó de destino, invoca o procedimento de descoberta de caminho através da difusão de mensagens de pedido de rota (RREQ) [28]. No entanto, num ambiente de rede heterogéneo altamente dinâmico como é o caso da MANET-IoT, a comunicação entre os nós móveis e os nós permanentes das MANETs passa pela IGW, pelo que o primeiro passo dos nós móveis é identificar uma IGW óptima. De acordo com a tradição, os nós das MANETs utilizam a abordagem baseada no menor salto. No entanto, muitos estudos demonstraram que a abordagem baseada apenas no menor salto não é óptima e pode causar sobrecarga no gateway [6], [19]. Em suma, o desempenho do sistema é significativamente reduzido.

Obviamente, uma seleção de gateway adequada aumenta a eficácia, a disponibilidade, a fiabilidade e a segurança globais e reduz o consumo de energia. Nesta secção, apresentamos o protocolo de encaminhamento AGSMAODV para MANET assistidas pela Internet, que é uma evolução do protocolo de encaminhamento AODV tradicional. A nossa solução utiliza pacotes Hello para descobrir o gateway e barrar a inundação para reduzir a sobrecarga de encaminhamento nas redes MANET-IoT.

3. Conclusão

Neste trabalho, propusemos um mecanismo de seleção de IGW para arquitecturas MANET-IoT. Sob uma consideração conjunta dos parâmetros de distância, REG e QL através de um conjunto de factores de ponderação, o nosso mecanismo ofereceu balanceamento de carga tanto para os gateways como para a rede de MANETs. Como resultado, o mecanismo proposto melhorou significativamente o desempenho em comparação com outras abordagens em termos de balanceamento de carga, PDR e atraso. A partir dos nossos resultados de avaliação, no contexto altamente dinâmico das redes IoT, a definição dos factores de ponderação deve depender do conhecimento do contexto do ambiente de rede em vez de uma configuração fixa. O trabalho futuro está em curso para considerar conjuntos de pesos inteligentes e flexíveis, dependendo do conhecimento do contexto para a adaptação de aplicações IoT.

Referências

[1] M. A. Jamshed, K. Ali, Q. H. Abbasi, M. A. Imran e M. Ur-Rehman, "Desafios, aplicações e futuro dos sensores sem fios na Internet das Coisas: A review," IEEE Sensors J., vol. 22, no. 6, pp. 5482-5494, Mar. 2022, doi: 10.1109/JSEN.2022.3148128.

[2] D. C. Nguyen, M. Ding, P. N. Pathirana, A. Seneviratne, J. Li, e H. V. Poor, "Federated learning for Internet of Things: A comprehensive survey," IEEE Commun. Surveys Tuts., vol. 23, no. 3, pp. 1622-1658, 3rd Quart., 2021, doi: 10.1109/COMST.2021.3075439.

[3] P. Khuntia e R. Hazra, "Um canal eficiente e esquema de alocação de energia para o sistema de comunicação celular habilitado para D2D: An IoT application," IEEE Sensors J., vol. 21, no. 22, pp. 25340-25351, Nov. 2021, doi: 10.1109/JSEN.2021.3060616.

[4] D.-G. Zhang, P.-Z. Zhao, Y.-Y. Cui, L. Chen, T. Zhang e H. Wu, "Um novo método de roteamento de rede Ad-hoc móvel baseado na estratégia de melhoria de encaminhamento de ganância", IEEE Access, vol. 7, pp. 158514-158524, 2019, doi: 10.1109/ACCESS.2019.2950266.

[5] N. Li, J.-F. Martínez-Ortega, e V. H. Díaz, "Algoritmo de encaminhamento oportunista fiável e de camada cruzada para redes Ad-hoc móveis", IEEE Sensors J., vol. 18, n.º 13, pp. 5595-5609, Jul. 2018, doi: 10.1109/JSEN.2018.2838023.

[6] H. Xu, Y. Zhao, L. Zhang e J. Wang, "A bio-inspired gateway selection scheme for hybrid Mobile Ad-hoc Networks", IEEE Access, vol. 7, pp. 61997-62010, 2019, doi: 10.1109/ACCESS.2019.2916189.

[7] D. N. M. Hoang, J. M. Rhee, and S. Y. Park, "Fault-tolerant ad hoc on-demand routing protocol for Mobile Ad-hoc Networks," IEEE Access, vol. 10, pp. 111337-111350, 2022, doi: 10.1109/ACCESS.2022.3216066.

[8] W. Hyder, J. K. Pabani, M.-Á. Luque-Nieto, A. A. Laghari e P. Otero, "Self-organized ad hoc mobile (SOAM) underwater sensor networks", IEEE Sensors J., vol. 23, n.º 2, pp. 1635-1644, Jan. 2023, doi: 10.1109/JSEN.2022.3224993.

[9] N. Ambidi and R. L. R. Katta, "Adaptive risk prediction and anonymous secured communication in MANET for medical informatics," J. Med. Syst., vol. 43, no. 5, maio de 2019, doi: 10.1007/s10916-019-1231-7.

[10] J. S. Lee, Y.-S. Yoo, H. Choi, T. Kim, e J. K. Choi, "Group connectivity-based UAV positioning and data slot allocation for tactical MANET," IEEE Access, vol. 8, pp. 220570-220584, 2020, doi: 10.1109/ACCESS.2020.3042795.

[11] B. Ojetunde, N. Shibata e J. Gao, "Sistema de pagamento seguro utilizando MANET para áreas de desastre", IEEE Trans. Syst., Man, Cybern., Syst., vol. 49, no. 12, pp. 2651-2663, Dez. 2019, doi: 10.1109/TSMC.2017.2752203.

[12] Z. Sadreddini, E. Güler, M. Khalily e H. Yanikomeroglu, "MRIRS: Mobile ad hoc routing assisted with intelligent reflecting surfaces", IEEE Trans. Cognit. Commun. Netw., vol. 7, no. 4, pp. 1333-1346, Dec. 2021, doi: 10.1109/TCCN.2021.3084402.

[13] A. L. Shirwal, P. Deb, C. S. Bhat, A. H. Ps, "Ad-Hoc network-based surveillance robot," in Proc. IEEE Int. Conf. Electron., Comput. Commun. Technol. (CONECCT), Jul. 2022, pp. 1-5, doi: 10.1109/CONECCT55679.2022.9865102.

[14] R. Kushwah, S. Tapaswi, A. Kumar, K. K. Pattanaik, S. Yousef e M. Cole, "Gateway load balancing using multiple QoS parameters in a hybrid MANET," Wireless Netw., vol. 24, no. 4, pp. 1071-1082, maio de 2018, doi: 10.1007/s11276-016-1391-z.

[15] S. A. Alghamdi, "MANET agrupada 5G baseada em zona estável usando roteamento baseado em região de interesse e seleção de gateway", Peer Peer Netw. Appl., vol. 14, no. 6, pp. 3559-3577, Nov. 2021, doi: 10.1007/s12083-021-01113-6.

[16] E. E. Tsiropoulou, S. T. Paruchuri, and J. S. Baras, "Interest, energy and physical-aware coalition formation and resource allocation in smart IoT applications," in Proc. 51st Annu. Conf. Inf. Sci. Syst. (CISS), Mar. 2017, pp. 1-6, doi: 10.1109/CISS.2017.7926111.

[17] F. Banaie, M. Hossein Yaghmaee, S. A. Hosseini e F. Tashtarian, "Load-balancing algorithm for multiple gateways in fog-based Internet of Things", IEEE Internet Things J., vol. 7, n.º 8, pp. 7043-7053, agosto de 2020, doi: 10.1109/JIOT.2020.2982305.

[18] A. Nugur, M. Pipattanasomporn, M. Kuzlu e S. Rahman, "Design and development of an IoT gateway for smart building applications", IEEE Internet Things J., acesso antecipado, 25 de outubro de 2018, doi: 10.1109/JIOT.2018.2885652.

[19] K. M. Mostafa, S. M. Darwish e M. N. El-Derini, "Adaptive mechanism for discovering Internet gateways in wireless networks using swarm intelligence", IEEE Access, vol. 9, pp. 47294-47302, 2021, doi: 10.1109/ACCESS.2021.3068527.

[20] T.-S. Chen e B.-H. Wu, "Gateway selection based on game theory in Internet of Things," in Proc. Int. Conf. Electron. Technol. (ICET), maio de 2018, pp. 403-406, doi: 10.1109/ELTECH.2018.8401412.

[21] M. A. Hoque, M. Hossain e R. Hasan, "IGaaS: An IoT gateway-as-a-service for on-demand provisioning of IoT gateways", em Proc. IEEE 6th World Forum Internet Things (WF-IoT), New Orleans, LA, USA, 2020, pp. 1-6, doi: 10.1109/WF-IoT48130.2020.9221225.

[22] K. Batbayar, R. Meseguer, R. Sadre e S. Subramaniam, "GateSelect: A novel internet gateway selection algorithm for client nodes," in Proc. 16th Int. Conf. Netw. Service Manage. (CNSM), Nov. 2020, pp. 1-9, doi: 10.23919/CNSM50824.2020.9269068.

[23] I. V. Ferreira, J. A. Bigheti, and E. P. Godoy, "Desenvolvimento de um gateway sem fio para aplicações industriais da Internet das Coisas", IEEE Latin Amer. Trans., vol. 17, no. 10, pp. 1637-1644, out. 2019, doi: 10.1109/TLA.2019.8986441.

[24] F. Banaie, J. Misic, V. B. Misic, M. H. Yaghmaee Moghaddam e S. A. Hosseini Seno, "Performance analysis of multithreaded IoT gateway", IEEE Internet Things J., vol. 6, n.º 2, pp. 3143-3155, Abr. 2019, doi: 10.1109/JIOT.2018.2879467.

[25] F. A. A. Lins e M. Vieira, "Requisitos e soluções de segurança para gateways IoT: Um estudo abrangente", IEEE Internet Things J., vol. 8, n.º 11, pp. 8667-8679, Jun. 2021, doi: 10.1109/JIOT.2020.3041049.

[26] C. Perkins, E. Belding-Royer e S. Das, "RFC3561: Ad hoc on demand distance vetor (AODV) routing", RFC Editor, USA, Tech. Rep. 456, 2003, doi: 10.17487/RFC3561.

[27] D. Johnson, Y. Hu, and D. Maltz, "RFC4728: The dynamic source routing protocol (DSR) for Mobile Ad-hoc Networks for IPv4," RFC Editor, USA, Tech. Rep. 357, 2007, doi: 10.17487/RFC4728.

[28] V. K. Quy, V. H. Nam, D. M. Linh, e L. A. Ngoc, "Routing algorithms for MANET-IoT networks: A comprehensive survey," Wireless Pers. Commun., vol. 125, no. 4, pp. 3501-3525, Aug. 2022, doi: 10.1007/s11277-022-09722-x.

[29] E. E. Tsiropoulou, G. Mitsis, e S. Papavassiliou, "Interest-aware energy collection resource management in machine-to-machine communications," Ad Hoc Netw., vol. 68, pp. 48-57, Jan. 2018, doi: 10.1016/j.adhoc.2017.09.003.

[30] R. Attia, R. Rizk e H. A. Ali, "Internet connectivity for Mobile Ad-hoc Network: A survey-based study," Wireless Netw., vol. 21, no. 7, pp. 2369-2394, Oct. 2015, doi: 10.1007/s11276-015-0922-3.

[31] H. Gauttam, K. K. Pattanaik, S. Bhadauria, D. Saxena, and F. Sapna, "A cost aware topology formation scheme for latency sensitive applications in edge infrastructure-as-a-service paradigm," J. Netw. Comput. Appl., vol. 199, Mar. 2022, Art. no. 103303, doi: 10.1016/j.jnca.2021.103303.

Capítulo 3: Um paradigma de encaminhamento eficiente baseado em redes adversárias geradoras de autocodificador variacional condicional baseado em design de camadas cruzadas multipercurso para MANET

1. Introdução

Atualmente, as MANET são frequentemente utilizadas na investigação (Şudha et al., 2022). A MANET é uma nova tecnologia, através da qual os utilizadores podem comunicar sem quaisquer infra-estruturas físicas (Sarwesh & Mathew, 2022). Consequentemente, é descrita como uma rede sem estrutura que também é ativa, incluindo a auto-estruturação (Hanin et al., 2021; Shajin et al., 2022). Existem numerosos nós móveis na rede, que comunicam entre si sem fios. Os nós adjacentes recebem os pacotes produzidos pelos nós móveis apesar de a difusão estar a decorrer (Mansour et al., 2022; Rajesh et al., 2022). Sem utilizar a difusão multi-hop, terminam a função (Gayatri & Kumaran, 2022). As funções da MANET são memória limitada, recursos de ativação limitados, fontes de energia limitadas e maior mobilidade (Shajin et al., 2022; Zheng et al., 2021). Além disso, esta rede está bem planeada para melhorar o acesso à Internet por parte dos nós móveis (Romdhani & Bonnet, 2005). Mas as MANET são compostas por menos infra-estruturas, o que leva a um resultado adicional (Mehta, 2022). As despesas necessárias para manter o encaminhamento e as alterações são configuradas na rede (Bhande & Bakhar, 2021). Na Internet das Coisas, a MANET é desenvolvida com o objetivo de garantir a confiança nas aplicações (Chen et al., 2021; Rajesh et al., 2022). Ao utilizar a MANET, as aplicações são muito utilizadas em situações de emergência e na gestão de catástrofes (Patel & Pathak, 2022). Se a infraestrutura da rede móvel falhar devido a inundações, vento ou terramoto, as operações de salvamento são efectuadas através da MANET (Sharma et al., 2019). A despesa é necessária para manter o encaminhamento e as alterações na configuração da rede (Zhou et al., 2022). Numa situação de emergência, a MANET pode cobrir uma grande região e fornecer comunicação a toda a região (Shafi & VenkataRatnam, 2022). Para fornecer comunicação em grande escala, a MANET utiliza o método de comunicação de múltiplos saltos. Devido à natureza dos nós, a probabilidade de uma falha de hiperligação na transmissão em grandes áreas é significativa (Shivakumar & Patil, 2020). A rede é separada em grupos através de um algoritmo se se pretender transmitir dados numa vasta área. As características inerentes aos nós móveis levam-nos a mudar de ligação de um nó móvel para outro. A rede é prejudicada pelo fluxo constante de dados. O recurso energético da rede determina tanto a sua eficiência como o seu tempo de vida. A conceção em várias camadas dá ênfase à otimização do desempenho do sistema, permitindo vários níveis de pilha de comunicação. Para permitir a QoS, o encaminhamento da rede é optimizado em todas as camadas. A arquitetura de camadas cruzadas abre a porta à melhoria do encaminhamento. A otimização entre camadas centra-se em abordagens mútuas que incorporam vários níveis de protocolo. Devido à necessidade de um encaminhamento flexível para ter em conta as mudanças na dinâmica da rede, a mobilidade e as restrições, a arquitetura de camadas cruzadas é orientada por esta necessidade. O encaminhamento em camadas cruzadas maximiza a administração da rede através da localização da configuração de rotas; também diminui a tabela de encaminhamento dos nós residuais. Todos os nós têm de lidar com o aumento da carga de trabalho, o que reduz o tempo de vida da rede e provoca o esgotamento da energia principal em cada nó. Numa conceção de rede normal, em que cada camada da pilha de protocolos é executada separadamente, os dados são transmitidos entre os níveis circundantes. Devido à dependência direta das MANET das camadas física e superior, esta pilha de protocolos convencional é insuficiente. No entanto, os dados são transferidos para os vários níveis de protocolo de forma dinâmica na conceção de camadas cruzadas. Consequentemente, os dados são imediatamente comutados entre quaisquer duas camadas de protocolo. O meio de transmissão das redes sem fios está sujeito a uma série de limitações, incluindo interferências, restrições de largura de banda e topologia dinâmica da rede. Por conseguinte, é proposto e modelado o SACVAEGAN. Os resultados da simulação demonstram que o SACVAEGAN tem um desempenho superior ao de outros métodos actuais.

As principais contribuições deste manuscrito são as seguintes:
- A rede utiliza uma conceção de camadas cruzadas (SACVAEGAN) que maximiza a eficiência dos protocolos de camadas superiores contidos numa rede com fios limitada.
- A camada transversal SACVAEGAN tem uma vantagem significativa que é utilizada para promover a interoperabilidade entre os níveis.
- Os procedimentos de difusão de dados da MANET evitam a estabilidade da ligação juntamente com o nível de energia da bateria dos nós.

2. Trabalhos relacionados

Entre os numerosos trabalhos de investigação sobre o paradigma de encaminhamento de conceção de camadas cruzadas para MANET, alguns trabalhos de investigação recentes são discutidos nesta secção, Sudha et al. (2022) apresentaram o encaminhamento sustentável de múltiplos caminhos para melhorar a apresentação de camadas cruzadas sob a abordagem Energy Centric Tunicate Swarm. Para permitir o encaminhamento em camadas cruzadas em MANET, foi apresentada a abordagem Energy Centric Tunicate Swarm. O PDR, o atraso final e a sobrecarga de encaminhamento foram examinados pelo desempenho do modelo apresentado. O modelo apresenta um consumo de energia elevado e um atraso final reduzido.

Sharma et al. (2019) sugeriram o agendamento adaptativo de dados em camadas cruzadas na MANET. A aplicação da Política de Programação de Dados Adaptativos baseada em Camadas Cruzadas (CL-ADSP), que aborda diferentes características do caminho. Em seguida, a política de retransmissão rápida adaptativa dependente da variação de atraso é usada pelo CL-ADSP. Este artigo oferece ainda que as tentativas médias da camada MAC foram exploradas dinamicamente pela CL-ADSP como um parâmetro que sinaliza corretamente a sobrecarga da rede. O CL-ADSP fornece um atraso final elevado e um baixo consumo de energia.

Mehta (2022) apresentou um projeto de camadas cruzadas baseado na codificação N-ary Huffman para o protocolo de encaminhamento DSDV. O DSDV dependia do processo de codificação nary Huffman, foi desenvolvido utilizando a rede e a técnica de conceção de camadas cruzadas da pilha de protocolos convencional entre a ligação de dados. Em seguida, foram utilizadas palavras de código de prefixo adaptativo baseadas na entropia de comprimento variado para proporcionar a possibilidade de entrega bem sucedida de pacotes em toda a rede ad hoc sem fios. Proporciona um rácio de entrega de pacotes máximo e uma sobrecarga de encaminhamento mínima.

Romdhani e Bonnet (2005) apresentaram as características do paradigma de camadas cruzadas em MANET. A estratégia de conceção de camadas cruzadas procura resolver os problemas de desempenho das MANET, permitindo a cooperação e a partilha de informações entre protocolos de várias camadas. A informação partilhada e utilizada na estrutura de camadas cruzadas para melhorar a QoS e permitir a utilização eficaz dos recursos foram os temas centrais dos estudos de investigação relacionados. Foram descritos os aspectos mais complexos da implementação de modelos de camadas cruzadas em redes móveis ad-hoc. O consumo de energia é mais elevado e o rácio de entrega de pacotes é mais baixo.

Allahham et al. (2017) sugeriram um protocolo de roteamento de múltiplos caminhos baseado em uma abordagem de camada cruzada para MANET. Um projeto de camada cruzada entre as camadas de rede, MAC e física formado no protocolo de roteamento de múltiplos caminhos Threshold. Para uma transmissão eficaz de texto, imagem, áudio e vídeo, enquanto também transmite os dados através de muitos caminhos, esse protocolo foi desenvolvido para os decisores sob o limiar do sinal médio dos caminhos. Proporciona uma sobrecarga máxima de encaminhamento e um rácio mínimo de entrega de pacotes.

Rath et al. (2016) apresentaram um protocolo MANET energeticamente eficiente que utiliza camadas cruzadas para fins militares. A conceção de métodos de encaminhamento eficazes que garantam a segurança e a fiabilidade para uma transmissão bem sucedida foi altamente exigida de dados militares extremamente privados e secretos em redes de defesa. A camada de rede eficiente em termos energéticos foi construída e replicada por uma nova técnica de conceção de camadas cruzadas para aumentar a fiabilidade e o tempo de vida da rede em maior medida. Por fim, proporciona um atraso final máximo e uma PDR mínima.

Gomathi e Uvaneshwari (2012) sugeriram uma abordagem integrada entre camadas para o fluxo de multimédia utilizando multipercurso e codificação de descrição múltipla em redes móveis Ad-Hoc. Com a ajuda de Multipath e Multi Description Coding, este documento sugere uma técnica para aumentar a QoS das aplicações multimédia. Proporciona uma melhor PDR e um menor consumo de energia.

3. Metodologia proposta

Nesta secção, é abordado o SACVAEGAN para permitir o encaminhamento em camadas cruzadas em redes ad-hoc móveis (SACVAEGAN-MCLD-MANET).

O paradigma de encaminhamento proposto, baseado no SACVAEGAN, combina múltiplas técnicas de vários domínios para enfrentar os desafios do encaminhamento em MANET. Os mecanismos de auto-atenção permitem que o modelo pondere a importância de diferentes elementos numa sequência com base no seu contexto, o que é especialmente útil para sequências de comprimentos variáveis, como os caminhos de encaminhamento numa MANET. O Auto-Encodificador Variacional Condicional é um tipo de modelo generativo que pode aprender a gerar novas amostras de dados tendo em conta uma determinada condição. Neste caso, a condição pode estar relacionada com a topologia da rede ou outros parâmetros relacionados com o encaminhamento. As redes adversariais generativas (GAN) incluem um gerador e um discriminador que funcionam em conjunto. O gerador cria novas instâncias de dados, enquanto o discriminador tenta distinguir entre os melhores dados e os gerados. A estrutura GAN pode ser potencialmente utilizada para gerar novos caminhos de encaminhamento que sigam a distribuição aprendida de caminhos bem sucedidos na MANET. No Paradigma de Encaminhamento Multipath Cross-Layer Design, a abordagem de encaminhamento multipath envolve a utilização de múltiplos caminhos entre a origem e o destino para melhorar a fiabilidade e a eficiência das MANET. Cada caminho pode ter características diferentes em termos de estabilidade e latência. A conceção em várias camadas implica a incorporação de informações de diferentes camadas da rede para tomar decisões de encaminhamento mais informadas. Isto pode implicar a consideração de informações das camadas física, de ligação de dados e de rede para otimizar o encaminhamento.

O paradigma de encaminhamento Multipath Cross-Layer Design vai além das abordagens de encaminhamento tradicionais, considerando vários caminhos para a transmissão de dados entre os nós de origem e de destino. Aproveita as informações entre camadas, que envolvem a recolha e utilização de dados de diferentes camadas da pilha de protocolos de rede, para tomar decisões de encaminhamento mais informadas. Neste paradigma, a rede adapta-se dinamicamente a condições variáveis, utilizando simultaneamente vários caminhos para a transmissão de dados. Isto ajuda a atenuar o impacto de falhas de ligação, congestionamento e outros desafios frequentemente encontrados em MANETs. Além disso, o paradigma incorpora interacções entre camadas para melhorar o desempenho global das decisões de encaminhamento.

Aqui, o SACVAEGAN escolhe o caminho ideal considerando 4 funções objectivas: energia residual, custo de comunicação, taxa de sucesso dos dados (DSR) e mobilidade. Aqui, a energia, a DSR e a mobilidade são calculadas pela camada de rede. O consumo de energia resultante das contenções é reduzido pelo HFLBC na camada MAC. Os nós com menor energia restante devem completar a transferência de dados imediatamente, enquanto o caminho com maior contenção deve esperar. Como resultado, este HFLBC é utilizado para reduzir o consumo de energia e melhorar a transmissão de dados. A adaptabilidade é produzida utilizando o conhecimento que é partilhado entre as diferentes camadas. O diagrama de blocos geral do método SACVAEGAN-MCLD-MANET proposto é apresentado na Fig. 1. No contexto das MANET, existem vários protocolos e algoritmos de encaminhamento que operam nesta camada para determinar o melhor caminho para a transmissão de dados. No encaminhamento das MANET, a camada de transporte interage com a camada de rede para gerir o controlo do congestionamento, o controlo do fluxo e a recuperação de erros. A camada de aplicação representa os programas e serviços ao nível do utilizador que iniciam a comunicação e a troca de dados. Nas MANET, as interacções entre camadas envolvem a comunicação e a partilha de informações entre diferentes camadas da rede. Por exemplo, as informações sobre a qualidade da ligação provenientes da camada física podem ser utilizadas para tomar decisões de encaminhamento na camada de rede. A camada física é responsável pela transmissão de bits brutos através do meio sem fios. Estabelece e mantém a ligação física entre nós vizinhos nas MANET. A camada de ligação de dados é responsável pela organização dos bits brutos em quadros e por assegurar uma comunicação fiável ponto-a-ponto entre nós vizinhos. Nas MANET, protocolos como o IEEE 802.11 (Wi-Fi) ou o IEEE 802.15.4 (Bluetooth) desempenham um papel na gestão do acesso ao meio sem fios, no tratamento de colisões e na gestão da qualidade da ligação.

Nas redes móveis ad-hoc (MANET), em que os nós comunicam sem fios sem uma infraestrutura fixa, a seleção óptima do caminho é um aspeto crucial para garantir uma comunicação eficiente e fiável. A camada que trata da seleção óptima do caminho nas MANET é normalmente a camada de rede. A camada de rede é responsável pelo encaminhamento e transmissão de pacotes de dados da origem para o destino através da rede. O diagrama de blocos representado na Fig. 1 contém os módulos representados a seguir: Módulo de dados de entrada significa que os dados de diferentes camadas da pilha de protocolos são recolhidos e utilizados como entrada para o modelo SACVAEGAN proposto. O componente do Auto-Encoder Variacional (VAE) tem 2 fases: codificador e gerador. O codificador transfere as amostras reais para o espaço do vetor latente e o gerador utiliza o vetor latente para criar a amostra de dados virtual. O codificador é separado em duas redes de extração de características: uma é utilizada para adquirir o vetor médio e a outra para a covariância do espaço do vetor latente. Três módulos constituem a estrutura da rede SACVAEGAN: discriminador, auto-codificador variacional (VAE) e classificador. O módulo do discriminador é utilizado para selecionar o caminho ótimo entre os vários caminhos. O codificador e o gerador são os dois componentes que constituem o módulo VAE. O gerador cria amostras de dados brutos combinando os vectores latentes aleatórios com os vectores latentes produzidos através do codificador, que transfere o caminho normal para o espaço do vetor latente. O discriminador é composto por quatro camadas convolucionais, em que cada camada utiliza um tamanho de kernel específico. A primeira e a segunda camadas convolucionais são utilizadas antes da utilização do módulo de auto-atenção. Subsequentemente, os dados são convertidos num vetor de características após serem processados através da camada final. Para aumentar a robustez do modelo, o discriminador deve ser fornecido com informações de rótulo. A dimensionalidade é reduzida através da incorporação de uma camada totalmente conectada. Finalmente, a função sigmoide é aplicada para avaliar a normalidade dos dados.

Numa MANET convencional, as decisões de encaminhamento são normalmente tomadas com base em informações disponíveis na camada de rede, tais como métricas de rota (por exemplo, contagem de saltos, qualidade da ligação) e protocolos de encaminhamento. No entanto, estas decisões podem nem sempre ter em conta as alterações e interacções dinâmicas que ocorrem nas camadas física, de ligação de dados e de transporte. As camadas cruzadas permitem a comunicação e a partilha de informações entre diferentes camadas da pilha de protocolos. Isto permite a troca de parâmetros, métricas e informações de estado para tomar decisões mais informadas. O encaminhamento entre camadas alarga este conceito às decisões de encaminhamento, permitindo que as camadas partilhem dados que possam afetar o encaminhamento, como rácios sinal-ruído, qualidade da ligação, níveis de bateria e estado de congestionamento.

O encaminhamento entre camadas tira partido das interacções entre as camadas. A adaptabilidade é produzida pela partilha de informações entre as diferentes camadas, e este processo baseia-se principalmente na abordagem de conceção do protocolo. Esta conceção tem em conta tanto as características do canal da camada superior como a chegada estocástica do tráfego da camada inferior. Sem ter em conta a arquitetura em camadas, a definição de camadas cruzadas é obtida a partir das diferenças óbvias entre a conceção de um protocolo em camadas cruzadas e em camadas. A estrutura em camadas divide toda a tarefa de ligação em rede em diferentes camadas e revela a hierarquia do serviço, que é necessária para utilizar as camadas individuais, à semelhança do modelo de interligação de sistemas abertos de sete camadas. O serviço em vários níveis é realizado através da criação de um protocolo para determinados níveis.

As abordagens entre camadas podem aumentar a eficiência e a adaptabilidade do encaminhamento das MANET, tirando partido da informação de várias camadas. Assim, a colaboração de diferentes camadas da rede é essencial no encaminhamento das MANET. Cada camada contribui com funcionalidades específicas que, coletivamente, asseguram o estabelecimento de vias de comunicação eficazes, se adaptam às condições variáveis da rede e proporcionam uma transmissão de dados fiável no ambiente dinâmico e difícil das redes móveis ad-hoc.

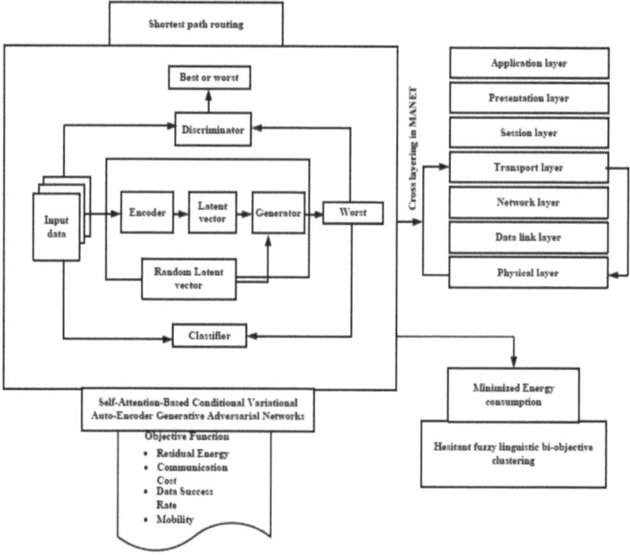

Fig. 1. Fluxo de trabalho global do método proposto SACVAEGAN-MCLD-MANET.

3. Conclusão

O método SACVAEGAN-MCLD-MANET proposto é implementado com êxito para permitir o encaminhamento em várias camadas em redes ad-hoc móveis e é implementado utilizando o NS2 e a sua eficiência é avaliada sob diferentes métricas de desempenho. O desempenho do SACVAEGAN-MCLD-MANET proposto proporciona um rendimento mais elevado (12,56%, 12,05% e 15,93%) e um rácio de entrega de pacotes mais elevado (15,86%, 15,26% e 16,25%) em comparação com os métodos existentes, como o ECTSA-MCLD-MANET, o ADSP-MCLD-MANET e o NAHC-MCLD-MANET, respetivamente.

Referências

Allahham, A. A., Mohammed, M. N., & Kadhim, N. S. (2017). Protocolo de roteamento de múltiplos caminhos baseado na abordagem de camada cruzada para MANET. Revista Internacional de Tecnologias Móveis Interactivas, 11(1).

Bhande, P., & Bakhar, M. D. (2021). Deteção de ataques de queda de pacotes de camada cruzada em MANET usando inteligência de enxame. Revista Internacional de Tecnologias da Informação, 13(2), 523-532.

Chen, Z., Tong, L., Qian, B., Yu, J., & Xiao, C. (2021). Redes adversárias geradoras de autocodificador variacional condicional baseadas em auto-atenção para classificação hiperespectral. Sensoriamento Remoto, 13(16), 3316.

Gayatri, V., & Kumaran, M. S. (2022). Um algoritmo de otimização de baleia aprimorado para rede de conexão neural de camada cruzada de MANET. Jornal de Comunicações, 17 (10).

Gomathi, N., & Uvaneshwari, M. (2012). Um projeto integrado de camadas cruzadas para melhorar a qualidade do serviço de streaming de vídeo em redes adhoc móveis.

Hanin, M. H., Amani, M., & Fakhri, Y. (2021). Congestionamento de previsão de TCP aprimorado em rede ad-hoc móvel com base em camadas cruzadas e lógica difusa. Jornal Internacional de Tecnologias Móveis Interactivas, 15(14).

Mansour, H. S., Mutar, M. H., Aziz, I. A., Mostafa, S. A., Mahdin, H., Abbas, A. H., & Jubair, M. A. (2022). Protocolo de roteamento AODV de camada cruzada e com consciência de energia para redes Ad-hoc voadoras. Sustainability, 14(15), 8980.

Mehta, R. (2022). Codificação N-ary Huffman baseada em design de camada cruzada para análise de desempenho do protocolo de roteamento DSDV em MANETs. Wireless Personal Communications, 126(1), 795-821.

Patel, S., & Pathak, H. (2022). A Cross-Layer Design and Fuzzy Logic based Stability Oriented Routing Protocol. International Journal of Computer Network & Information Security, 14(2).

Rajesh, P., Shajin, F. H., & Kannayeram, G. (2022). Uma nova técnica inteligente para gerenciamento de energia em casa inteligente usando internet das coisas. Applied Soft Computing, 128, Artigo 109442.

Rajesh, P., Shajin, F. H., & Kumaran, G. K. (2022). Uma técnica de controle IWOLRS eficiente de motor DC sem escova para minimização de ondulação de torque. Applied Science and Engineering Progress, 15(3), 5514.

Rath, M., Pattanayak, B. K., & Pati, B. (2016). Protocolo MANET eficiente em termos de energia usando design de camada cruzada para aplicações militares. Defence Science Journal, 66(2), 146-150.

Romdhani, L., & Bonnet, C. (2005). Características do paradigma de camadas cruzadas em MANET: Benefícios e desafios. Em Personal. Wireless Communications, PWC'05, 37-50.

Sarwesh, P., & Mathew, A. (2022). Design de camada cruzada com abordagem de soma ponderada para estender a sustentabilidade do dispositivo em cidades inteligentes. Cidades e Sociedade Sustentáveis, 77, Artigo 103478.

Shafi, S., & VenkataRatnam, D. (2022). Um projeto eficiente de camada cruzada de esquema de agrupamento baseado em estabilidade usando otimização de colônia de formigas em VANETs. Wireless Personal Communications, 126(4), 3001-3019.

Shajin, F. H., Rajesh, P., & Nagoji Rao, V. K. (2022). Estrutura eficiente para classificação de tumor cerebral usando classificador de rede neural de aprendizado profundo hierárquico. Métodos Computacionais em Biomecânica e Engenharia Biomédica: Imagem e Visualização, 1-8.

Shajin, F. H., Rajesh, P., & Raja, M. R. (2022). Uma arquitetura VLSI eficiente para estimativa de movimento rápido explorando a técnica de prejulgamento de movimento zero e um novo algoritmo de pesquisa baseado em quadrante em HEVC. Circuitos, sistemas e processamento de sinais, 1-24.

Sharma, V. K., Verma, L. P., & Kumar, M. (2019). CL-ADSP: Política de programação de dados adaptativa entre camadas em redes ad-hoc móveis. Future Generation Computer Systems, 97, 530-563.

Shivakumar, K. S., & Patil, V. C. (2020). Um roteamento de camada cruzada com eficiência energética ideal em MANETs. Sustainable Computing: Informatics and Systems, 28, 100458.

Sudha, M. N., Balamurugan, V., Lai, W. C., & Divakarachari, P. B. (2022). Sustainable Multipath Routing for Improving Cross-Layer Performance in MANET Using an Energy Centric Tunicate Swarm Algorithm. Sustainability, 14(21), 13925.

Zheng, Y., Xu, Z., He, Y., & Tian, Y. (2021). Um método de agrupamento bi-objetivo linguístico difuso hesitante para a tomada de decisões em grupo em grande escala. Expert Systems with Applications, 168, 114355.

Zhou, W., Jin, J., Lei, J., & Yu, L. (2022).CIMFNet: Interação entre camadas e rede de fusão multi-escala para segmentação semântica de imagens de deteção remota de alta resolução. IEEE Journal of Selected Topics in Signal Processing, 16(4), 666-676.

Capítulo 4: Um método melhorado do protocolo de encaminhamento AODV utilizando a aprendizagem por reforço para garantir a QoS em redes ad-hoc móveis baseadas em 5G

1. Introdução

A tecnologia de comunicação sem fios está a evoluir rapidamente e a desempenhar um papel cada vez mais importante nas redes de comunicação de dados. Entre os modelos de rede sem fios, a rede ad-hoc móvel (MANET) está a ser mais aplicada em muitos domínios, como as cidades inteligentes, a agricultura inteligente, o tráfego inteligente e os ecossistemas IoT [1]. A MANET funciona como uma rede peer-to-peer sem controlo central. Como os nós se deslocam frequentemente, a topologia também se altera. Consequentemente, a tabela de encaminhamento em cada nó deve ser actualizada regularmente em resposta às alterações da topologia [2]. Por conseguinte, um protocolo de encaminhamento eficaz é essencial para as MANET.

Recentemente, as MANET baseadas no 5G têm sido objeto de investigação e implantação, a fim de alargar o âmbito de aplicação das MANET no contexto da crescente tecnologia de rede 5G [1,3-8]. Uma MANET baseada no 5G é semelhante à [8], em que vários nós MANET se ligam a nós 5G para poderem aceder aos serviços multimédia da rede 5G. Os nós 5G podem ser routers, pontos de acesso, dispositivos móveis, etc., que funcionam como gateways para os nós MANET ligados às estações de base da rede 5G. Uma das características marcantes da tecnologia de rede 5G é a utilização de canais de transmissão de banda larga. Este facto permite melhorar o débito e reduzir o atraso de extremo a extremo nas MANET baseadas na tecnologia 5G. No entanto, como a procura de tráfego nas MANET baseadas no 5G é muito elevada, os nós da rede estão frequentemente sujeitos a cargas de tráfego pesadas. Este é um desafio significativo para a MANET baseada em 5G em termos de garantia de qualidade de serviço (QoS). Portanto, o tópico de melhorar o desempenho da MANET baseada em 5G tem atraído a atenção de muitos grupos de pesquisa recentemente. Os autores de [1] propuseram um protocolo de roteamento com economia de energia para MANETs baseadas em 5G. O seu conceito consistia em criar uma métrica de encaminhamento que combinasse os dois parâmetros de salto e energia da bateria. Esta métrica de encaminhamento é utilizada pelo algoritmo de encaminhamento para selecionar uma rota. Os autores demonstraram, usando a simulação NS-2, que o algoritmo proposto melhora o tempo de vida e o desempenho geral do sistema quando comparado com outros protocolos de roteamento tradicionais. Em [7], é proposto um algoritmo de encaminhamento ótimo para MANET baseadas em 5G, nomeadamente o OFACA-5G (An Optimized Fuzzy Based Ant Colony Algorithm for 5GMANET). O algoritmo OFACA-5G centra-se na segurança das MANET. Para evitar nós errantes ou suspeitos após o roteamento, ele emprega uma estrutura de modelo de deteção de lógica difusa distribuída. Em [9], os autores examinaram o desempenho de alguns protocolos de encaminhamento bem conhecidos em MANET de ondas milimétricas. Ad Hoc On-Demand Distance Vetor (AODV), Destination-

Sequenced Distance Vetor (DSDV), e Optimized Link State Routing (OLSR) são alguns dos protocolos de encaminhamento que foram examinados. Os resultados da simulação utilizando o NS-3 demonstraram que a utilização de frequências de ondas milimétricas pode aumentar o desempenho da rede em termos de taxa de entrega. Os autores de [10] investigaram a forma de melhorar o desempenho do protocolo de encaminhamento AODV para VANET. Neste trabalho, um nó de interseção estático é adicionado à unidade ao lado da estrada para auxiliar no envio de pacotes de dados para outros veículos próximos, aumentando a taxa de entrega de pacotes e minimizando a perda de pacotes e o atraso de ponta a ponta.

Muitos grupos de investigação aplicaram recentemente técnicas de aprendizagem por reforço (RL) para melhorar os protocolos de encaminhamento em redes sem fios em geral, e em MANET em particular [4,6,11-15]. Com este método, os autores de [6] propuseram um esquema de seleção de rotas para Flying Ad-hoc Networks (FANET) baseadas em 5G, em que a RL é utilizada para escolher rotas com maior energia residual. O principal objetivo do esquema proposto é maximizar o tempo de vida da rota e diminuir as retransmissões. Além disso, utilizando a RL, os autores de [15] propuseram um algoritmo de encaminhamento, nomeadamente o EQ-AODV (Energy Q-learning AODV protocol) para redes ad-hoc sem fios, para aumentar o tempo de vida da rede. O algoritmo EQ-AODV utiliza o Q-learning para obter informações sobre o estado global a partir de comunicações locais. As rotas serão então actualizadas com base no que foi aprendido. Os resultados da simulação revelam que o EQ-AODV tem um desempenho superior ao do AODV SARSA [16] em termos de rácio de entrega de pacotes e de consumo de energia.

O uso da RL para roteamento em MANETs é uma opção de grande sucesso, principalmente para modelos de rede que exigem muito processamento e uma resposta rápida, como a MANET baseada em 5G. Neste trabalho, também empregamos a RL para o roteamento de MANETs baseadas em 5G. No entanto, nosso uso de RL difere de trabalhos anteriores. Essa distinção pode ser vista nas novas contribuições a seguir:

(i) Propomos um novo método para aplicar a RL ao encaminhamento em MANET baseadas em 5G, em que a RL desempenha o papel de construir uma base de dados de informação de estado em cada nó. Esta base de dados contém estatísticas sobre a carga de tráfego e o rácio sinal/ruído (SNR) nos nós intermédios nas rotas do nó atual para o destino.

(ii) Melhoramos o novo mecanismo de descoberta de rotas do protocolo AODV para encontrar conjuntos de rotas com garantia de QoS em MANETs baseadas em 5G com cargas de tráfego pesadas.

2. O nosso algoritmo proposto

Nesta secção, apresentamos o nosso algoritmo de encaminhamento proposto, nomeadamente o RLI-AODV (Reinforcement Learning-based Improved AODV), que é melhorado a partir do algoritmo de descoberta de rotas do protocolo AODV utilizando RL.

3. Conclusão

A MANET baseada em 5G é uma tendência da tecnologia de rede sem fios ad-hoc da próxima geração. A principal caraterística das redes 5G é o facto de os nós estarem constantemente a lidar com cargas de tráfego elevadas. Os requisitos em termos de probabilidade de congestionamento, atraso de ponta a ponta e outras métricas de desempenho são extremamente rigorosos, pelo que a QoS tem de ser assegurada. Quando utilizados com uma MANET baseada na tecnologia de rede 5G, as limitações dos actuais protocolos de encaminhamento de MANET foram evidentes. Neste artigo, propusemos um protocolo Vetor de Distância Ad-hoc a Pedido melhorado para MANETs baseadas em 5G, nomeadamente o RLAODV. A aprendizagem por reforço é utilizada por cada nó para atualizar uma base de dados de cargas de tráfego e SNIR nos nós intermédios ao longo das rotas para os destinos. Ao descobrir uma nova rota, o algoritmo de encaminhamento consulta esta base de dados para encontrar uma rota com garantia de QoS. Os resultados da simulação demonstram que o algoritmo sugerido é extremamente eficaz em termos de débito da rede, atraso de ponta a ponta e SNIR.

No futuro, continuaremos a desenvolver o algoritmo considerando as restrições de outras métricas para melhorar ainda mais o desempenho das MANET baseadas em 5G.

Referências

[1] K.Q. Vu, V.K. Solanki, A.N. Le, Um protocolo de roteamento MANET de economia de energia em 5G, em: S. Velliangiri, M. Gunasekaran, P. Karthikeyan (Eds.), Comunicação segura para redes 5G e IoT, Springer International Publishing, Cham, 2022, pp. 213-220.

[2] S.K. Sarkar, T.G. Basavaraju, C. Puttamadappa, Ad Hoc Mobile Wireless Networks - Principles, Protocols, and Applications, Taylor & Francis Group, LLC, 2008.

[3] R. Bharathy, T. Manikandan, P. Keerthivasan, P.M. Fayaz, A.M.S. Zafer, K.M. Krishnan, Typical MANET design for 5G communication network, em: Ambient Communications and Computer Systems, Springer Nature Singapore, Singapura, 2022, pp. 383-390.

[4] F. Khan, K.-L. Yau, M. Ling, M. Imran, Y.-W. Chong, Um esquema de roteamento inteligente baseado em cluster em redes ad hoc voadoras 5G, Appl. Sci. 12 (2022) 3665.

[5] Q. Vu Khanh, N. Ban, N. Han, Um protocolo avançado de roteamento de energia eficiente e de alto desempenho para MANET em 5G, J. Commun. 13 (2018) 743-749.

[6] M.F. Khan, K.-L.A. Yau, Route selection in 5G-based flying ad-hoc networks using reinforcement learning, in: Int. Conf. sobre Sistemas de Controle, Comp. e Eng., ICCSCE, 2020, pp. 23-28.

[7] S. Sengan, et al., Um algoritmo de colônia de formigas otimizado baseado em Fuzzy para 5G-MANET, Cmc -Tech. Sci. Press- 70 (2021) 1069-1087.

[8] S.A. Alghamdi, Stable zone-based 5G clustered MANET using interest-region-based routing and gateway selection, Peer-to-Peer Netw. Appl. 14 (2021) 3559-3577.

[9] M. Aljumaily, Desempenho de protocolos de roteamento em redes ad-hoc móveis usando ondas milimétricas, Int J Comput Netw Commun 10 (2018) 23-36.

[10] Sahabuddin, A. Achmad, S. Syarif, Otimização do protocolo de roteamento 5G VANET na comunicação AODV com nó de interseção estático, em: 2021 3ª Conferência da Indonésia Oriental sobre Computação e Tecnologia da Informação, EIConCIT, 2021, pp. 171-176.

[11] Y. Wang, Y. Tang, BRLR: Uma estratégia de roteamento para MANET baseada em aprendizado por reforço, em: 2021 IEEE 20th International Conference on Trust, Security and Privacy in Computing and Communications, TrustCom, 2021, pp. 1412-1417.

[12] V. Duong Thi Thuy, L. Binh, IRSML: Um algoritmo de encaminhamento inteligente baseado na aprendizagem automática em redes sem fios definidas por software, ETRI J. 44 (2022).

[13] M. Redha, S. C., Análise de protocolos de roteamento baseados em aprendizado por reforço para redes ad hoc móveis, 2019, pp. 247-256.

[14] T.-V.T. Duong, L.H. Binh, V.M. Ngo, Reinforcement learning for QoS guaranteed intelligent routing in Wireless Mesh Networks with heavy traffic load, ICT Express 8 (1) (2022) 18-24.

[15] R. Mili, S. Chikhi, Análise de protocolos de encaminhamento baseados em aprendizagem por reforço para redes ad-hoc móveis, em: E. Renault, P. Mühlethaler, S. Boumerdassi (Eds.), Machine Learning for Networking, Springer, 2019, pp. 247-256.

[16] S. Chettibi, S. Chikhi, Um protocolo de roteamento adaptável e consciente da energia para MANETs usando o algoritmo de aprendizagem por reforço SARSA, em: 2012 IEEE Conference on Evolving and Adaptive Intelligent Systems, 2012, pp. 84-89.

[17] H.A.A. Al-Rawi, M.A. Ng., K.-L.A. Yau, Application of reinforcement learning to routing in distributed wireless networks: A review, Artif. Intell. Rev. 43 (2015) 381-416.

[18] A. Varga, OpenSim Ltd., OMNeT++ Simulation Manual, Versão 6.x, 2022, [Online]. Disponível: https://omnetpp.org.

[19] A. Virdis, M. Kirsche, Recent Advances in Network Simulation - The OMNeT++ Environmentand Its Ecosystem, Springer Nature Switzerland AG, 2019.

Capítulo 5: Um nó egoísta que confia em si próprio com Optimized Clustering para um protocolo de encaminhamento fiável em Manet

1. Introdução

A rede adhoc móvel, geralmente conhecida como MANET, é uma agregação de dispositivos móveis que interagem entre si sem infra-estruturas [1]. Para além da mobilidade, as MANET podem ser configuradas a grande velocidade e com custos mais baixos. Isto deve-se ao facto de estas redes não dependerem de infra-estruturas já existentes [2]. Assim, as MANET são úteis para aplicações como a gestão de catástrofes, os serviços de emergência, as operações militares, as comunicações entre veículos e marítimas e as reuniões de negócios ad-hoc [3]. Cada nó actua como um anfitrião e um router para fazer avançar os contentores de dados até ao destino depois de estabelecer a rota [4].

A conetividade é estabelecida utilizando protocolos de encaminhamento como os protocolos proactivos e reactivos [5]. O primeiro inclui o mais popular Destination Sequence Distance Vetor (DSDV) [6], que cria a rota actualizando a tabela de encaminhamento através da troca de informações topológicas. Os últimos protocolos reactivos, como o AODV (Ad hoc On-Demand Distance Vetor) [7], funcionam de forma ad hoc para formar as rotas apenas a pedido. Durante a descoberta de rotas, os nós intermédios ligam-se para formar um novo caminho para o destino pretendido, através da transmissão de pacotes de descoberta de rotas. A informação do pedido de rota (RREQ) é enviada a todos os vizinhos. O número de nós no raio de cobertura do nó remetente responderá com a resposta de rota (RREP).

Se os nós subjacentes não conseguirem alcançar o nó de destino, é gerado um erro de rota (RERR) [8]. As mensagens acima mencionadas garantem a probabilidade de formar uma rota óptima com um mínimo de saltos. O protocolo AODV permite que os nós intermédios formem novas rotas. Este também transmite um RREP para a fonte [9]. Os nós maliciosos (MN) aproveitam esta atividade respondendo a uma fonte com dados genuínos no contexto de que podem formar um novo caminho para alcançar o nó do ponto final [10]. A fonte comunica então pacotes de dados através do MN, partindo do princípio de que se trata ainda de uma rota válida. A atividade do nó egoísta (SN) pode fazer com que o nó deixe cair os pacotes de dados [11], levando eventualmente à perda de dados.

O protocolo AODV é um protocolo de procura de direção reativo que envia individualmente os desejos de uma rota quando necessário e preserva o estado baseado no tempo em cada nó, permitindo a utilização do banco de encaminhamento [12]. Um nó reflecte a rota como um caminho ativo, se transferir, admitir ou permitir pacotes para a rota correspondente. Assim, cada nó da rede intermédia faz essencialmente escolhas no que respeita à comunicação dos dados dos pacotes. O pacote de procura de trajeto é amplamente difundido para a fonte que precisa de difundir o terminal. Para além disso, as variações do situs de análise da rede devem ser transmitidas ao nó que decide requerer a informação [13]. A problemática do AODV é não fornecer relações assimétricas. Ou seja, o AODV é capaz de suportar apenas redes simétricas entre nós. A vantagem do protocolo de busca de direcções AODV é que, sendo um procedimento de tipo reativo, pode suportar facilmente o comportamento altamente dinâmico das redes e evita as rotas em declínio devido à utilização de um temporizador [14]. As restrições impostas pelo procedimento são que, em caso de tráfego partilhado, a informação sobre a procura de direcções é obtida continuamente a pedido, o que resulta em atrasos complexos gerados pela difusão. O AODV produz uma rota através de um pedido de rota (RREQ) e de uma resposta de rota (RREP) [15].

O DSDV é um protocolo que avança a partir do conceito de encaminhamento bellman-ford. No conceito de busca de direção do DSDV, toda a topologia da rede varia mecanicamente e a tabela de roteamento é modernizada com freqüência. As variações do situs de análise da rede fazem com que o nó perceba e conduza os pacotes de indicação de rota para o seu nó vizinho [16]. A tabela de encaminhamento de cada nó contém: o endereço do terminal, o número de saltos necessários para influenciar o destino e o número do arranjo. Antes das actualizações de distribuição, os nós aguardam o tempo de realização para garantir que não têm actualizações dos seus antigos vizinhos [17]. As vantagens dos protocolos de encaminhamento DSDV são a existência de caminhos sem restrições de loop com adiamentos mais raros, a escolha do melhor caminho para o pacote com uma menor quantidade de saltos intermédios e a promessa de rotas renovadas. Os principais problemas considerados são os seguintes: o facto de as mensagens serem episódicas faz com que um maior número de despesas gerais complete a rede, o excesso de recursos, provavelmente de largura de banda e de energia das baterias, e o DSDV não é realmente operacional para redes maiores devido à sua natureza proactiva [18].

A interface dos sistemas MANET-IoT permite novas tradições de instalações inteligentes neste mundo progressivo e os ensaios são como se essas redes também fossem previsíveis. A rede ad-hoc e a IoT são consideradas como uma área de investigação quente da rede sem fios devido às suas estruturas distintas, tendo sido estabelecidos numerosos protocolos de encaminhamento para apoiar a rede [19]. A principal motivação para este documento é estabelecer os protocolos de encaminhamento planeados em configurações bem definidas utilizando o, comparar o seu desempenho e comportamento de forma independente e, no final, estimar e completar o sucesso de um protocolo individual numa configuração separada [20]. A análise das regras é construída com base numa métrica central que é: utilização de energia, taxa de transferência e atraso médio final, rácio de entrega de pacotes (PDR) e rácio de perdas.

A presença do SN faz com que a fonte detecte o erro de ligação, uma vez que o recetor não transmite o TCP ACK. Se o nó transmite dados TCP frescos e eventualmente encontra um novo caminho para chegar ao destino, então o SN induz a fonte em erro. Se a fonte transmite pacotes UDP, então o problema não pode ser diagnosticado porque as ligações UDP não necessitam de ACK.

A investigação apresentada analisa a eficácia do método proposto na presença de SN. A deteção de SN ocorre mesmo antes da comunicação de dados. O método de encaminhamento planeado apresenta um melhor desempenho.

2. Trabalhos relacionados

MUSTHAFA et al. [21] elaboraram as estratégias de deteção de SN e sugeriram um algoritmo de deteção de SN (SNDA) que identifica e isola eficazmente o SN. As MANETs enfrentam graves problemas de segurança devido à topologia dinâmica. A obtenção de uma comunicação fiável só é possível quando existe cooperação entre os nós, mas o seu atraso torna-se elevado.

Vij et al. [22] apresentaram um modelo baseado na teoria dos jogos que identifica e isola os nós de rede. Os nós acabam por prejudicar o funcionamento da rede e causam atrasos na propagação. É discutido um novo algoritmo ESSDSR que transfere dados através da investigação do nível de energia do nó. O principal problema desta metodologia é a elevada sobrecarga.

Nobahary et al. [23] sugeriram um método baseado em crédito para descobrir a presença de SN. Cerca de 3 nós watchdog são escolhidos para vigiar os nós duvidosos. Os CHs diagnosticam a presença de SN através da gestão de características genéricas da rede, como o atraso de fim de linha, a contagem de pacotes transmitidos, a contagem de pacotes recebidos, o tráfego e a taxa de transferência. Os nós vigilantes acima referidos registam a sua opinião sobre o SN no CH. Os seus contras são o menor consumo de energia.

Veeraiah et al. [24] propuseram um novo sistema de monitorização de sistemas de deteção de intrusões (IDSM) para detetar a presença de SN. O agrupamento é efectuado para melhorar a eficiência. Também se centra na redução do consumo de energia, o que conduz a uma QoS fiável. Mas não satisfaz os parâmetros globais de desempenho.

Abirami et al. [25] sugeriram o AODV motivado pelo valor de crédito do vizinho (NCV-AODV) para atenuar a falsa deteção. O trabalho proposto parte de certos pressupostos para que os nós não sejam maliciosos. Além disso, serão incluídos alguns nós novos que actuam de forma maliciosa. O indicado é o AODV motivado pelo custo do crédito de vizinhança melhorado (iNCV-AODV). Mas o atraso continua a ser elevado.

Jim et al. [26] apresentaram um método novo mas melhorado, motivado pelo Sistema Imunitário Artificial, que utiliza um classificador de Árvore de Decisão para reconhecer o SN. O indicado é o aumento da PDR. Um SN é a causa da perda de pacotes, o que acaba por prejudicar o tráfego da rede. Os nós retransmitem e encaminham os pacotes. Todos os nós participantes devem ser altruístas.

Ponnusamy et al. [27] propuseram uma reputação dos nós, para além de um método eficiente em termos energéticos, para atenuar o impacto das SN e, eventualmente, eliminá-las. Os nós reputados propostos, bem como os nós conscientes em termos de energia, são isolados e a transmissão de dados fiável também aumenta a sua sobrecarga.

Ramesh et al. [28] apresentaram uma técnica de deteção de SN motivada pela distribuição Skellam modificada (MSD-SNDT) que autoriza localizações produtivas e poderosas para além da separação do SN. Os testes de reprodução são utilizados para avaliar a eficácia da MSD-SNDT em termos de transporte de encomendas, taxa de transferência da rede, sobrecarga da rede e outras utilizações básicas de vitalidade. Mas o consumo de energia é muito reduzido.

Hasani et al. [29] sugeriram um método de deteção de SN dependente de fuzzy, especialmente para redes ad hoc que funcionam segundo os princípios da rede social. Aqui, o estado dos nós será encontrado utilizando 3 factores principais, nomeadamente a energia residual (Re-En.), a contagem de saltos (H.C.) e o historial de cooperação (Co-h.), através da interface fuzzy para evitar o isolamento da rede social e também para implantar nós mais activos. O consumo de energia é elevado, o que torna o sistema demasiado dispendioso.

Nobahary et al. [30] conceberam um método que detecta SN e MN utilizando a teoria dos jogos. Este método procede em 3 fases: configuração e agrupamento; transmissão de dados e envolvimento num jogo com várias pessoas; e atualização para além da deteção de SN e MN. Após a configuração e o agrupamento, os nós cooperam para jogar jogos repetidos para além do reencaminhamento de dados e a eficiência global não é satisfeita.

Hadi et al. [31] sugeriram um esquema melhorado para isolar SN no AODV usando uma rede sem fios. A integração de dois algoritmos garante baixos falsos positivos de SN. O primeiro algoritmo evita os falsos positivos durante o encaminhamento do RREQ, enquanto outro algoritmo evita a ocorrência de falsos positivos na deteção do SN, o que leva a uma menor taxa de entrega de pacotes.

Com base na metodologia existente, a principal questão a considerar é a menor taxa de transferência, o menor consumo de energia, a maior utilização de energia, o atraso elevado e a menor taxa de entrega de pacotes. A melhoria de todos estes parâmetros não é satisfatória. Assim, para melhorar todos os parâmetros, sugere-se a metodologia proposta.

3. Encaminhamento fiável e consciente do nó egoísta

A natureza egoísta inerente aos nós tem um impacto negativo nas MANET. Diminui o desempenho global. A deteção e a eliminação destes SN são cruciais para garantir um bom sistema. Uma nova metodologia para a deteção de SN é validada no protocolo AODV. O método é eficiente, mas tem algumas limitações inerentes. O agrupamento hierárquico é utilizado para a formação de clusters e a seleção de CH é feita utilizando o algoritmo de pesquisa Fuzzy crow. A deteção de nós egoístas é efectuada através da introdução do método de autenticação que autentica os chefes de agrupamento. O protocolo BTRP (Bandwidth-aware Trust-based Routing Protocol) é implementado para detetar e isolar tanto os nós com comportamento incorreto como os nós defeituosos. Isto também ajuda a diagnosticar ataques comuns de comportamento incorreto, como o wormhole, o Sybil e o egoísmo. A estimativa da confiança e o encaminhamento baseado na confiança serão baseados na otimização de enxame Glow modificado.

4. Conclusão

Neste trabalho, o protocolo de encaminhamento baseado em agrupamento optimizado e fiável de nós egoístas (SN-TOCRP). O agrupamento hierárquico é introduzido principalmente para formar agrupamentos, bem como para selecionar o CH utilizando o algoritmo de pesquisa Fuzzy crow. A deteção de nós egoístas é efectuada através da introdução do método de autenticação que autentica os chefes de agrupamento. O protocolo de encaminhamento baseado na confiança e sensível à largura de banda (BTRP) é implementado para detetar e isolar tanto os nós com comportamento incorreto como os nós defeituosos. Isto também ajuda a diagnosticar ataques comuns de comportamento incorreto, como o wormhole, o Sybil e o egoísmo. A estimativa da confiança e o encaminhamento baseado na confiança serão baseados na otimização por enxame Glow modificado. A análise experimental detalhada efectuada no simulador NS2 prova que o trabalho proposto alcança melhores resultados.

Referências

[1] N.A.M. Saudi, M.A. Arshad, A.G. Buja, A.F.A. Fadzil, R.M. Saidi, Protocolos de roteamento de rede ad-hoc móvel (MANET): uma avaliação de desempenho, em: Proceedings of the Third International Conference on Computing, Mathematics and Statistics (iCMS2017), Springer, Singapura, 2019, pp. 53-59.

[2] D. Teotia, A review on mobility and the routing protocols in mobile ad-HOC networks, em: A Review on Mobility and the Routing Protocols in Mobile Ad-HOC Networks, 2020. 18 de abril de 2020).

[3] M.A. Al-Absi, A.A. Al-Absi, M. Sain, H. Lee, Moving ad hoc networks-a comparative study, Sustainability 13 (11) (2021) 6187.

[4] T.K. Saini, S.C. Sharma, Protocolos de roteamento unicast proeminentes para redes móveis Ad-hoc: critério, classificação e atributos-chave, Ad Hoc Netw. 89 (2019) 58-77.

[5] S.D. Samo, J.L.E. Fendji, Evaluation of energy consumption of proactive, reactive, and hybrid routing protocols in wireless mesh networks using 802.11 standards, J. Comput. Commun. 6 (2018) 1, 04.

[6] M. Mehic, P. Fazio, M. Voznak, Usabilidade das rotas do protocolo de roteamento de vetor de distância sequenciado por destino, em: 2019 11th International Congress on Ultra-Modern Telecommunications, Control Systems and Workshops (ICUMT), IEEE, 2019, outubro, pp. 1-5.

[7] J. Govindasamy, S. Punniakody, A comparative study of reactive, proactive, and hybrid routing protocol in wireless sensor network under wormhole attack, J. ElectriC. Syst. Info. Technol. 5 (3) (2018) 735-744.

[8] H. Gao, C. Liu, Y. Li, X. Yang, V2VR: transmissão e encaminhamento fiáveis de dados V2V orientados para redes híbridas considerando RSUs e probabilidade de conetividade, IEEE Trans. Intell. Transport. Syst. (2020).

[9] Mubarak, S. M., Obiniyi, A. A., & Aliyu, S. Comparative Study of AODV, DSR and DSDV Routing Protocols in MANET

[10] T. Jamal, S.A. Butt, Malicious node analysis in MANETS, Int. J. Inf. Technol. 11 (4) (2019) 859-867.

[11] A.A.K. Mohammad, A.M. Mahmood, S. Vemuru, Intentional and unintentional misbehaving node detection and prevention in Mobile Ad-hoc Network, Int. J. Hybrid Intell. 1 (2-3) (2019) 239-267.

[12] N. Saputro, K. Akkaya, S. Uludag, A survey of routing protocols for smart grid communications, Comput. Network. 56 (11) (2012) 2742-2771.

[13] C. Huang, B. Zhai, A. Tang, X. Wang, Rede de malha virtual para obter comunicações D2D multihop em redes 5G, Ad Hoc Netw. 94 (2019), 101936.

[14] M.A. Gawas, S.S. Govekar, A novel selective cross layer-based routing scheme using ACO method for vehicular networks, J. Netw. Comput. Appl. 143 (2019) 34-46.

[15] P. Pandey, R. Singh, Advanced AODV routing based on restricted broadcasting of route request packets in MANET, Int. J. Inf. Technol. 13 (6) (2021) 2471-2482.

[16] P. Shah, T. Kasbe, A review on specification evaluation of broadcasting routing protocols in VANET, Comput. Sci. Rev. 41 (2021), 100418.

[17] D. Xiao, M. Zhao, N. Jia, T.R. Peng, Y. Chen, L. Ma, Uma nova técnica de controlo de encaminhamento para o buraco de energia na rede acústica subaquática distribuída, Complexity (2021), 2021.

[18] F.T. Al-Dhief, N. Sabri, S. Fouad, N.A. Latiff, M.A.A. Albader, A review of forest fire surveillance technologies: mobile ad-hoc network routing protocols perspective, J. King Saud Univ.-Comput. Info. Sci. 31 (2) (2019) 135-146.

[19] N. Ajmi, A. Msolli, A. Helali, P. Lorenz, R. Mghaieth, Cross-layered energy optimization with MAC protocol-based routing protocol in clustered wireless sensor network in internet of things applications, Int. J. Commun. Syst. 35 (4) (2022) e5045.

[20] N. Moussa, Z. Hamidi-Alaoui, A. El Belrhiti El Alaoui, ECRP: um protocolo de encaminhamento baseado em clusters com consciência da energia para redes de sensores sem fios, Wireless Network 26 (4) (2020) 2915-2928.

[21] M.M. Musthafa, K. Vanitha, A.M.Z. Rahman, K. Anitha, Uma abordagem eficiente para identificar um nó egoísta em MANET, em: 2020 International Conference on Computer Communication And Informatics (ICCCI, IEEE, 2020, janeiro, pp. 1-3.

[22] A. Vij, V. Sharma, P. Nand, Deteção de nós egoístas usando a Teoria dos Jogos em MANET, em: 2018 International Conference on Advances in Computing, Communication Control and Networking (ICACCCN), IEEE, 2018, pp. 104-109.

[23] S. Nobahary, S. Babaie, A credit-based method to selfish node detection in mobile ad-hoc network, Appl. Comput. Syst. 23 (2) (2018) 118-127.

[24] N. Veeraiah, B.T. Krishna, Abordagem baseada em IDSM de deteção de nó egoísta usando nó mestre de cluster individual, em: 2018 2nd International Conference on Inventive Systems and Control (ICISC), IEEE, 2018, pp. 427-431.

[25] K.R. Abirami, M.G. Sumithra, Avaliação de algoritmos de roteamento AODV baseados no valor de crédito do vizinho para deteção de comportamento de nó egoísta, Cluster Comput. 22 (6) (2019) 13307-13316.

[26] L.E. Jim, M.A. Gregory, Deteção improvisada de nós egoístas em MANET usando árvore de decisão baseada em sistema imunológico artificial, em: 2019 29th International Telecommunication Networks and Applications Conference (ITNAC), IEEE, 2019, pp. 1-6.

[27] M. Ponnusamy, Detection of selfish nodes through reputation model in mobile Adhoc network-MANET, Turkish J. Comput. Math. Educat. (TURCOMAT) 12 (9) (2021) 2404-2410.

[28] V. Ramesh, C.S. Kumar, S. Venkatakrishnan, A modified Skellam distribution is used in MANETs based on the selfish node detection technique, Mater. Today Proc. (2021).

[29] H. Hasani, S. Babaie, Deteção de nós egoístas em redes ad hoc com base na lógica difusa, Neural Comput. Appl. 31 (10) (2019) 6079-6090.

[30] S. Nobahary, H.G. Garakani, A. Khademzadeh, A.M. Rahmani, Selfish node detection based on hierarchical game theory in IoT, EURASIP J. Wirel. Commun. Netw. 2019 (1) (2019) 1-19.

[31] A.A. Hadi, M.A. Zulkarnain, Y. Aljeroudi, Improved selfish node detection algorithm for Mobile Ad-hoc Network, Int. J. Adv. Comput. Sci. Appl. 8 (4) (2017) 103-108.

[32] E. Setijadi, I.K.E. Purnama, M.H. Pumomo, Comparativo de desempenho dos protocolos de roteamento AODV, AOMDV e DSDV em MANET usando NS2, em: 2018 Seminário Internacional de Aplicação para Tecnologia da Informação e Comunicação, IEEE, 2018, setembro, pp. 286-289.

[33] S. Mahajan, R. Harikrishnan, K. Kotecha, Adaptive routing in wireless mesh networks using hybrid reinforcement learning algorithm, IEEE Access 10 (2022) 107961-107979.

[34] S. Ali, A. Ahmed, M. Raza, Rumo a melhores protocolos de roteamento para IoT, em: 2019 2nd Conferência Internacional sobre Computação, Matemática e Tecnologias de Engenharia (iCoMET), IEEE, 2019, janeiro, pp. 1-5.

Capítulo 6: CBILEM: Um novo protocolo de gestão da mobilidade com consciência energética para NDN-MANETs baseadas em SDN

1. Introdução

A MANET é uma rede que pode ser facilmente instalada em qualquer lugar, uma vez que não requer a existência prévia de infra-estruturas. Este tipo de rede é composto por dispositivos sem fios. Estes dispositivos são continuamente auto-configuráveis e móveis. Devido à mobilidade, as mudanças de topologia são muito frequentes. Os dispositivos desta rede funcionam como anfitrião e router [1-3]. Têm uma bateria limitada. Qualquer dispositivo pode entrar ou sair da rede quando necessário. Os dispositivos podem ficar indisponíveis devido a mudanças de localização e também devido a uma diminuição súbita da sua bateria limitada [4,5]. Além disso, cada dispositivo sem fios tem o seu alcance de transmissão. Os dispositivos no raio de transmissão de um nó são designados por vizinhos. Os dispositivos nas MANET são também designados por nós. Os nós dentro do alcance de transmissão podem comunicar diretamente. Utilizando os nós vizinhos, cada nó envia pacotes do nó de origem para o nó de destino, estabelecendo uma rota [6-8]. No entanto, como os nós são móveis, qualquer nó pode deslocar-se da sua localização atual para outra.

Assim, os nós ligados podem mover-se para dentro ou para fora dos intervalos de transmissão de outros nós (mudando assim os vizinhos). No entanto, as rotas estabelecidas podem quebrar-se com o movimento dos nós [9-11]. Há sempre uma tendência para alterar a localização ou a posição dos nós. Além disso, as rotas têm de ser restabelecidas, no todo ou em parte, devido ao movimento entre os nós correspondentes. Para a transmissão de dados entre os nós de uma MANET, são necessários algoritmos de encaminhamento que tenham em conta a necessidade de lidar com a mobilidade. Estes algoritmos determinam as rotas através das quais os pacotes são encaminhados. Como a energia de cada dispositivo é limitada [3,12,13], ao considerar a comunicação em MANET, a energia da bateria deve ser tida em conta, porque se a bateria não for considerada, os dispositivos podem ficar indisponíveis numa transmissão em curso, causando interrupções nas transmissões [14-18]. As principais aplicações das MANET incluem a gestão de catástrofes, a criação de redes domésticas, a partilha de informações em campos de batalha, parques e redes de área pessoal (PAN).

Existe uma arquitetura da Internet denominada Redes de Dados Nomeados (NDN) que proporciona uma abordagem diferente para a partilha de conteúdos entre a origem e o destino. A NDN não requer um endereço IP para cada nó. Envia ou recebe dados atribuindo-lhes um nome. Assim, altera a semântica da rede, substituindo a abordagem do conteúdo necessário de "onde" para "o quê" [19-24]. Para este efeito, são utilizados dois pacotes: o pacote de interesse e o pacote de dados. Além disso, o pacote de interesse é gerado e reencaminhado na rede por um nó requerente de conteúdos. Enquanto o pacote de dados é gerado e encaminhado por um nó que pode satisfazer as necessidades e os requisitos de um requisitante de

conteúdos. Os dados que circulam numa rede baseada em NDN baseiam-se igualmente em três estruturas de dados, a saber
- Loja de Conteúdos (CS)
- Tabela de juros pendentes (PIT), e
- Base de informações de encaminhamento (FIB)

O CS está presente em cada nó e é utilizado para armazenar em cache os dados ao longo do trajeto entre a origem e o destino. Além disso, a PIT mantém o registo do local onde chegou o pedido de dados, ou seja, o pacote de interesse (interface de entrada), e do conteúdo pretendido, que é o nome do conteúdo. A FIB fornece informações sobre para onde o pacote deve ser encaminhado. Tem informações relacionadas com a interface de saída. Se existirem três interfaces de saída, a FIB decidirá, executando o Longest Prefix Matching (LPM) no nome do conteúdo, qual a interface que será utilizada a seguir para encaminhar o pacote de interesse [11,21]. É de notar que, ao discutir a NDN, a interface é também designada por face. Na NDN, o conteúdo necessário é recuperado de forma puxada. Quando um pacote de interesse é gerado pelo consumidor, este encaminha esse pacote para o nó seguinte. Este nó verifica no CS se tem o conteúdo necessário. Se tiver esse conteúdo, o pacote de dados é criado por ele e enviado de volta para o consumidor. Se o nó de retransmissão não tiver o conteúdo necessário no CS, então verifica o PIT. No PIT, é verificado se outro nó solicitou o mesmo conteúdo. Se outro nó já tiver solicitado o mesmo conteúdo, então na PIT, em relação ao nome do conteúdo solicitado, é acrescentada outra interface na entrada anterior, indicando que dois nós necessitam desse conteúdo. Se não for encontrada nenhuma entrada anterior com o mesmo nome na PIT, então o LPM é efectuado na FIB para verificar para onde encaminhar o interesse. Se o LPM for bem sucedido, é criada uma nova entrada na PIT com o nome do conteúdo e a interface a partir da qual o pacote de interesse chegou ao nó de retransmissão. No entanto, se o LPM não for bem sucedido na FIB, então o pacote de interesse é descartado porque não há dados disponíveis para o conteúdo requerido [25-27]. Para obter o pacote de dados, quando o pacote de interesse chega ao fornecedor, o pacote de dados é criado e reencaminhado para o consumidor. O nó de retransmissão que recebe o pacote de dados verifica o seu PIT. Se existir uma entrada com o mesmo nome de conteúdo, coloca os dados em cache no CS e reencaminha o pacote de dados para a interface escrita na entrada PIT (se este nó não for um consumidor). Da mesma forma, o pacote de dados é encaminhado até que o consumidor seja alcançado [28,29].

Dado que a localização dos nós muda frequentemente no ambiente das MANET, a combinação da NDN com as MANET permitirá o acesso aos dados com base no nome, que permanece o mesmo em todo o lado. Não é necessário estabelecer contactos repetidamente, como no caso do TCP/IP. No entanto, a NDN é uma boa opção para substituir o TCP/IP nas MANET [30-33]. No caso do ambiente sem fios das MANET, apenas são utilizados o CS e o PIT. A FIB não é utilizada porque um dispositivo móvel contém apenas uma interface de entrada e de saída. A informação da interface de entrada é armazenada utilizando a PIT, mas para a interface de saída, o pacote é sempre difundido, o que é feito através dessa única interface de saída. No entanto, como o pacote é transmitido através de uma única face, a FIB não é necessária para as MANET. Assim, o LPM para selecionar o próximo nó para encaminhamento não está ativado. Cada nó que recebe o pacote irá retransmiti-lo e assim por diante até que o provedor seja encontrado [34]. Assim, os nós em MANETs baseadas em NDN encaminham tanto os pacotes de interesse como os de dados por difusão.

A SDN é uma nova tecnologia emergente que separa o plano de controlo do plano de dados. O plano de controlo é um dispositivo de nível 3 que executa as funcionalidades de encaminhamento e o plano de dados executa o encaminhamento. Num ambiente de rede tradicional, estas duas funcionalidades são executadas em conjunto [35,36]. Em SDN, um controlador é responsável pelas funcionalidades do plano de controlo, fazendo com que os outros dispositivos efectuem o encaminhamento apenas com base nas informações fornecidas pelo controlador. Além disso, a SDN é altamente gerível, tendo em conta a natureza dinâmica dos actuais ambientes de rede, que se baseiam em nós móveis. A SDN gere tudo de forma centralizada e os algoritmos de encaminhamento podem ser programados diretamente pelo programador no controlador. Em seguida, as informações de encaminhamento são fornecidas aos dispositivos de encaminhamento sob a forma de tabelas de fluxos [37,38].

A integração de SDN no ambiente de MANET é uma área de investigação atual. Nas MANET normais, não existe conhecimento prévio da disponibilidade dos serviços de rede, as topologias mudam com maior frequência, não existe conhecimento dos recursos disponíveis e existe um overhead associado a cada nó no que respeita ao encaminhamento e encaminhamento [39]. Toda a informação da rede é distribuída, os nós partilham informação entre si para comunicar e estas comunicações são frequentemente interrompidas. Ao incorporar SDN em MANET, todo o estado da rede pode ser visível de forma centralizada [40-43]. Para obter soluções de encaminhamento suficientemente eficientes, as SDN podem ser um bom substituto. O controlador pode tomar decisões correctas sobre a transmissão de dados na MANET. Assim, cada nó poderá comunicar diretamente com o controlador e fornecer as suas informações [44]. O controlador tomará então decisões de encaminhamento e emitirá tabelas de fluxo para os nós comunicantes, que serão seguidas por eles. Uma interrupção súbita na transmissão de dados pode ser reduzida em grande medida. Além disso, a qualidade da comunicação em MANET também será melhorada. Ao integrar as SDN nas MANET baseadas em NDN, os nós NDN ficarão menos sobrecarregados, porque o controlador obterá as funcionalidades do plano de controlo de todos os nós NDN e fá-lo-á de forma centralizada [45]. Além disso, o controlador terá uma visão de toda a rede e dos seus recursos. Este obterá a funcionalidade de encaminhamento de cada nó e fornecerá as rotas a seguir pelos nós para encaminhar os pacotes de interesse ou de dados na rede. No lado do controlador, a programação dos caminhos de encaminhamento será efectuada, enquanto o encaminhamento será feito entre dispositivos [46]. Outra vantagem do uso de SDN é que, se for necessário fazer alguma alteração na configuração atual da rede, as tabelas de fluxo serão recomputadas para se adaptar à mudança na rede [36,47,48]. Considerando o cenário móvel do ambiente das MANET, as SDN serão um bom substituto, uma vez que os nós podem mudar a sua localização e podem comunicar a sua localização atual ao controlador. O controlador pode então emitir rotas tendo em conta a nova localização de um nó [49].

O principal objetivo deste artigo é apresentar uma solução para a mudança de localização dos nós, tendo em conta a energia restante. Os nós seleccionados para encaminhar os pacotes de interesse e de dados para o destino permitirão uma interrupção mínima da comunicação. Fornecer rotas do consumidor para o fornecedor com a última informação actualizada sobre a localização e a bateria restante de cada nó é o objetivo desta investigação. Para atingir o objetivo principal, os objectivos detalhados deste artigo são:
- Identificar o estado da arte da literatura que abrange o tratamento da mobilidade no ambiente sem fios das MANET.
- Conceber um esquema que lide com a mobilidade dos nós (produtores/consumidores/nós intermédios) e que tenha igualmente em conta a energia dos nós
- Fornecer rotas comparativamente fiáveis entre o consumidor e o fornecedor
- Para avaliar o desempenho do protocolo proposto em termos de tempo de recuperação de conteúdos, o número de retransmissões de interesse e o número total de pacotes de interesse descartados

2. Revisão da literatura

Esta secção apresenta a literatura sobre o tratamento da mobilidade no ambiente sem fios. A literatura está relacionada com o tratamento da mobilidade em redes sem fios NDN baseadas em infra-estruturas, em redes sem fios NDN sem infra-estruturas, em MANET simples e em MANET baseadas em SDN. O tratamento da mobilidade em todos estes ambientes sem fios foi estudado em pormenor. No final, são também discutidas as limitações dos esquemas existentes e as considerações sobre o novo esquema.

Jiang et al. [50] propuseram uma técnica baseada num sistema de mapeamento e sugestão de encaminhamento para prever onde o conteúdo solicitado pode residir. Essa sugestão era dada pelo anfitrião final ao router. Com base nessa sugestão, os interesses eram enviados para o nó previsto. Foram utilizados dois identificadores. Um era o nome do conteúdo e o outro era uma pista de encaminhamento. Também foi utilizado um sistema de mapeamento que continha todas as informações sobre as entidades em movimento. Quando o fornecedor se deslocava para uma nova localização, anunciava a sua informação na nova rede e retirava toda a sua informação da rede anterior. É de notar que todos os outros nós não eram actualizados imediatamente. A cache também foi utilizada no sistema de mapeamento, que continha informações sobre a mobilidade, mas por vezes tinha informações desactualizadas e a taxa de acerto também era menor quando o conteúdo não era popular e devido a diferentes aplicações.

Rui et al. [51] propuseram a ideia de Pro-cache e Pro-pull para aplicações multimédia em tempo real. Foi referido que alguns conteúdos são já produzidos e armazenados no fornecedor, enquanto outros são produzidos em tempo real. Os pacotes de interesse subsequentes podem ser previstos durante a visualização do vídeo. Foram utilizados os conceitos de C-Router, P-Router e N-Router. Antes de se deslocar para a nova localização, o fornecedor armazenou em cache o conteúdo necessário no P-Router. O consumidor obtinha os pacotes de dados a partir daí, enquanto o fornecedor se deslocava para uma nova localização. Esta abordagem foi designada por Pro-cache. Havia outra abordagem chamada Pro-pull. No Pro-pull, o fornecedor enviava uma mensagem especial ao P-Router para indicar o nome do router para o qual se estava a deslocar. Uma vez ligado ao N-Router, os pedidos eram enviados para um novo Point of Attachment (PoA), que era o N-Router. Para o efeito, utilizámos preditores de localização, em que C era utilizado para representar o consumidor, P era utilizado para representar o anterior e N era utilizado para representar o router seguinte.

Kim et al. [52] propuseram uma entidade de nó intermédio que mantinha a informação sobre mobilidade. Foi designado por nó de ancoragem. Toda a informação de atualização da localização era enviada para esse nó. Se o fornecedor alterasse a sua localização, informava o nó de ancoragem através do pacote de interesse Mobility Update (MU). O seu objetivo era enviar uma nova localização para o nó de ancoragem. Cada nó precisava de passar pelo nó de ancoragem para chegar ao fornecedor na sua última localização actualizada. O pacote de interesse MU era gerado pelo fornecedor sempre que ocorria um handover. As entradas PIT eram efectuadas pelo pacote de interesse da MU quando esta se deslocava em direção à âncora. O pacote de interesse do consumidor era então encaminhado para o fornecedor juntamente com as entradas PIT efectuadas pelo pacote de interesse da MU e os pacotes de dados eram devolvidos. Ocorreram atrasos mais longos porque foi utilizado um nó intermédio através do qual cada nó teve de obter informações. O segundo caminho para o encaminhamento do pacote de interesse também aumentou o atraso.

Rehman e Kim [53] propuseram um esquema de encaminhamento para o ambiente MANET baseado em NDN. Trata-se de um esquema baseado na energia e na distância, consciente da localização. As localizações dos nós do fornecedor e do consumidor foram recolhidas para selecionar nós de retransmissão cuja distância era menor do fornecedor, no caso do pacote de interesse, e menor do consumidor, no caso do pacote de dados. As localizações foram adicionadas nos pacotes pelos próprios nós do consumidor e do fornecedor. Um nó era um potencial encaminhador de interesse ou de dados apenas quando a distância do consumidor ou do fornecedor era menor do que a dos nós retransmissores anteriores, respetivamente. Além disso, a energia do nó era verificada antes de este poder ser um potencial encaminhador de um pacote de interesse ou de dados. Se a energia fosse inferior ao limiar, ou seja, 13%, o reencaminhamento de interesse não era permitido. Em vez disso, apenas o pacote de dados podia ser reencaminhado para o consumidor se a entrada PIT já tivesse sido criada no nó de retransmissão. No entanto, o encaminhamento multipercurso foi adotado para permitir que um pacote chegasse a um destino através de mais do que um caminho para lidar com cenários de mobilidade. Deve-se notar que este esquema também levou o armazenamento em cache do conteúdo de dados apenas perto do nó consumidor, onde o mesmo conteúdo poderia ser necessário novamente.

Yaheh et al. [54] propuseram um esquema baseado em aprendizagem profunda para prever o movimento futuro de nós móveis em MANET. Nele, foi utilizado um algoritmo Back Propagation Through Time (BPTT) para aprender a atualizar os pesos na seleção de uma nova posição. Além disso, a velocidade, o tempo de pausa e o ângulo também foram considerados para a aprendizagem, mas o esquema proposto baseia-se num mecanismo de aprendizagem que, no entanto, pode causar sobrecarga adicional na rede.

Naimi et al. [55] propuseram uma estimativa da intensidade do sinal que pode ser efectuada para lidar com a mobilidade com a ajuda de dois parâmetros, denominados Expected Transmission Count (ETC) e Expected Transmission Rate (ETR). Este cálculo foi efectuado para determinar a qualidade da ligação para saber se a ligação deve ou não ser feita para o pacote a enviar. Se a qualidade da ligação não fosse boa, alguns nós seriam utilizados como nós de retransmissão para a transmissão de dados. Obteve um bom rácio de entrega de pacotes (PDR) e uma menor perda de pacotes. O esquema proposto requer tempo adicional para selecionar um nó na rede. Assim, o atraso é considerado um custo adicional no esquema proposto.

Palani et al. [56] propuseram uma solução baseada na probabilidade de um nó permanecer num intervalo de tempo. Em seguida, a atribuição de recursos foi efectuada em conformidade para evitar o desperdício de largura de banda. Para verificar a estabilidade da ligação, foi medida a distância esperada entre os nós vizinhos. Em seguida, estimava-se qual seria o próximo passo. A sobrecarga baseada na previsão em tempo de execução foi um problema, mas obteve bons resultados em termos de construção de rotas comparativamente estáveis.

Hayajna et al. [57] propuseram uma ideia de multi-rotas, em que a densidade dos nós (número de vizinhos necessários) foi utilizada para garantir dois caminhos entre a origem e o destino. De acordo com os resultados, foi demonstrado matematicamente que a densidade dos nós aumentava a probabilidade de duas rotas fiáveis. No entanto, foi aplicado um valor limiar a esse limite crescente da densidade dos nós. Foi demonstrado que a densidade dos nós pode ser aplicada tanto em nós estáticos como em nós móveis para garantir a conetividade e a fiabilidade das rotas. Além disso, trata-se de um método complexo. Além disso, não envolve um controlador, por exemplo, SDN, para a comunicação entre os nós.

Swidan et al. [58] propuseram um esquema para lidar com a mobilidade em ambiente MANET que utiliza a velocidade e a direção do nó para o selecionar ou rejeitar para encaminhar o pacote de dados para o destino. Cada nó partilhava as suas coordenadas de localização e a sua velocidade atual. Em seguida, a direção foi calculada a partir da informação recolhida para saber se o nó se está a mover em direção ao nó selecionado ou para longe dele. O valor do sinalizador de direção era indicado na tabela de encaminhamento. Da mesma forma, o valor da velocidade também foi armazenado na tabela de encaminhamento. Utilizando esta informação, foi construída a rota mais persistente.

Panday et al. [59] propuseram padrões de movimento de um nó que devem ser registados para decidir se um nó deve ou não fazer parte da rota. O emissor verifica se um nó está continuamente a entrar na sua cobertura ou não. Este valor foi tomado em termos de tempo. Após a recolha de informações sobre a mobilidade dos nós no raio de ação, foi verificado qual o nó que parecia mais estável no seu histórico de alterações de localização. Em seguida, era selecionado ou rejeitado durante a construção do encaminhamento.

Alhowaidi et al. [60] propuseram dois esquemas, designados por Distributed Multipath Forwarding Strategy (D-MP) e Centralized SDN control for Multipath Forwarding Strategy (S-MP) para o acesso aos dados. Na abordagem D-MP, os dados eram acedidos em paralelo a partir de diferentes routers NDN numa distribuição de interesse baseada em round-robin. Este esquema não era adequado para uma topologia instável. No entanto, o S-MP foi utilizado para manter em vista as informações em tempo real dos encaminhadores NDN. Além disso, o conteúdo armazenado em cache, os estados dos encaminhadores e os caminhos de encaminhamento eram mantidos no controlador. Depois de obter as informações do controlador, os dados eram acedidos simultaneamente a partir dos routers mencionados. Além disso, foram utilizadas duas mensagens: a mensagem de reencaminhamento e a mensagem de atualização. A primeira mensagem foi utilizada para solicitar dados a um fornecedor quando estes não estavam armazenados em cache, enquanto a segunda foi utilizada para atualizar a informação armazenada no controlador sobre o novo conteúdo armazenado em cache para um router. Dependendo da abordagem distribuída ou centralizada, o pipeline de encaminhamento de interesses era diferente. Além disso, foi combinado com uma estratégia para obter o conteúdo de dados necessário.

Ren et al. [61] integraram SDN em redes sem fios NDN baseadas em infra-estruturas. O controlador era atualizado quando a fonte de conteúdos efectuava mobilidade. Depois de obter a informação da nova localização, o controlador calculava novas rotas para chegar à fonte de conteúdos pretendida. A tabela com as novas informações de localização era então enviada para outros encaminhadores na rede. Os pedidos eram propagados para a localização atual após o redireccionamento. Os pacotes de interesse e de dados foram emitidos em novos caminhos. Após cada transferência da fonte de conteúdos, o controlador era responsável por emitir o caminho correto para o destino. A literatura acima referida mostra que foram propostas muitas soluções para dar resposta à mobilidade em certa medida. No entanto, as soluções actuais tratam da mobilidade em redes NDN sem fios baseadas em infra-estruturas, em ambientes TCP/IP MANET, em MANET com SDN e no simples encaminhamento em MANET baseadas em NDN. Nenhum estudo apresenta esquemas para lidar com a mobilidade em MANET NDN baseadas em SDN que contemplem a localização do nó da rede e as restantes informações relacionadas com a bateria de forma centralizada para garantir a disponibilidade de um nó. Tendo em conta esta limitação, é proposto um esquema que permite tratar a mobilidade com consciência energética. Esta investigação lida com o problema da indisponibilidade de um nó devido à mobilidade e à bateria fraca. São fornecidas rotas fiáveis, tendo em conta as últimas localizações e a bateria dos nós na rede. Esta abordagem permite reduzir o número de retransmissões de pacotes de interesse e o número total de pacotes de interesse descartados em caso de alterações dinâmicas da localização dos nós na MANET. Também reduzirá o tempo de descarregamento de conteúdos (CDT).

3. Declaração do problema

Esta secção apresenta uma visão global dos problemas para os quais foi proposta a solução neste artigo. Um dos problemas no ambiente da NDN-MANET é a mudança de localização do nó fornecedor. O pacote de interesse é enviado pelo consumidor para o fornecedor através da criação de entradas PIT. Enquanto o pacote de interesse está a chegar ao fornecedor, este pode mudar a sua localização. No entanto, se esta mudança de localização ocorrer durante a travessia do pacote de interesse em direção ao fornecedor, o pacote de interesse pode não conseguir chegar ao fornecedor [62]. Isso resultará em perda de pacotes.

Outro problema que se verifica no ambiente NDN-MANET é a mobilidade dos consumidores. Depois que o pacote de interesse chega ao provedor, ele emite o pacote de dados. Este pacote de dados chega ao consumidor percorrendo as entradas PIT criadas pelo pacote de interesse. Se o consumidor se deslocar da sua localização para outra localização, o pacote de dados pode não chegar à nova localização do consumidor. Isso resultará novamente na queda do pacote [63]. As entradas PIT criadas serão desperdiçadas e será necessário retransmitir o pacote. Terá de ser enviado outro pacote de interesse para o fornecedor e, em seguida, o pacote de dados pode ser reenviado para o consumidor.

Há outro problema dominante no ambiente móvel da NDN-MANET que é o facto de não haver conhecimento prévio da existência de um fornecedor. O consumidor pode não saber que o fornecedor está disponível na rede. Limita-se a difundir cegamente o pacote de interesse na rede, esperando obter como resposta o pacote de dados pretendido. O pacote de interesse difundido é recebido pelos nós intermédios. Estes verificam o seu PIT e CS em conformidade. Se não tiverem qualquer registo no seu PIT e CS relativo ao pacote de interesse recebido, então limitam-se a retransmitir o pacote de interesse recebido na rede para procurar o nó fornecedor. Este processo continua até que o respetivo nó fornecedor de dados seja encontrado. As entradas PIT serão criadas em cada nó, mas como não há nenhum pacote de dados para ele, as entradas PIT criadas serão desperdiçadas.

O problema relacionado com o ambiente distribuído sem fios das NDN-MANETs é o facto de a bateria de qualquer nó se poder esgotar sem que os outros nós recebam informações. Este nó é suposto retransmitir o interesse ou o pacote de dados na rede, o que pode causar um problema porque este nó pode ficar indisponível a qualquer momento devido a uma bateria fraca. Devido a este problema, um nó pode ficar indisponível, o que pode perturbar as transmissões em curso.

4. Gestor inteligente de localização e energia baseado em controladores (CBILEM)

Esta secção apresenta a metodologia do esquema proposto, denominado Controller-based Intelligent Location and Energy Manager (CBILEM), para o encaminhamento e o encaminhamento ao mesmo tempo que lida com a mobilidade em NDN-MANETs baseadas em SDN. Nesta secção, abordamos em pormenor o formato dos novos pacotes adicionados à arquitetura, os campos actualizados no pacote de interesse, as novas estruturas de dados, a estratégia de encaminhamento de pacotes e a gestão da mobilidade com as restantes considerações energéticas para a construção de rotas fiáveis.

4.1. Topologia da rede

A topologia da rede é idêntica à das MANET normais, com exceção da adição de um controlador. Qualquer dispositivo na rede é livre de se mover, mas o controlador é logicamente central para que todos os dispositivos entrem, saiam ou se movam na rede. Além disso, o controlador é estático. No entanto, todos os pedidos de rota mais recente do nó emissor para o nó recetor são satisfeitos pelo controlador quando os dados não podem ser disponibilizados através do CS do nó adjacente. Além disso, o modelo de comunicação utilizado no CBILEM tem alguns pressupostos, ou seja, o controlador está a um salto de distância de cada nó para permitir a comunicação direta entre os nós e o controlador. Em segundo lugar, cada dispositivo de utilizador final na rede é livre de se deslocar, excluindo o controlador.

4.2. Modificações na arquitetura nativa da NDN

As modificações feitas na NDN nativa incluem a adição de alguns campos no Pacote de Interesse e a adição de um novo pacote. Além disso, não há alterações no pacote de dados. O pacote de interesse atualizado é conhecido como INT_REQ e o novo pacote é conhecido como NODE_INFO. O pacote de dados tem o nome de DATA_GRANT. A estrutura do CS e do PIT é a mesma da arquitetura nativa da NDN. Assim, as funções destas estruturas de dados também são as mesmas que anteriormente. Além disso, são acrescentadas mais duas tabelas; uma tabela denominada NEIGHBOR_TABLE em cada nó e CENTRAL_TABLE no controlador para gerir a localização e as restantes informações relacionadas com a bateria. Além disso, os pormenores do formato dos novos pacotes adicionados na arquitetura (NODE_INFO), os campos actualizados no pacote de interesse e as novas estruturas de dados (NEIGHBOR_TABLE e CENTRAL_TABLE) são discutidos a seguir.

4.2.1. NODE_INFO

No início, este novo pacote é utilizado para obter informações sobre os vizinhos dos nós. Este pacote é enviado de cada vez de um nó para outros nós para conhecer os nós vizinhos circundantes. Posteriormente, é enviado para o Controlador para informar sobre os vizinhos de um nó, as coordenadas de localização e a energia restante.

É de notar que o campo Neighbor Nodes em NODE_INFO é utilizado para recolher IDs de nós no raio de ação de um nó durante o processo de procura de vizinhos e para comunicar vizinhos ao controlador. Cada nó envia o seu pacote NODE_INFO separadamente para o controlador. Além disso, o campo Identity Identifier (identificador de identidade) pode ter um valor possível, que pode ser 0 ou 1 de cada vez. 0 indica que a informação do nó é enviada para o controlador no pacote NODE_INFO, enquanto 1 indica que o pacote NODE_INFO é enviado para os nós circundantes para recolher a informação dos vizinhos (IDs dos nós vizinhos) na tabela de vizinhos.

4.2.2. INT_REQ

Este pacote é utilizado para solicitar dados aos nós adjacentes. Também é utilizado para solicitar novas rotas do consumidor para o fornecedor. O pedido é enviado para o controlador no pacote INT_REQ quando os dados não estão disponíveis no nó adjacente. Além disso, este pacote é percorrido na rede em direção ao fornecedor para obter os dados de volta ao nó consumidor. O formato do pacote de interesse atualizado INT_REQ representa a descrição de todos os campos que existem no INT_REQ. Além disso, é de notar que 0 no campo Identity Identifier (identificador de identidade) indica que o INT_REQ é utilizado para comunicar com o controlador, enquanto 1 indica que o pacote é enviado para outros nós da rede.

4.2.3. GARANTIA_DE_DADOS

O DATA_GRANT é utilizado para fornecer o conteúdo solicitado pelo fornecedor ao nó consumidor. Não são efectuadas alterações a este pacote. É o mesmo que na arquitetura NDN nativa.

4.2.4. TABELA DE VIZINHOS

Esta tabela armazena informações sobre os nós vizinhos. Também armazena informações sobre a localização do próprio nó. É utilizada por todos os dispositivos, exceto o controlador.

4.2.5. CENTRAL_TABLE

O objetivo desta tabela é retirar a funcionalidade do plano de controlo de cada nó e utilizar um controlador que a trata para todos os nós. O controlador calcula as rotas utilizando as informações armazenadas na tabela CENTRAL_TABLE. Esta informação é fornecida por cada nó durante a fase de registo e é continuamente actualizada com base na mudança de localização e na mudança de nível da bateria (quando a bateria desce abaixo do limiar).

4.3. Fluxo de trabalho pormenorizado do protocolo proposto, cbilem

O funcionamento do protocolo proposto, denominado CBILEM, envolve as seguintes etapas mencionadas.

4.3.1. Descoberta de vizinhos

4.3.2. Registo no Controlador

4.3.3. Obter dados do fornecedor

4.3.3.1. Acesso aos dados a partir dos nós adjacentes

4.3.3.2. Acesso aos dados através do controlador

4.3.3.2.1. Cálculo do itinerário no controlador

4.3.3.2.2. Obtenção de dados seguindo a abordagem da NDN, ou seja, atravessando INT_REQ e DATA_GRANT

4.3.4. Atualizar o registo devido à mobilidade do nó

4.3.1. Descoberta de vizinhos

Em primeiro lugar, cada nó encontra os nós vizinhos. Para o efeito, envia o pacote NODE_INFO para os nós na gama de transmissão para informar os outros nós de que o devem adicionar aos vizinhos. Um nó também recebe um pacote NODE_INFO de nós próximos (contendo os seus IDs de dispositivo) e armazena esses IDs na tabela de vizinhos. Para encontrar vizinhos, começa por definir o campo Identity Identifier (identificador de identidade) do pacote NODE_INFO como 1 e envia-o para os seus arredores. Depois de encontrar os vizinhos, cada nó armazena esta informação na sua NEIGHBOR_TABLE.

4.3.2. Registo no controlador

Cada nó encontra as suas coordenadas de localização e o nível de bateria restante. Depois, definindo o identificador de identidade como 0, coloca informações sobre as suas coordenadas de localização, vizinhos e bateria restante no pacote NODE_INFO e envia-o para o controlador. Assim, o controlador extrai a informação, como as localizações, os vizinhos e a bateria restante, e insere-a na CENTRAL_TABLE.

4.3.3. Acesso aos dados a partir do fornecedor

Os dados podem ser acedidos a partir do CS do nó adjacente quando este se torna um fornecedor ou a partir do fornecedor efetivo, solicitando uma rota ao controlador a seguir.

4.3.3.1. Acesso aos dados a partir dos nós adjacentes. Em primeiro lugar, o consumidor envia a INT_REQ aos nós do seu raio de ação. Se os dados forem acedidos a partir da cache de qualquer um dos nós no raio de ação, então a rota não é solicitada ao controlador. No entanto, se os dados não forem acedidos, este INT_REQ é rejeitado e não pode ser reencaminhado na rede porque o seu campo denominado Route está vazio. No entanto, a INT_REQ não sabe para onde ir a seguir. Por isso, é rejeitada. De seguida, o consumidor aguarda uma decisão, pelo que espera 0,25 s. Se o DATA_GRANT não for emitido, é enviada uma nova INT_REQ para o controlador.

4.3.3.2. Acesso aos dados utilizando o controlador. Como já foi referido, quando o conteúdo dos dados não está disponível no CS dos nós adjacentes, é enviado ao controlador o INT_REQ. Esta etapa contém ainda duas partes. Uma é o cálculo da rota pelo controlador e a outra é o encaminhamento da INT_REQ na rede seguindo a rota emitida. Ambas as etapas são abordadas a seguir:

4.3.3.2.1. Cálculo da rota no controlador. O consumidor fixa em 0 o identificador de identidade do pacote INT_REQ e envia-o ao controlador. O controlador, depois de receber o pacote, verifica os vizinhos do nó requerente na CENTRAL_TABLE. Além disso, o controlador tem armazenada toda a informação sobre a localização de um nó, quem são os seus vizinhos e qual é a bateria restante. Faz três rotas do consumidor para o fornecedor da seguinte forma:

- No consumidor, entre os seus nós vizinhos, encontre a distância de todos eles ao fornecedor (para os nós no raio de ação do consumidor).

- Seleccione três nós com uma distância mínima em relação ao fornecedor e verifique o nível de bateria correspondente.

- Se o nível de bateria dos nós seleccionados for superior ao limiar, selecionar esses nós e adicionar cada um deles a uma matriz de rotas separada.

- Nos três nós seleccionados, encontre um nó no intervalo de cada um que esteja mais próximo do fornecedor.

- Repita este processo até que o fornecedor esteja ao alcance direto do nó selecionado para as três rotas.

Para além disso, os nós mais próximos do fornecedor são encontrados utilizando a fórmula Euclidiana [64]. Todo o conjunto de passos é efectuado pelo controlador. O ID do fornecedor não é adicionado à matriz de rotas. A matriz termina no nó que se encontra no alcance direto do fornecedor.

4.3.3.2.2. Obter dados seguindo a abordagem da ndn. Uma vez efectuado o registo, o consumidor coloca as rotas, o nome do conteúdo e o ID e define o identificador de identidade como 1 no pacote INT_REQ. Este pacote é então difundido para os nós no seu raio de ação para obter o pacote. Estes verificam se o seu ID é mencionado na rota. É de referir que, se os nós no seu raio de ação receberem o INT_REQ como primeira retransmissão e não souberem qual a rota a seguir de entre as três rotas disponíveis, verificam o ID mencionado na primeira retransmissão. Verifica então o ID mencionado na primeira posição em cada conjunto de rotas e decide qual a rota a escolher. Se o seu ID for encontrado numa rota, esta é selecionada. Um sinalizador definido é marcado por esse nó como um indicador da rota selecionada. É de notar que, após a seleção de uma rota, apenas uma das rotas é seguida por cada nó selecionado. Nesta rota, apenas um nó ao alcance será selecionado e assim sucessivamente até que o fornecedor esteja ao alcance. Cada nó retransmissor retransmite pacotes até que o fornecedor dos dados solicitados seja alcançado.

Os nós, cujos IDs não são mencionados em nenhuma rota, descartam o pacote INT_REQ. Esta abordagem também reduz a tempestade de difusão causada na rede quando todos os nós difundem repetidamente o INT_REQ na rede. Apenas os nós seleccionados retransmitem o pacote INT_REQ. Eventualmente, o pacote chega ao fornecedor. Em seguida, o fornecedor adiciona o conteúdo necessário no pacote DATA_GRANT. Note-se que as entradas PIT foram efectuadas enquanto o INT_REQ percorria os IDs dos nós mencionados. O DATA_GRANT também contém o nome do conteúdo. No entanto, verifica no PIT de cada nó se o pedido para este nome de conteúdo está lá. Ao encontrar uma entrada, este nó ajudará a enviar DATA_GRANT de volta ao consumidor. Se a entrada na PIT não existir, então o nó não permitirá a difusão do DATA_GRANT. Do mesmo modo, este nó também não colocará o conteúdo em cache.

4.3.4. Atualizar o registo devido à mobilidade do nó

Para cada nó, quer se trate do fornecedor, do consumidor ou do nó intermédio, será aplicada a mesma verificação para tratar a informação de alteração da localização. Cada nó tem informações relacionadas com a sua localização na tabela NEIGHBOR_TABLE. O valor das coordenadas existentes é comparado com as novas coordenadas após a deslocação para verificar se o nó se deslocou completamente para fora do intervalo ou se continua dentro do intervalo anterior. Para este efeito, ao subtrair as coordenadas anteriores das novas coordenadas, se a resposta for maior ou igual a 250 m, significa simplesmente que o nó se deslocou para fora do seu raio de ação anterior. O nó tem de encontrar os seus novos vizinhos e comunicar esta informação ao controlador, juntamente com as novas coordenadas de localização e a bateria restante. Assim, a informação armazenada no controlador é actualizada.

Para além de lidar com a mobilidade através deste processo de alcance de transmissão, são também emitidos múltiplos percursos. Assim, se uma das rotas não funcionar devido a uma mudança de localização, a entrega de pacotes pode ser efectuada na mesma tentativa utilizando outras rotas.

4.4. Nós de baixo consumo de energia

Como o protocolo proposto, o CBILEM também considera a energia dos nós para fornecer rotas comparativamente fiáveis, os nós também podem ficar indisponíveis devido a uma diminuição súbita da sua bateria. Se a energia restante de qualquer um dos nós na rota for inferior ao limiar, ou seja, 13% [51], então não é permitido a este nó participar no processo de propagação INT_REQ. No entanto, pode ainda participar na propagação do pacote DATA_GRANT se a entrada PIT de alguma INT_REQ já tiver sido criada neste nó. O controlador mantém em vista a

bateria restante dos nós e adiciona apenas os nós nas rotas que têm uma bateria acima do limiar. Se o nó não se move, mas a sua bateria fica fraca, então utiliza o pacote NODE_INFO para informar o controlador sobre a sua bateria. Além disso, a informação sobre a localização, a bateria restante e os vizinhos é armazenada na CENTRAL_TABLE. O alcance do consumidor, a distância de N3, N4 e N5 é a menor do fornecedor. O controlador verifica então a bateria restante destes nós e esta está acima do limiar. Assim, N3, N4 e N5 são seleccionados pelo controlador para a matriz de rotas. Depois, no raio de ação de N3, é verificado o nó mais próximo do fornecedor, que é N6. Além disso, a sua bateria também está acima do limiar. De forma semelhante, a seguir, há dois nós no raio de ação de N6. O fornecedor mais próximo é o N9, mas não é selecionado porque a sua bateria está abaixo do limiar. Em vez disso, N8 é selecionado, apesar da sua longa distância do fornecedor em comparação com N9, porque a sua bateria está acima do limiar. O próximo fornecedor está ao alcance. No entanto, uma rota é construída, ou seja:
C→N3, N6, N8

Em segundo lugar, o nó selecionado no intervalo do consumidor é N5. No raio de ação de N5, N12 é o mais próximo do fornecedor e, da mesma forma, N10 no raio de ação de N12 é o mais próximo do fornecedor. O próximo fornecedor está no raio de ação de N10. Todos estes nós N5, N8 e N10 são seleccionados para a segunda rota porque todos eles têm baterias acima do limiar. No entanto, a segunda rota é:
C→N5, N12, N10

Por fim, o nó selecionado no intervalo do consumidor é N4. No intervalo de N4, N7 é o mais próximo do fornecedor. No intervalo de N7, N11 é o mais próximo do fornecedor. A seguir, o próprio N11 está no raio de ação do fornecedor. No entanto, a terceira via é:
C→N4, N7, N11

O INT_REQ será encaminhado na rede através destas rotas para chegar ao fornecedor. Toda a informação sobre esta topologia é armazenada no controlador. Após a emissão das rotas, estas rotas são percorridas. Se o ID for mencionado, reencaminhar o pacote e criar uma entrada PIT. Caso contrário, descarta a INT_REQ. Consequentemente, o pacote chega ao fornecedor e o DATA_GRANT é emitido de volta ao consumidor, seguindo as entradas PIT criadas com a travessia INT_REQ e armazenadas em cache no CS.

6. Conclusão

Ao integrar a SDN com a MANET baseada na NDN, o controlador tem acesso a informações actualizadas, como a localização do nó, os vizinhos e a bateria. Quando o consumidor necessita de dados do fornecedor, são emitidas rotas actualizadas de acordo com a localização actualizada do fornecedor. Em suma, o controlador tem uma visão global da topologia da rede e da informação sobre a bateria de cada nó. Há um menor número de retransmissões INT_REQ, um menor tempo de recuperação do conteúdo pretendido e um menor número de INT_REQ abandonadas. A abordagem baseada em inundação da NDN nativa cria entradas PIT numa quantidade muito grande na rede, de forma inútil. Ao ativar o multipercurso, este problema também é resolvido. Quando ocorre uma mudança de localização, o próprio nó compara a sua nova localização com a localização anterior (obtendo informações da NEIGHBOR_TABLE) para verificar se mudou para uma área completamente nova e se os seus vizinhos mudaram. Se tal acontecer, a CENTRAL_TABLE do controlador é actualizada através do envio do pacote NODE_INFO para o controlador. Sempre que são enviadas as localizações e os vizinhos actualizados, a bateria restante do nó é também enviada ao controlador para verificar se esse nó deve ou não participar na comunicação. Além disso, os nós da MANET ficam indisponíveis quando a bateria se esgota. Este problema de indisponibilidade súbita também é resolvido porque a informação sobre a bateria de cada nó também é mantida actualizada no controlador. No caso de a informação sobre a bateria não ser actualizada no controlador, o próprio nó não participa no encaminhamento de INT_REQ. No entanto, se a entrada PIT tiver sido previamente efectuada neste nó, então este permite o encaminhamento de DATA_GRANT. Além disso, o problema de disponibilidade do fornecedor também é resolvido. Os pacotes INT_REQ não viajam inutilmente na rede se o fornecedor não estiver disponível. Com a abordagem baseada no controlador, são emitidas rotas fiáveis para permitir uma comunicação sem interrupções entre os nós da rede. Este artigo também lida com problemas de indisponibilidade dos nós, quer devido a mudança de localização quer devido a bateria fraca. Por conseguinte, a comunicação fiável é possibilitada pela integração de SDN com MANET baseadas em NDN. Assim, a mobilidade e a gestão da energia restante melhoram em conjunto o desempenho global do ambiente das MANET.

No CBILEM, apenas um controlador é considerado. Assim, parte-se do princípio de que cada nó está a um salto do controlador. No entanto, este esquema pode ser alargado através da adição de mais controladores na rede no futuro, de modo a que cada nó numa grande configuração de MANET esteja ao alcance de pelo menos um controlador. Se um nó sair do raio de ação de um controlador, será ligado a outro controlador para obter rotas fiáveis para o destino. Para esta abordagem, será também necessária a comunicação entre controladores, o que está previsto para o trabalho futuro desta investigação.

Referências

[1] V. Jayalakshmi, T.A. Razak, A Study on Issues and Challenges in Mobile Ad-hoc Networks, International Journal of Innovative Research in Computer and Communication Engineering 3 (9) (2015).

[2] S. Kalime, K. Sagar, Uma revisão: protocolos de roteamento seguro para redes RD adhoc móveis (MANETs), Journal of Critical Reviews 7 (2021) 8385-8393.

[3] M. Fayaz, G. Mehmood, A. Khan, S. Abbas, M. Fayaz, J. Gwak, Counteracting selfish nodes using reputation based system in Mobile Ad-hoc Networks, Electronics (Basel) 11 (2) (2022) 185.

[4] R.A. Rehman, S.H. Ahmed, B.S. Kim, OEFS: estratégia de encaminhamento baseada em energia sob demanda para redes ad hoc sem fio de dados nomeados, IEEE Access 5 (2017) 6075-6086.

[5] D.N. Kanellopoulos, Congestion control for NDN-based MANETs: recent advances, enabling technologies, and open challenges, Journal of Organizational and End User Computing (JOEUC) 33 (5) (2021) 111-134.

[6] S. Dhar, MANET: applications, issues, and challenges for the future, International Journal of Business Data Communications and Networking (IJBDCN) 1 (2) (2005) 66-92.

[7] Mouchfiq, N., Habbani, A. e Benjbara, C., 2021. Questões de segurança em MANETs: uma pesquisa. In Proceedings of Fifth International Congress on Information and Communication Technology (pp. 288-295). Springer, Singapura.

[8] Goumiri, S. e Riahla, M.A., 2022. Questões de segurança em redes ad hoc auto-organizadas (MANET, VANET e FANET): uma pesquisa. Na Conferência Internacional sobre Inteligência Artificial e suas Aplicações (pp. 312-324). Springer, Cham.

[9] B. Feng, H. Zhou, Q. Xu, Mobility support in Named Data Networking: a survey, EURASIP J Wirel Commun Netw 2016 (1) (2016) 1-9.

[10] X. Hu, Z. Tong, K. Xu, G. Zhang, S. Zheng, L. Zhao, G. Cheng, J. Gong, Video Delivery over Named Data Networking: a Survey, Journal of Computer Research and Development 58 (1) (2021) 116.

[11] Azamuddin, W.M.H., Aman, A.H.M., Hassan, R. e Abdali, T.A.N., 2022. Mobilidade das redes de dados nomeadas: um inquérito. Na Conferência Internacional sobre Tendências Tecnológicas Emergentes na Internet das Coisas e Computação (pp. 266-281). Springer, Cham.

[12] N. Raza, M.U. Aftab, M.Q. Akbar, O. Ashraf, M. Irfan, Mobile ad-hoc networks applications and its challenges, Communications and Network 8 (3) (2016) 131-136.

[13] A.S. Sharma, D.S. Kim, Energy efficient multipath ant colony-based routing algorithm for Mobile Ad-hoc Networks, Ad Hoc Netw 113 (2021), 102396.

[14] S. Bharany, S. Sharma, S. Badotra, O.I. Khalaf, Y. Alotaibi, S. Alghamdi, F. Alassery, Esquema de agrupamento eficiente em termos energéticos para redes ad-hoc voadoras utilizando um protocolo LEACH optimizado, Energias 14 (19) (2021) 6016.

[15] M. Zivkovic, B. Branovic, D. Markovi'c, R. Popovi'c, Arquitetura de segurança energeticamente eficiente para redes de sensores sem fios. 2012 20th Telecommunications Forum (TELFOR), IEEE, 2012, novembro, pp. 1524-1527.

[16] H. Ali, W. Shahzad, F.A. Khan, Agrupamento eficiente em termos energéticos em redes ad-hoc móveis utilizando a otimização multi-objetivo por enxame de partículas, Appl Soft Comput 12 (7) (2012) 1913-1928.

[17] N. Bacanin, U. Arnaut, M. Zivkovic, T. Bezdan, T.A. Rashid, Energy efficient clustering in wireless sensor networks by opposition-based initialization bat algorithm. Redes de computadores e tecnologias de comunicação inventivas, Springer, Singapura, 2022, pp. 1-16.

[18] I. Memon, M.K. Hasan, R.A. Shaikh, J. Nebhen, K.A.A. Bakar, E. Hossain, M. H. Tunio, Energy-efficient fuzzy management system for internet of things connected vehicular ad hoc networks, Electronics (Basel) 10 (9) (2021) 1068.

[19] C. Fang, H. Yao, Z. Wang, W. Wu, X. Jin, F.R. Yu, A survey of mobile information centric networking: research issues and challenges, IEEE Communications Surveys & Tutorials 20 (3) (2018) 2353-2371.

[20] B. Nour, S. Mastorakis, R. Ullah, N. Stergiou, Information-Centric Networking in Wireless Environments: security Risks and Challenges, IEEE Wireless Communications 28 (2) (2021) 121-127.

[21] A. Abrar, A.S.C.M. Arif, K.M. Zaini, Producer mobility support in information centric networks: research background and open issues, International Journal of Communication Networks and Distributed Systems 28 (3) (2022) 312-336.

[22] D. Saxena, V. Raychoudhury, N. Suri, C. Becker, J. Cao, Named data networking: a survey, Computer Science Review 19 (2016) 15-55.

[23] M. Alhisnawi, Forwarding Information Base Design Techniques in Content-Centric Networking: a Survey. Próxima Geração da Internet das Coisas, Springer, Singapura, 2021, pp. 157-174.

[24] E.T.D. Silva, J.M.H.D. Macedo, A.L.D. Costa, Políticas de armazenamento e armazenamento em cache de conteúdos NDN: avaliação do desempenho, Computadores 11 (3) (2022) 37.

[25] Ali, I. e Lim, H., 2019. Gestão da mobilidade de produtores sem âncora em redes de dados nomeadas para multimédia em tempo real. Sistemas de Informação Móveis, 2019.

[26] M. Hussaini, M.A. Naeem, B.S. Kim, OPMSS: solução óptima de apoio à mobilidade do produtor para redes de dados nomeadas, Applied Sciences 11 (9) (2021) 4064.

[27] C. Gündo˘gan, P. Kietzmann, T.C. Schmidt, M. W¨ahlisch, Um sistema de publicação-subscrição compatível com a mobilidade para uma Internet das Coisas centrada na informação, Computer Networks 203 (2022), 108656.

[28] Zhang, Y., Xia, Z., Mastorakis, S. e Zhang, L., 2018, setembro. KITE: suporte à mobilidade do produtor em redes de dados nomeadas. Nos Anais da 5ª Conferência da ACM sobre Redes Centradas na Informação (pp. 125-136).

[29] Xia, Z., Zhang, Y. e Fang, B., 2022. Exploiting Knowledge for Better Mobility Support in the Future Internet [Exploração do conhecimento para um melhor apoio à mobilidade na futura Internet]. Mobile Networks and Applications, pp.1-17.

[30] Alubady, R., Al-Samman, M., Hassan, S., Arif, S. e Habbal, A.M.M., 2015. Protocolo de Internet MANET vs dados nomeados MANET: uma avaliação crítica.

[31] M. Rath, B.K. Pattanayak, Performance evaluation of optimised protocol in MANET, International Journal of Information and Computer Security 14 (3-4) (2021) 318-326.

[32] Zhang, X., Li, R. e Zhao, H., 2017, outubro. Estratégia de encaminhamento baseada em conhecimento do vizinho em NDN-MANET. Em 2017, 11ª Conferência Internacional do IEEE sobre Anticontrafacção, Segurança e Identificação (ASID) (pp. 125-129). IEEE.

[33] X. Guo, S. Yang, L. Cao, J. Wang, Y. Jiang, Uma nova solução baseada no encaminhamento ótimo do estado da ligação para MANET de dados nomeados, China Communications 18 (4) (2021) 213-229.

[34] Lai, J., Chen, Z., Li, C., Sun, Y. e Xiao, H., 2019, novembro. Protocolo de encaminhamento de dados com reconhecimento de distância para rede ad-hoc móvel de dados nomeados (NDMANET). Na série de conferências IOP: Ciência e Engenharia de Materiais (Vol. 685, No. 1, p. 012012). IOP Publishing.

[35] Zhang, Y. e Wang, Y., 2016, setembro. Arquitetura ICN baseada em SDN para a futura rede de integração. In 2016 16th International Symposium on Communications and Information Technologies (ISCIT) (pp. 474-478). IEEE.

[36] T. Guesmi, A. Kalghoum, B.M. Alshammari, H. Alsaif, A. Alzamil, Leveraging software-defined networking approach for future information-centric networking enhancement, Symmetry (Basel) 13 (3) (2021) 441.

[37] S. Rowshanrad, M.R. Parsaei, M. Keshtgari, Implementing NDN using SDN: a review on methods and applications, IIUM Engineering Journal 17 (2) (2016) 11-20.

[38] Bellavista, P., Dolci, A. e Giannelli, C., 2018, junho. SDN orientado a MANET: motivações, desafios e um protótipo de solução. Em 2018 IEEE 19th International Symposium on" A World of Wireless, Mobile and Multimedia Networks"(WoWMoM) (pp. 14-22). IEEE.

[39] Charpinel, S., Santos, C.A.S., Vieira, A.B., Villaca, R. e Martinello, M., 2016, março. Sdccn: uma nova abordagem de rede centrada em conteúdo definido por software. In 2016 IEEE 30Th international conference on advanced information networking and applications (AINA) (pp. 87-94). IEEE.

[40] Nguyen, J. e Yu, W., 2018, junho. Uma abordagem baseada em SDN para apoiar operações dinâmicas de MANETs heterogéneas de vários domínios. In 2018 19th IEEE/ACIS International Conference on Software Engineering, Artificial Intelligence, Networking and Parallel/Distributed Computing (SNPD) (pp. 21-26). IEEE.

[41] Jiang, L., Xia, W., Yan, F., Shen, L., Zhang, Y. e Gao, Y., 2021, dezembro. Algoritmo de otimização de roteamento com reconhecimento de QoS usando pesquisa diferencial em MANETs baseados em SDN. Em 2021 Conferência de Comunicações Globais do IEEE (GLOBECOM) (pp. 1-6). IEEE.

[42] Sarkar, N.I. e Lol, W.G., 2010, junho. A study of manet routing protocols: joint node density, packet length and mobility. In The IEEE symposium on Computers and Communications (pp. 515-520). IEEE.

[43] Gupta, A. e Mathur, S., 2021. Análise de Protocolos de Roteamento em MANET. [44] Liu, Y. e Wadekar, H., 2016, outubro. SDAR: roteamento intra-domínio definido por software em redes de dados nomeadas. Em 2016 IEEE 15th International Symposium on Network Computing and Applications (NCA) (pp. 158-161). IEEE.

[45] J. Lv, X. Wang, M. Huang, J. Shi, K. Li, J. Li, RISC: mecanismo de roteamento ICN incorporando SDN e divisão de comunidades, Computer Networks 123 (2017) 88-103.

[46] BenYoussef, N.E.H., Barouni, Y., Khalfallah, S., Slama, J.B.H. e Driss, K.B., 2017, junho. Misturando SDN e CCN para arquitetura de rede inteligente ciente de Qos centrada em conteúdo. Em 2017 IEEE/ACM 25° Simpósio Internacional sobre Qualidade de Serviço (IWQoS) (pp. 1-5). IEEE.

[47] van Adrichem, N.L. e Kuipers, F.A., 2015, abril. NDNFlow: rede de dados nomeada definida por software. Em Proceedings of the 2015 1st IEEE Conference on Network Softwarization (NetSoft) (pp. 1-5). IEEE.

[48] A. Kalghoum, S.M. Gammar, L.A. Saidane, Rumo a uma nova estratégia de substituição de cache para redes de dados nomeadas com base em redes definidas por software, Computadores e Engenharia Elétrica 66 (2018) 98-113.

[49] Verma, J. e Kesswani, N., 2018, fevereiro. Paradigma de mobilidade através de MANETs definidas por software. Em 2018 S Conferência Internacional sobre Metodologias de Computação e Comunicação (ICCMC) (pp. 920-923). IEEE.

[50] Jiang, X., Bi, J. e Wang, Y., 2014, junho. Quais são os benefícios da NDN no suporte à mobilidade. Em 2014 IEEE Symposium on Computers and Communications (ISCC) (pp. 1-6). IEEE.

[51] L. Rui, S. Yang, H. Huang, Um esquema de apoio à mobilidade do produtor para a entrega de multimédia em tempo real em redes de dados designadas, Multimed Tools Appl 77 (4) (2018) 4811-4826.

[52] Kim, D. e Ko, Y.B., 2017, fevereiro. Método de suporte à mobilidade baseado em âncoras a pedido para redes de dados nomeadas. Em 2017, 19ª Conferência Internacional sobre Tecnologia de Comunicação Avançada (ICACT) (pp. 19-23). IEEE.

[53] R.A. Rehman, B.S. Kim, LOMCF: encaminhamento e armazenamento em cache em MANETs baseadas em redes de dados nomeadas, IEEE Transactions on Vehicular Technology 66 (10) (2017) 9350-9364.

[54] Yayeh, Y., Lin, H.P., Berie, G., Adege, A.B., Yen, L. e Jeng, S.S., 2018, abril. Previsão de mobilidade em rede ad-hoc móvel usando aprendizado profundo. Em 2018, Conferência Internacional do IEEE sobre Invenção de Sistemas Aplicados (ICASI) (pp. 1203-1206). IEEE.

[55] S. Naimi, A. Busson, V. V`eque, R. Bouallegue, Antecipação de métricas para gerenciar a mobilidade em redes sem fio de malha móvel e ad hoc, Annals of Telecommunications 73 (11) (2018) 787-802.

[56] U. Palani, K.C. Suresh, A. Nachiappan, Previsão de mobilidade em redes ad-hoc móveis usando a abordagem de olho de cobertura, Cluster Comput 22 (6) (2019) 14991-14998.

[57] Hayajna, T. e Kaldoch, M., 2017, maio. Garantindo a conetividade de duas rotas em Redes Ad-hoc Móveis com mobilidade de Waypoint Aleatório. Em 2017 IFIP/IEEE Symposium on Integrated Network and Service Management (IM) (pp. 636-639). IEEE.

[58] A. Swidan, H.B. Abdelghany, R. Saifan, Z. Zilic, Mobility and direction aware adhoc on demand distance vetor routing protocol, Procedia Comput Sci 94 (2016) 49-56.

[59] S. Pandey, P. Pal, A. Mukherjee, IRF-NMB: técnica inteligente de formação de rotas em redes Ad Hoc usando o comportamento de mobilidade dos nós, National Academy Science Letters 38 (3) (2015) 213-219.

[60] Alhowaidi, M., Nadig, D., Ramamurthy, B., Bockelman, B. e Swanson, D., 2018, dezembro. Estratégias de encaminhamento multipath e controle sdn para redes de dados nomeadas. Em 2018, Conferência Internacional do IEEE sobre Redes Avançadas e Sistemas de Telecomunicações (ANTS) (pp. 1-6). IEEE.

[61] Ren, F., Qin, Y., Zhou, H. e Xu, Y., 2016, abril. Esquema de gerenciamento de mobilidade baseado em controlador definido por software para redes centradas em conteúdo. Em 2016 IEEE Conference on Computer Communications Workshops (INFOCOM WKSHPS) (pp. 193-198). IEEE.

[62] D. Gao, Y. Rao, C.H. Foh, H. Zhang, A.V. Vasilakos, PMNDN: abordagem de apoio à mobilidade baseada em proxy em ambiente NDN móvel, IEEE Transactions on Network and Service Management 14 (1) (2017) 191-203.

[63] Cha, J.H., Choi, J.H., Kim, J.Y., Han, Y.H. e Min, S.G., 2018. Um serviço de ligação de mobilidade para a mobilidade do consumidor ndn. Comunicações sem fios e computação móvel, 2018.

[64] J.P. Ballantine, A.R. Jerbert, Distance from a Line, or Plane, to a Poin, The American Mathematical Monthly 59 (4) (1952) 242-243.

[65] S. Mastorakis, A. Afanasyev, L. Zhang, Sobre a evolução do ndnSIM: um simulador de código aberto para experimentação de NDN, ACM SIGCOMM Computer Communication Review 47 (3) (2017) 19-33.

[66] Kato, T., Minh, N.Q., Yamamoto, R. e Ohzahata, S., 2018, dezembro. Como implementar o manet NDN sobre o simulador ndnSIM. Em 2018 IEEE 4ª Conferência Internacional sobre Computação e Comunicações (ICCC) (pp. 451-456).

[67] K.H. Chiang, N. Shenoy, A 2-D random-walk mobility model for location management studies in wireless networks, IEEE Transactions on vehicular technology 53 (2) (2004) 413-424.

Capítulo 7: Aprendizagem profunda para o encaminhamento de MANET

1. Introdução

A resolução dos problemas de afetação de recursos em sistemas de comunicação sem fios multi-slot e multi-hop com diferentes requisitos de transmissor é uma das tarefas mais difíceis e fundamentais nas redes sem fios. Devido à natureza de difusão do meio sem fios, a potência de transmissão de um emissor não só "entrega" mensagens ao recetor, como também cria inadvertidamente interferências noutros receptores. Assim, a potência de transmissão tem de ser cuidadosamente controlada para gerir a interferência e melhorar o desempenho global do sistema. O problema da atribuição do controlo da potência de transmissão (em diversas variações) é NP-difícil [12] e tem sido amplamente estudado nos últimos anos [13], [14], [17], [20], [41], [42].

Neste estudo, consideramos o problema da atribuição de potência e da programação de recursos de transmissão para clusters no âmbito das redes móveis ad-hoc (também conhecidas por MANET). Assumimos que um dos membros do agrupamento actua como chefe de agrupamento e gere a atribuição de recursos de todo o agrupamento num determinado período de tempo. O nosso objetivo, ao resolver os desafios acima mencionados, é maximizar o rendimento num sistema sem fios multi-tempo e multi-hop, dada a lista de pedidos de transmissão. Consideramos dois tipos de problemas de escalonamento de links, a saber, o problema de escalonamento por link e o problema de escalonamento por rota. No problema de programação por ligação, é fornecida uma lista de pedidos de transmissão, em que cada pedido representa uma transmissão direta ponto-a-ponto. Por outro lado, no problema de programação por rota, a lista de pedidos de transmissão de entrada consiste em ordenações de rotas de transmissão. Claramente, o problema de escalonamento por link é um caso particular do problema de escalonamento por rota, e ambos são problemas NP-difíceis [12]. As soluções mais avançadas envolvem frequentemente pesquisas exaustivas para encontrar o escalonamento ótimo ou, em alternativa, métodos heurísticos para encontrar soluções subóptimas. No entanto, os problemas de tempo de execução impedem a praticabilidade dos métodos de pesquisa óptima, enquanto os métodos heurísticos podem resultar em soluções de programação ineficientes que estão longe das programações de atribuição óptimas.

Abordamos estes problemas de uma perspetiva diferente. Aproveitamos os recentes avanços na aprendizagem profunda (DL) para propor uma nova arquitetura de rede neural profunda (DNN) para obter um melhor desempenho com um tempo de execução mais curto. Em particular, a abordagem proposta estabelece uma conexão entre o problema de maximização da taxa de transferência em sistemas multi-slot e multi-hop sob restrições de justiça, minimizando uma função de perda ao treinar um DNN, e depende do treinamento eficiente da rede e da montagem do mecanismo para obter um controle de energia quase ideal. Os nossos resultados demonstram a atratividade do método DL para resolver rapidamente problemas de otimização em redes de comunicação, alcançando soluções quase óptimas.

Os contributos deste estudo podem ser resumidos da seguinte forma:

1) Apresentamos duas variações do problema de escalonamento e controlo de potência para redes sem fios dispositivo-a-dispositivo (D2D): o problema de "maximização do débito sob restrições de QoS" (TM-QoSC) e o problema de "maximização do débito sob restrições de encaminhamento" (TM-RC). O TM-QoSC foi apresentado no nosso artigo de conferência [6], e trata do problema de escalonamento e controlo de potência dado um conjunto de pedidos. O TM-RC é um novo problema que abordamos no presente estudo, em que os pedidos de transmissão contêm o caminho necessário para atravessar cada pedido. A solução deve também satisfazer as restrições de encaminhamento.

2) Propomos uma estratégia de controlo da potência de transmissão para comunicações dispositivo-a-dispositivo (D2D) utilizando uma DNN para as duas variantes do problema. A primeira DNN [6] resolve o problema TM-QoSC, enquanto a segunda DNN resolve o problema TM-RC.

3) Comparamos por simulação os resultados das nossas soluções propostas com soluções bem conhecidas. Os resultados da simulação confirmam que ambas as DNNs propostas alcançam uma solução de aproximação muito boa para os problemas de atribuição de potência e de programação, com um tempo de computação mais curto do que o de outras soluções bem conhecidas.

4) Demonstramos a capacidade das soluções propostas para se adaptarem a problemas de diferentes dimensões e, em particular, a capacidade de os modelos de aprendizagem automática alcançarem soluções eficientes para instâncias de problemas de grandes dimensões, apesar de terem sido treinados em problemas de pequenas dimensões (esta última questão de adaptação a problemas maiores do que aqueles em que foram treinados é normalmente considerada um desafio).

2. Trabalhos relacionados

Neste estudo, propomos a utilização de DNNs para controlo da potência de transmissão e decisões de escalonamento em sistemas de comunicações celulares, tendo em conta os pedidos de transmissão. Os desafios do controlo de potência em redes sem fios têm sido amplamente discutidos nos últimos anos [13], [14], [17], [20], [41], [42]. Foram propostos métodos centralizados e descentralizados para transmissões de uplink e downlink, e várias soluções baseadas em aprendizado de máquina foram propostas para diversas variações deste desafio [9], [11], [26], [28], [30], [40].

Vários estudos recentes sobre a gestão dos recursos de comunicação sugerem a utilização da DL para obter soluções óptimas ou quase óptimas para as decisões de controlo tomadas nas redes de comunicação. Normalmente, é treinada uma rede neural de várias camadas, em que as entradas da rede são o estado da rede (numa dada representação) e a saída, que deve ser treinada, é a decisão de afetação de recursos. A DNN pode ser treinada utilizando um esquema de treino supervisionado, dado um conjunto de treino que inclui soluções de afetação de recursos, calculadas a partir de qualquer método de otimização para cada exemplo de entrada, ou utilizando um esquema não supervisionado, calculando o valor da saída da rede neuronal e optimizando este valor através da alteração dos pesos da rede neuronal. Na parte restante desta secção, apresentamos estudos relevantes que utilizam métodos de DL para problemas de controlo e programação de potência. Em seguida, analisamos soluções relevantes baseadas em DL que tratam o problema conjunto de encaminhamento e programação em métodos de comunicação sem fios.

A. MÉTODOS DE APRENDIZAGEM PROFUNDA PARA CONTROLO DA POTÊNCIA

Em geral, as variações comuns dos problemas de afetação de recursos em redes de comunicação são conhecidas por serem NP-difíceis [26]. Assim, ao longo dos anos, têm sido propostos vários algoritmos sub-óptimos para lidar com os desafios de afetação de recursos [11], [28], [30], [31], [40]. Alguns estudos recentes sugeriram a utilização de modelos DL para obter soluções eficientes para decisões de programação e controlo em MANET. Nesta secção, discutimos vários estudos sobre gestão de recursos e destacamos a singularidade da nossa abordagem em relação aos estudos mais recentes.

Sun et al. [31] propuseram a utilização de um esquema DL para a gestão de recursos em tempo real em redes sem fios com interferência limitada. Os seus resultados teóricos indicam que é possível treinar um algoritmo de otimização bem definido utilizando DNNs finitas. Para validar as suas afirmações, construíram uma DNN para problemas de controlo de potência e treinaram-na para aproximar o comportamento do algoritmo heurístico WMMSE [30]. Note-se que Sun et al. consideraram apenas um único período de tempo para maximizar o rendimento ponderado do sistema, enquanto o nosso estudo se centrou no controlo de potência ao longo do tempo (TDMA).

Cui et al. [9] propuseram uma abordagem DL para programar ligações interferentes numa rede sem fios densa com reutilização total de frequências. Propuseram uma arquitetura de rede neuronal que utiliza as convoluções espaciais geográficas de nós vizinhos interferentes. Propuseram duas metodologias para o treinamento da rede neural: um processo de aprendizado supervisionado, no qual a rede é treinada usando um algoritmo sub-ótimo baseado na abordagem de programação fracionária, e um processo de treinamento não-supervisionado, no qual a taxa de soma de transmissão é maximizada. Da mesma forma, Ahmed et al. [1] desenvolveram um modelo de alocação de recursos baseado em DL com aprendizagem supervisionada, com o objetivo de maximizar o débito total da rede. Os dados de treino foram obtidos através da resolução de um problema de otimização não convexo utilizando um algoritmo genético. Zappone et al. [43] demonstraram como

O DL pode permitir a atribuição de potência em linha para maximizar a eficiência energética em redes de interferência sem fios. O seu modelo de problema consistia em múltiplas estações de base que serviam múltiplos utilizadores, e foi utilizada uma DNN para determinar o vetor de atribuição de potência aos utilizadores, a fim de maximizar a eficiência energética global da rede. No seu estudo, a DNN foi treinada utilizando um algoritmo polinomial sub-ótimo baseado em programação fraccionada e otimização sequencial. Qian et al. [29] exploraram o algoritmo DNN para resolver o problema de atribuição de potência em sistemas de antenas distribuídas. Eles treinaram a DNN com base no algoritmo iterativo tradicional. Alghorani et al. [2] propuseram um esquema de atribuição de potência baseado em aprendizagem automática utilizando simulações de Monte Carlo para melhorar a fiabilidade da ligação em comunicações inter-veiculares (IVC). Em contraste com os estudos anteriores, o processo de formação proposto foi realizado com base na atribuição óptima de potência, calculada por um solucionador ótimo baseado em programação linear.

Liang et al. [24] utilizaram a DL não supervisionada para resolver o problema de otimização não convexa de maximizar a taxa de soma de um canal de interferência multiutilizador com desvanecimento. Eles propuseram um conjunto de redes com múltiplas redes profundas que foram treinadas independentemente. Matthiesen et al. [27] desenvolveram um sistema de DL para controlo de energia eficiente em redes sem fios. Utilizaram um procedimento branch-and-bound de complexidade reduzida para encontrar a política de potência globalmente óptima e, em seguida, utilizaram o conjunto de soluções como conjunto de treino para uma DNN. semelhança de Matthiesen et al., no nosso estudo, treinamos a DNN através da política de controlo de potência óptima, sendo que no nosso estudo a solução óptima foi alcançada por um solucionador ótimo, baseado em programação linear.

Uma estrutura de controlo da potência de transmissão baseada numa rede neural convolucional (CNN) foi proposta em [21] para maximizar a eficiência espetral (SE) ou a eficiência energética (EE). A informação de ganho do canal completo foi normalizada e tomada como entrada da CNN, enquanto a saída foi o vetor de atribuição de potência. Também propuseram uma forma de controlo de potência profundo (DPC) que pode ser realizada de forma distribuída com informação local sobre o estado do canal, permitindo que a sobrecarga de sinalização seja muito reduzida.

Danilchenko et al. [18] apresentaram o problema da minimização da transmissão em MANETs baseadas em acesso múltiplo por divisão de tempo (TDMA) com múltiplos saltos e com slots de tempo, sob a forma de minimização do atraso de encaminhamento com fluxos de tráfego heterogéneos. Consideraram o desafio de minimizar o atraso global ponderado de fim a fim dos pacotes quando os pesos são determinados de acordo com as prioridades dos pedidos. Uma rede de minimização de atraso que usa DL foi introduzida, e simulações demonstraram que a DNN superou outros métodos de última geração.

Outros estudos sugeriram a utilização da aprendizagem por reforço (RL) e da aprendizagem por reforço profundo (DRL) para problemas de afetação de recursos. Ghadimi et al. [15] propuseram uma estrutura de RL para controlo de potência e adaptação da taxa na ligação descendente de uma rede de acesso via rádio, fornecendo uma solução eficiente que se aproxima da otimização com base na informação limitada disponível em sistemas práticos.

Amiri et al. [4] sugeriram a aplicação de Q-learning cooperativo para a atribuição de potência na rede densa, de modo a maximizar a capacidade da rede e, ao mesmo tempo, proporcionar qualidade de serviço (QoS) e equidade aos utilizadores. Van Chien et al. [34] utilizaram o DL para lidar com o problema de otimização da eficiência espetral somada em sistemas MIMO massivos multicelulares com um número variável de utilizadores activos. Zhang et al. [39] propuseram uma estrutura DRL para a atribuição de canal e potência num sistema de comunicações em que os UAVs são utilizados como estações de base. Na sua estrutura, uma estação-base de UAV pode atribuir canais e potência de transmissão para a transmissão uplink de nós da Internet das Coisas (IoT).

Li et al. [22] consideraram um sistema de rádio cognitivo constituído por um utilizador primário e um utilizador secundário. Assume-se que o utilizador primário actualiza a sua potência de transmissão com base numa política de controlo de potência predefinida. O utilizador secundário não tem qualquer conhecimento sobre a potência de transmissão do utilizador primário, nem sobre a sua estratégia de controlo de potência, e um conjunto de nós sensores é implantado espacialmente para recolher a informação sobre a intensidade do sinal recebido em diferentes locais do ambiente sem fios. Além disso, os autores desenvolveram um método baseado em DRL em que os utilizadores secundários podem ajustar inteligentemente a sua potência de transmissão de modo a que, após algumas rondas de interação com o utilizador primário, ambos os utilizadores possam transmitir os seus próprios dados com êxito e com a QoS necessária.

Luo et al. [25] resolveram o problema do controlo de potência max-min no downlink em sistemas MIMO massivos sem células, utilizando o algoritmo de gradiente de política determinística profunda com DNN. Aplicaram este método aos problemas de controlo de potência max-sum e max-product, obtendo um melhor desempenho do que o algoritmo de aprendizagem profunda convencional.

Em resumo, estudos recentes utilizaram o DL para treinar algoritmos de atribuição de recursos óptimos para resolver eficazmente os desafios acima referidos em situações em linha. Com base nestes estudos anteriores, propomos um novo método de utilização de DL para resolver os problemas de atribuição de energia e de agendamento de pedidos. A singularidade do nosso estudo reside no facto de o nosso conjunto de treino ser construído com base em soluções óptimas para problemas de controlo de potência e de agendamento. Por conseguinte, as soluções derivadas pela nossa DNN têm uma eficiência próxima da de uma solução óptima.

B. ENCAMINHAMENTO CONJUNTO E PROGRAMAÇÃO DE LIGAÇÕES TDMA

Na secção seguinte, descrevemos alguns estudos relacionados com o desafio da otimização conjunta do encaminhamento e do controlo de potência em redes sem fios. Inicialmente, discutiremos soluções heurísticas, seguidas de uma exploração de abordagens baseadas em aprendizagem automática.

Li et al. [23] analisaram a questão do encaminhamento conjunto e da programação de ligações em redes sem fios full-duplex definidas por software, em que estava envolvido um nó controlador exclusivo de redes definidas por software (SDN). Formularam o problema de otimização e apresentaram um algoritmo de encaminhamento de custo mínimo para o resolver.

Wang et al. [37] centraram-se no problema do encaminhamento com rendimento máximo (ou equidade máxima) e do escalonamento de ligações com conhecimento das interferências para uma rede sem fios. Eles assumiram que diferentes terminais podem ter diferentes faixas de transmissão e faixas de interferência. Formalizaram o problema do encaminhamento conjunto e do agendamento de ligações TDMA com consciência das interferências como um desafio de programação linear e desenvolveram algoritmos de aproximação centralizados e distribuídos, em que ambos atingem um débito de encaminhamento (ou equidade) que é pelo menos uma fração constante do ótimo.

Sun et al. [33] propuseram um esquema adaptativo de programação e encaminhamento para garantir requisitos dinâmicos de atraso de ponta a ponta, minimizando o consumo de energia em redes de sensores sem fios (RSSF). No caso de o requisito de atraso extremo-a-extremo de uma região se alterar, propuseram um algoritmo de ajustamento adaptativo para ajustar localmente o horário de despertar ou a tabela de encaminhamento com o custo mínimo de energia, satisfazendo simultaneamente o novo requisito de atraso.

Augusto et al. [5] propuseram um algoritmo chamado REUSE, que combina roteamento e escalonamento de links e tem como objetivo aumentar a capacidade de throughput em redes mesh sem fio.

O mecanismo proposto utiliza uma métrica de encaminhamento que favorece a reutilização espacial e um algoritmo de escalonamento que aumenta o número de ligações activadas em simultâneo. No entanto, os resultados obtidos pelo REUSE ainda estão longe dos resultados óptimos obtidos através da programação linear.

Alguns estudos recentes sugeriram a aplicação de DRL para tratar eficientemente problemas conjuntos de encaminhamento e programação.

Wang et al. [35], [36] introduziram e avaliaram um protocolo de camadas cruzadas que optimiza conjuntamente o controlo de potência, a adaptação da taxa e a estratégia de encaminhamento em MANET. O protocolo utiliza um método de aprendizagem Q com um modelo de estimativa de atraso baseado na aproximação por difusão para monitorizar o ambiente, e foi utilizado um mecanismo de coordenação para obter um processo de aprendizagem estável.

Cui et al. [10] utilizaram uma abordagem RL para o encaminhamento simultâneo e o acesso ao espetro em MANET com base nas localizações geográficas dos nós. Um único agente, treinado de acordo com a camada física, toma decisões de encaminhamento e de acesso ao espetro à medida que se desloca ao longo dos nós de fronteira de cada fluxo. O agente é treinado de acordo com as características da camada física do ambiente, utilizando uma função de recompensa baseada na estimativa de Monte Carlo do futuro SINR do estrangulamento.

A investigação recente tem utilizado as redes neuronais de grafos (GNN) como uma solução inovadora para ultrapassar os desafios das redes sem fios. Zhao et al. [44] abordaram a questão da programação de ligações nestas redes. Conceituaram o problema como um problema de conjunto independente de peso máximo e apresentaram aproximações eficientes para o problema, com base numa GNN e numa pesquisa em árvore guiada. O treino desta rede foi efectuado utilizando uma abordagem personalizada de aprendizagem por reforço. As experiências numéricas demonstraram o desempenho superior do método proposto, tanto na programação de um como de vários canais. Além disso, a aplicabilidade do método foi testada em diferentes tipos de grafos e distribuições de pesos, mostrando resultados promissores.

Wang et al. [38] formularam um problema geral de alocação de recursos com restrições e desenvolveram um método GNN para resolver o problema geral. No seu estudo, o problema de otimização condicionada foi convertido numa função Lagrangiana com variáveis duais, em que o problema de otimização dual envolve a maximização e minimização da função Lagrangiana com, e o tensor de filtro ótimo do problema dual é encontrado como o ponto de sela da função Lagrangiana com as variáveis duais.

Na sequência de estudos anteriores, sugerimos a utilização de DL para resolver os problemas de atribuição de potência e de agendamento de pedidos. A singularidade do nosso estudo reside no facto de o nosso conjunto de treino consistir nas soluções óptimas para o problema do controlo de potência e do agendamento, encontradas através da utilização de um solucionador baseado na programação linear; como resultado, as soluções alcançadas pela rede neural profunda têm uma eficiência próxima da eficiência da solução óptima.

3. Método

Neste estudo, propomos uma nova perspetiva baseada na aprendizagem automática para abordar esta questão. Propomos um método de rede neural profunda de programação e controlo de potência SPCDNet e a sua modificação SPCDNetR. O SPCDNet resolve o problema de agendamento para pedidos de transmissão ponto-a-ponto, enquanto o SPCDNetR resolve o problema mais complexo, em que a lista de transmissão de entrada é composta por rotas ordenadas que devem ser satisfeitas. Tanto o SPCDNet como o SPCDNetR são treinados de forma supervisionada e apresentam um desempenho quase ótimo no conjunto de teste.

4. Conclusão e trabalhos futuros

Neste estudo, considerámos a atribuição de potência e o escalonamento de pedidos em clusters de MANET. Em particular, consideramos a maximização do débito sob restrições de qualidade de serviço, em que existe um cluster ad-hoc de nós móveis, e o chefe do cluster recebe um conjunto de pedidos de transmissão, dados como pares transmissor-recetor, aos quais devem ser atribuídos os respectivos intervalos de tempo. O método controla a potência dos transmissores para maximizar o débito total de transmissão, satisfazendo simultaneamente o requisito de taxa mínima de todos os receptores. Inspirados pelos recentes avanços na inteligência artificial, propusemos a utilização de aprendizagem profunda para resolver o problema de programação e controlo de potência para a gestão de interferências.

Para a primeira variação do problema, em que é fornecida uma lista de pedidos, desenvolvemos a SPCDNet, uma rede neural multicamada totalmente conectada. Esta rede aceita a matriz de distância e os requisitos como entrada e, em seguida, produz a potência de transmissão de todos os transmissores em cada intervalo de tempo. Utilizámos uma estratégia de aprendizagem supervisionada para treinar a SPCDNet, usando soluções óptimas como conjunto de dados de treino.

Em seguida, considerámos uma segunda variação do problema de programação e controlo de potência: maximização do débito sob restrições de encaminhamento. O objetivo agora era maximizar a taxa de transferência, satisfazendo o requisito de taxa mínima de todos os receptores e mantendo a ordem de transmissão no fluxo de acordo com as rotas pré-calculadas. Para esta segunda variação, desenvolvemos o SPCDNetR, uma DNN com uma estrutura semelhante à do SPCDNet, mas com uma modificação na primeira camada da rede.

Verificámos, através de simulações, que tanto a SPCDNet como a SPCDNetR tiveram um desempenho excecional com números variáveis de ligações activas em diferentes grafos. Observámos também que, quando confrontadas com dados de teste de dimensões não incluídas no seu treino, ambas as DNNs continuaram a ser capazes de superar outros esquemas destinados a resolver estas variações do problema.

Os nossos resultados são encorajadores em muitos aspectos. A notável baixa complexidade temporal da DNN e as soluções altamente eficientes por ela alcançadas são impressionantes. Além disso, treinámos o nosso modelo numa pequena instância do problema e testámo-lo numa instância maior, obtendo ainda assim excelentes resultados. Assim, o principal resultado da nossa investigação é que uma DNN pode servir como um componente computacionalmente pouco dispendioso de algoritmos de otimização com recursos intensivos em tarefas em tempo real, com uma aproximação muito boa destes problemas, mesmo quando treinada em pequenas instâncias do problema.

Há muitos desafios interessantes que devem ser abordados no futuro. Pretendemos considerar diferentes propriedades dos pedidos, tais como diferentes tamanhos e prioridades de pedidos, combinando o controlo de potência com o procedimento de encaminhamento e lidando com situações em que a interferência pode ser causada por unidades que não fazem parte do agrupamento. Além disso, também estamos interessados no problema conjunto de encaminhamento e programação, em que deve ser adoptada uma abordagem neural multicamada para lidar simultaneamente com ambos os desafios, que dependem uns dos outros. Um outro passo fundamental é criar um quadro em que um modelo treinado possa ser aplicado a outra tarefa relacionada. Neste caso, a aprendizagem por transferência pode ser uma ferramenta valiosa. Por último, planeamos explorar o efeito de uma estrutura de agrupamento na eficiência das soluções de atribuição de recursos.

Referências

[1] K. I. Ahmed, H. Tabassum e E. Hossain, "Deep learning for radio resource allocation in multi-cell networks", IEEE Netw., vol. 33, n.º 6, pp. 188-195, Nov. 2019.

[2] Y. Alghorani, A. S. Chekkouri, D. A. Chekired, and S. Pierre, "Improved S-AF and S-DF relaying schemes using machine learning based power allocation over cascaded Rayleigh fading channels," IEEE Trans. Intell. Transp. Syst., vol. 22, no. 12, pp. 7508-7520, Dez. 2021.

[3] Z. Allen-Zhu, Y. Li e Z. Song, "Uma teoria de convergência para a aprendizagem profunda através da sobre-parametrização", em Proc. Int. Conf. Mach. Learn, 2019, pp. 242-252.

[4] R. Amiri, H. Mehrpouyan, L. Fridman, R. K. Mallik, A. Nallanathan, and D. Matolak, "Amachine learning approach for power allocation in HetNets considering QoS," in Proc. IEEE Int. Conf. Commun. (ICC), maio de 2018, pp. 1-7.

[5] C. H. P. Augusto, C. B. Carvalho, M.W. R. da Silva, and J. F. de Rezende, "REUSE:Acombined routing and link scheduling mechanism for wireless mesh networks", Comput. Commun., vol. 34, no. 18, pp. 2207-2216, Dez. 2011.

[6] R. Azoulay, K. Danilchenko, Y. Haddad, and S. Reches, "Transmission power control using deep neural networks in TDMA-based ad-hoc network clusters", in Proc. Int. Wireless Commun. Mobile Comput. (IWCMC), Jun. 2021, pp. 406-411.

[7] S. P. Boyd e L. Vandenberghe, Convex Optimization. Cambridge, U.K.: Cambridge Univ. Press, 2004.

[8] C. S. Chen, K.W. Shum, and C.W. Sung, "Round-robin power control for the weighted sum rate maximisation of wireless networks over multiple interfering links", Eur. Trans. Telecommun., vol. 22, no. 8, pp. 458-470, Dez. 2011.

[9] W. Cui, K. Shen e W. Yu, "Aprendizagem profunda espacial para agendamento sem fios", IEEE J. Sel. Areas Commun., vol. 37, no. 6, pp. 1248-1261, Jun. 2019.

[10] W. Cui e W. Yu, "Scalable deep reinforcement learning for routing and spectrum access in physical layer", 2020, arXiv:2012.11783.

[11] C. Wu e D. P. Bertsekas, "Distributed power control algorithms for wireless networks", IEEE Trans. Veh. Technol., vol. 50, no. 2, pp. 504-514, Mar. 2001.

[12] M. Eisen e A. Ribeiro, "Optimal wireless resource allocation with random edge graph neural networks", IEEE Trans. Signal Process, vol. 68, pp. 2977-2991, 2020.

[13] G. J. Foschini and Z. Miljanic, "A simple distributed autonomous power control algorithm and its convergence", IEEE Trans. Veh. Technol., vol. 42, no. 4, pp. 641-646, Nov. 1993.

[14] Y. Fu, Y. Chen e C. W. Sung, "Controlo de potência distribuída para a ligação descendente de sistemas NOMA multicelulares", IEEE Trans. Wireless Commun., vol. 16, no. 9, pp. 6207-6220, set. 2017.

[15] E. Ghadimi, F. Davide Calabrese, G. Peters, and P. Soldati, "A reinforcement learning approach to power control and rate adaptation in cellular networks", in Proc. IEEE Int. Conf. Commun. (ICC), maio de 2017, pp. 1-7.

[16] I. J. Goodfellow, O. Vinyals, and A. M. Saxe, "Qualitatively characterizing neural network optimization problems," 2014, arXiv:1412.6544.

[17] D. Goodman e N. Mandayam, "Power control for wireless data", IEEE Pers. Commun., vol. 7, no. 2, pp. 48-54, Abr. 2000.

[18] K. Danilchenko, R. Azoulay, S. Reches e Y. Haddad, "Deep learning method for delay minimization in MANET", ICT Exp., vol. 8, no. 1, pp. 7-10, Mar. 2022.

[19] D. P. Kingma and J. Ba, "Adam: A method for stochastic optimization," 2014, arXiv:1412.6980.

[20] R. Knopp e P. A. Humblet, "Information capacity and power control in single-cell multiuser communications", em Proc. IEEE Int. Conf. Commun., Jun. 1995, pp. 331-335.

[21] W. Lee, M. Kim, and D.-H. Cho, "Deep power control: Esquema de controlo da potência de transmissão baseado numa rede neural convolucional", IEEE Commun. Lett., vol. 22, no. 6, pp. 1276-1279, Jun. 2018.

[22] X. Li, J. Fang, W. Cheng, H. Duan, Z. Chen e H. Li, "Controlo inteligente da potência para partilha do espetro em rádios cognitivos: Uma abordagem de aprendizagem por reforço profundo", IEEE Access, vol. 6, pp. 25463-25473, 2018.

[23] Z. Li, X. Chen, L. Li e X. Wang, "Joint routing and scheduling for transmission service in software-defined full-duplex wireless networks", Peer-Peer Netw. Appl., vol. 12, no. 2, pp. 422-429, Mar. 2019.

[24] F. Liang, C. Shen, W. Yu, and F. Wu, "Towards optimal power control via ensembling deep neural networks," IEEE Trans. Commun., vol. 68, no. 3, pp. 1760-1776, Mar. 2020.

[25] L. Luo, J. Zhang, S. Chen, X. Zhang, B. Ai, and D. W. K. Ng, "Downlink power control for cell-free massive MIMO with deep reinforcement learning," IEEE Trans. Veh. Technol, vol. 71, no. 6, pp. 6772-6777, Jun. 2022.

[26] Z.-Q. Luo e S. Zhang, "Gestão dinâmica do espetro: Complexity and duality", IEEE J. Sel. Topics Signal Process, vol. 2, no. 1, pp. 57-73, Fev. 2008.

[27] B. Matthiesen, A. Zappone, E. A. Jorswieck, and M. Debbah, "Deep learning for real-time energy-efficient power control in mobile networks," in Proc. IEEE 20th Int. Workshop Signal Process. Adv. Wireless Commun. (SPAWC), Jul. 2019, pp. 1-5.

[28] Y. Mirsky and Y. Haddad, "A linear downlink power control algorithm for wireless networks", in Proc. Wireless Telecommun. Symp. (WTS), Abr. 2013, pp. 1-7.

[29] G. Qian, Z. Li, C. He, X. Li e X. Ding, "Esquemas de atribuição de potência baseados na aprendizagem profunda para sistemas de antenas distribuídas", IEEE Access, vol. 8, pp. 31245-31253, 2020.

[30] Q. Shi, M. Razaviyayn, Z.-Q. Luo, and C. He, "An iteratively weighted MMSE approach to distributed sum-utility maximization for a MIMO interfering broadcast channel," IEEE Trans. Signal Process, vol. 59, no. 9, pp. 4331-4340, set. 2011.

[31] H. Sun, X. Chen, Q. Shi, M. Hong, X. Fu e N. D. Sidiropoulos, "Learning to optimize: Treinamento de redes neurais profundas para gerenciamento de interferência", IEEE Trans. Signal Process, vol. 66, n.º 20, pp. 5438-5453, Out. 2018.

[32] H. Sun, X. Chen, Q. Shi, M. Hong, X. Fu, e N. D. Sidiropoulos, "Learning to optimize: Treinamento de redes neurais profundas para gerenciamento de recursos sem fio", em Proc. IEEE 18th Int. Workshop Signal Process. Adv. Wireless Commun. (SPAWC), Jul. 2017, pp. 1-6.

[33] Y. Sun, C. Chen, and H. Luo, "Adaptive scheduling and routing scheme for delay guarantee in wireless sensor networks", Int. J. Distrib. Sensor Netw., vol. 9, no. 8, Aug. 2013, Art. no. 801758.

[34] T. Van Chien, T. Nguyen Canh, E. Björnson, and E. G. Larsson, "Power control in cellular massive MIMO with varying user activity: Uma solução de aprendizagem profunda", IEEE Trans. Wireless Commun., vol. 19, n.º 9, pp. 5732-5748, Set. 2020.

[35] K. Wang, T. Y. Chai, and W.-C. Wong, "Routing, power control and rate adaptation: A Q-learning-based cross-layer design," Comput. Netw., vol. 102, pp. 20-37, Jun. 2016.

[36] K. Wang, W.-C. Wong, and T. Yoong Chai, "An adaptive delay-based power control and routing scheme", in Proc., 7th Int. Conf. Signal Process. Commun. Syst. (ICSPCS), Dez. 2013, pp. 1-7.

[37] Y. Wang, W. Wang, X.-Y. Li, e W.-Z. Song, "Interference-aware joint routing and TDMA link scheduling for static wireless networks", IEEE Trans. Parallel Distrib. Syst., vol. 19, no. 12, pp. 1709-1726, Dez. 2008.

[38] Z. Wang, M. Eisen, and A. Ribeiro, "Learning decentralized wireless resource allocations with graph neural networks", IEEE Trans. Signal Process, vol. 70, pp. 1850-1863, 2022.

[39] Y. Cao, L. Zhang, and Y.-C. Liang, "Deep reinforcement learning for channel and power allocation in UAV-enabled IoT systems", em Proc. IEEE Global Commun. Conf. (GLOBECOM), dezembro de 2019, pp. 1-6.

[40] Y. Du, K. Wang, K. Yang, and G. Zhang, "Energy-efficient resource allocation in UAV based MEC system for IoT devices," in Proc. IEEE Global Commun. Conf. (GLOBECOM), Dez. 2018, pp. 1-6.

[41] R. D. Yates, "A framework for uplink power control in cellular radio systems", IEEE J. Sel. Areas Commun., vol. 13, no. 7, pp. 1341-1347, Sep. 1995.

[42] J. Zander, "Distributed cochannel interference control in cellular radio systems", IEEE Trans. Veh. Technol., vol. 41, no. 3, pp. 305-311, Aug. 1992.

[43] A. Zappone, M. Debbah, and Z. Altman, "Online energy-efficient power control in wireless networks by deep neural networks," in Proc. IEEE 19th Int. Workshop Signal Process. Adv. Wireless Commun. (SPAWC), Jun. 2018, pp. 1-5.

[44] Z. Zhao, G. Verma, C. Rao, A. Swami e S. Segarra, "Link scheduling using graph neural networks", IEEE Trans. Wireless Commun., vol. 22, no. 6, pp. 3997-4012, Jun. 2023.

Capítulo 8: Melhoria do desempenho das MANET utilizando uma abordagem de aprendizagem automática baseada em SDN

1. Introdução

À medida que as topologias das MANET evoluem, as regras de encaminhamento estático deixam de ser adequadas. As SDN (redes definidas por software) estão a contornar esta limitação, com um controlador central a tomar decisões sobre o encaminhamento dos pacotes. Para além das informações sobre os pacotes, este controlador reúne informações sobre a rede para determinar o melhor caminho a seguir por um pacote até ao seu destino final. Os controladores SDN dependem cada vez mais de técnicas de aprendizagem automática (ML) para tomar decisões, devido à dificuldade crescente da topologia da rede WSN e à importância de um encaminhamento eficaz. Utilizando SDN, é apresentada neste estudo uma nova abordagem para otimizar o consumo de recursos das RSSF. A aprendizagem por reforço (RL) é utilizada para treinar uma rede neural criada em função do tempo de vida de uma rede de sensores sem fios (RSSF). A NN é necessária para otimizar a potência da Rede de Sensores Sem Fios (RSSF) de modo a prolongar o seu tempo de vida.

2. Revisão da literatura

A necessidade de redes adaptáveis e de baixo preço para recolher e registar dados desenvolveu-se [1,2]. Atualmente, é possível recolher dados sem fios utilizando uma rede de pequenos sensores. WSN significa Wireless Sensor Network (rede de sensores sem fios), e cada sensor é um nó na rede responsável pelo envio de pacotes de rede de outros nós. Não é necessária qualquer infraestrutura externa para este tipo de topologia [3,4].

O transporte de dados através de uma RSSF sem infra-estruturas e com topologias dinâmicas é difícil. Quando os nós da RSSF são móveis, a situação torna-se mais complexa, uma vez que um dos nós da rota sai do alcance dos outros nós. Assim, o encaminhamento reativo [5-9] foi recentemente adotado. Estes métodos encontram uma rota a pedido e validam-na durante algum tempo. Uma nova rota é encontrada quando uma delas se torna inutilizável.

Com um elevado volume de tráfego e recursos limitados nos nós das RSSF, as técnicas reactivas como o AODV e o DSR podem ser difíceis. Estas técnicas limitam-se a procurar o caminho mais curto entre a origem e o destino, ignorando factores como a energia dos nós. A RSSF recebe um pedido de rota (RREQ) de transmissão de dados entre dois nós a partir de um nó de origem e encaminha-o. No RREP [10-12], o nó de origem distribui pacotes de carga útil ao longo do caminho mais curto entre os dois nós.

Melhoria do desempenho das RSSF através da otimização dos percursos dos pacotes e da maximização dos recursos limitados dos nós da rede. Devido à natureza dinâmica das topologias destas redes, foram introduzidos algoritmos de IA e ML. As redes orientadas por intenções ou dependentes de intenções são duas configurações de rede que podem ser estabelecidas com base em exigências comerciais (IDN). Esta abordagem também requer SDN (Software-Defined

Networking), uma vez que um controlador central deve ser capaz de tomar decisões com base nas necessidades do trabalho [13].

O controlador SDN determina o salto posterior para um pacote em função das suas propriedades e do estado atual da rede. Assim, as acções do controlador afectam o desempenho global da rede. O tempo de vida de uma rede é determinado pela quantidade de energia armazenada em cada nó e pela quantidade de energia consumida por cada nó. A era da Internet das Coisas (IoT) surgiu devido à rápida expansão da utilização de sistemas com recursos limitados, nomeadamente energia. Como os dispositivos IoT têm recursos limitados e as redes são dinâmicas, a arquitetura SDN melhorou o desempenho da rede [14-16]. A sobrecarga de um dispositivo que é crucial para a distribuição dos nós da rede pode drenar a sua energia. Os dispositivos afectados não podem enviar ou receber dados [17]. A distribuição da carga pelos nós pode, assim, prolongar consideravelmente o tempo de vida da rede [18-21].

Os algoritmos de aprendizagem automática aprendem com instâncias do mundo real. A Aprendizagem por Reforço (AR) é uma estratégia de aprendizagem popular (AR). A RL aprende mais do que outros tipos interagindo diretamente com o mundo e obtendo feedback sobre as actividades. A técnica de RL utiliza recompensas para imitar o comportamento do ambiente e selecionar as acções mais gratificantes. Como resultado, o agente é aquele que actua no ambiente e é recompensado.

Devido ao seu desempenho superior na estimativa de cálculos de qualquer função, as redes neuronais artificiais (RNA) são normalmente utilizadas para estimar as funções do ambiente. Cada ação realizada pelo agente pode resultar numa recompensa diferente. Aproximado antes da execução usando uma rede neural para aproximar o comportamento do ambiente. A Aprendizagem por Reforço Profundo (DRL) supera as abordagens convencionais de RL utilizando redes neuronais profundas [22,23].

Um controlador SDN para redes ad hoc veiculares utiliza DRL para gerir o fluxo de pacotes em Zhang et al. (VANETs). Essa estrutura ignora o uso de energia da rede porque os nós em VANETs mudam continuamente. Assim, a PDR e a taxa de transferência média da rede são utilizadas para avaliar o desempenho da rede. As redes neurais convolucionais (CNN) superaram as redes totalmente ligadas em termos de desempenho.

Lin et al. [24] propõem recompensar a QoS da rede neural (QoS). Encaminhamento inteligente com QoS (QAR). Este método ignora o tempo de vida da rede, ou seja, o consumo de energia. A utilização de um fator Gamma mais elevado reduziu a contagem média de saltos neste teste, um pacote tem de ser entregue. Para minimizar o impacto de uma recompensa obtida no final de um conjunto de actos, é utilizado este fator de desconto. O controlador SDN usa um paradigma DRL para acelerar a entrega de pacotes (Stampa et al. Assim, o agente DRL aprende a reconhecer o caminho mais curto.

Apesar do pouco tempo ou saltos necessários para que um pacote chegue, estas abordagens podem esgotar um nó da rede. Por defeito, todos os pacotes entre Porque o encaminhamento através de nós verdes reduz o valor imediato com base num caminho mais longo, os nós vermelhos são utilizados para sub-redes pretas e azuis (como, um salto extra). A falta de energia acaba por fazer com que o nó vermelho se desligue e morra, reduzindo a vida útil da rede.

Este artigo propõe um novo algoritmo de encaminhamento de RSSF com topologia SDN. A estratégia sugerida melhora a eficiência da RSSF ao incluir o tempo de vida da RSSF na formação do agente DRL. Para aumentar o tempo de vida da RSSF, os nós devem utilizar recursos mais eficientes. O método sugerido é o de redes neurais feed-forward, escolhidas pela sua capacidade de processamento, e vectores de saída para resumir os atributos de cada nó num único valor. Para otimizar o tempo de vida e a eficiência da sua RSSF, utilize modelos que distribuam a carga uniformemente entre os nós e evite a utilização de nós com baixas reservas de energia, utilizando rotas mais longas.

3. Metodologia

A DNN é utilizada para prever a recompensa pelo envio do pacote do último salto em função das propriedades da rede e dos nós de endereço de destino do pacote. Esta forma específica de rede neuronal é também utilizada pela estratégia proposta para realizar a tarefa pretendida. Este estudo põe à prova a FFNN e verifica o seu desempenho. Como cada item desse vetor reflete a recompensa prevista pelo envio de um pacote ao nó correto, não importa qual seja a arquitetura da rede, o resultado dessa rede neural é um vetor. Um vetor representa a disposição da rede e dos dados do pacote. O mais importante é que a rede neural continua a ser básica e permite a adoção de qualquer topologia viável, independentemente do tamanho do ambiente. Fig. 1.

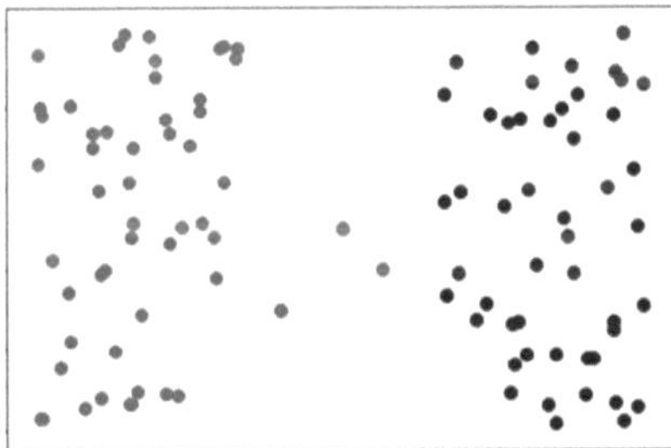

Fig. 1. Um exemplo de RSSF.

4. Conclusão

Esta investigação sobre o controlo do fluxo de pacotes numa RSSF tira partido da arquitetura SDN. A longevidade e a eficiência podem ser melhoradas se a carga da rede for distribuída uniformemente entre todos os seus nós. Para maximizar a capacidade do nó da RSSF de recolher mais dados num período de tempo mais curto, este equilíbrio pode prolongar consideravelmente a vida útil do nó. Com menos tráfego na rede, os nós da RSSF podem prolongar a sua vida útil enviando pacotes de carga útil com valores reais medidos. A teoria FFNN é posta à prova nesta investigação. Quando se trata de detetar características que misturam várias qualidades e o PDR médio, o FFNN supera todos os outros métodos. Os pacotes têm agora de percorrer um maior número de saltos do que anteriormente devido a esta expansão dos seus tempos de vida, de acordo com as melhores práticas existentes. Devido à adoção de rotas alternativas em vez das mais curtas. Uma arquitetura SDN central para cada nó da rede será testada e comparada no futuro como parte deste esforço. Cada nó pode escolher sozinho o último salto sem se envolver com o controlador SDN, reduzindo a quantidade de dados transmitidos ao controlador. No entanto, tendo em conta os elevados requisitos das redes neuronais, é possível que os recursos necessários para a comunicação das informações principais sejam inferiores aos recursos necessários para a computação local.

Referências

[1] R. Vijayashree, C. Suresh Ghana Dhas, Coleta de dados com eficiência energética com vários sumidouros móveis usando algoritmo de colônia de abelhas artificiais em WSN em grande escala, Automatika 60 (2019) 555-563.

[2] M. Krishnan, S. Yun, Y.M. Jung, Abordagem de agrupamento dinâmico com pia móvel baseada em ACO para coleta de dados em WSNs, Wirel. Netw. 25 (2019) 4859-4871.

[3] T. Wang, J. Zeng, Y. Lai, Y. Cai, H. Tian, Y. Chen, et al., Data collection from WSNs to the cloud-based on mobile Fog elements, Future Gener. Comput. Syst. 105 (2020) 864-872.

[4] S.K. Singh, P. Kumar, A comprehensive survey on trajectory schemes for data collection using mobile elements in WSNs, J. Ambient Intell. Humaniz. Comput. 11 (2020) 291-312.

[5] M. Anand, T. Sasikala, Efficient energy optimization in Mobile Ad-hoc Network (MANET) using better-quality AODV protocol, Clust. Comput. 22 (2019) 12681-12687.

[6] P. Gupta, P. Goel, P. Varshney, N. Tyagi, protocolo AODV baseado em fator de confiabilidade: prevenção de ataque de buraco negro em MANET. Inovações inteligentes em comunicação e ciências da computação, Springer, 2019, pp. 271-279.

[7] V. Sharma, B. Alam, M. Doja, Uma melhoria no protocolo de roteamento dsr de manets usando anfis. Aplicações de Técnicas de Inteligência Artificial em Engenharia, Springer, 2019, pp. 569-576.

[8] Z. Al Aghbari, A.M. Khedr, W. Osamy, I. Arif, D.P. Agrawal, Routing in wireless sensor networks using optimization techniques: a survey, Wirel. Pers. Commun. (2019) 1-28.

[9] V.K. Quy, N.T. Ban, V.H. Nam, D.M. Tuan, N.D. Han, Levantamento de métricas e protocolos de roteamento recentes para redes Ad-hoc móveis, J. Commun. 14 (2019) 110-120.

[10] K.L. Arega, G. Raga, and R. Bareto, Survey on Performance Analysis of AODV, DSR and DSDV in MANET 2020.

[11] N.E. Majd, N. Ho, T. Nguyen, J. Stolmeier, Evaluation of parameters affecting the performance of routing protocols in Mobile Ad-hoc Networks (MANETs) with a focus on energy efficiency, Future Inf. Commun. Conf. (2019) 1210-1219.

[12] S.K. Singh and J. Prakash, Energy efficiency and load balancing in MANET: a survey. In: Actas da 6ª Conferência Internacional sobre Sistemas Avançados de Computação e Comunicação (ICACCS), 2020, pp. 832-837.

[13] Y. Zhao, Y. Li, X. Zhang, G. Geng, W. Zhang, Y. Sun, Um levantamento das aplicações de rede que aplicam o conceito de rede definida por software com base na aprendizagem automática, IEEE Access 7 (2019) 95385-95405.

[14] S. Sezer, S. Scott-Hayward, P.K. Chouhan, B. Fraser, D. Lake, J. Finnegan, et al., Are we ready for SDN? Desafios de implementação para redes definidas por software, IEEE Commun. Mag. 51 (2013) 36-43.

[15] F. Tang, Z.M. Fadlullah, B. Mao, N. Kato, Um algoritmo de atribuição de canal adaptativo baseado em previsão de carga de tráfego inteligente em SDN-IoT: uma abordagem de aprendizagem profunda IEEE Internet of Things, IEEE Internet of Things J. 5 (2018) 5141-5154.

[16] M. Ojo, D. Adami, and S. Giordano, An SDN-IoT architecture with NFV implementation. In: Proceedings of the 2016 IEEE Globecom Workshops (GC Wkshps), 2016, pp. 1-6.

[17] M. Baddeley, R. Nejabati, G. Oikonomou, M. Sooriyabandara e D. Simeonidou, Evolving SDN for low-power IoT networks. In: Proceedings of the 2018 4th Conferência IEEE sobre Softwarização de Redes e Workshops (NetSoft), 2018, pp. 71-79.

[18] J. Wu, S. Luo, S. Wang, H. Wang, NLES: um novo esquema de extensão do tempo de vida para sistemas ciberfísicos críticos para a segurança utilizando SDN e NFV, IEEE Internet Things J. 6 (2018) 2463-2475.

[19] L. Busoniu, R. Babuska, B. De, Schutter, D. Ernst, Reinforcement Learning and Dynamic Programming Using Function Approximators, 39, CRC Press, 2010.

[20] M.L. Littman, Markov games as a framework for multi-agent reinforcement learning. in Machine learning proceedings 1994, ed. Elsevier, 1994, pp. 157-163: Elsevier, 1994, pp. 157-163.

[21] J. Schmidhuber, Deep learning in neural networks: an overview, Neural Netw. 61 (2015) 85-117.

[22] D. Silver, A. Huang, C.J. Maddison, A. Guez, L. Sifre, G. Van Den Driessche, et al., Mastering the game of Go with deep neural networks and tree search, Nature 529 (2016) 484-489.

[23] V. Mnih, K. Kavukcuoglu, D. Silver, A.A. Rusu, J. Veness, M.G. Bellemare, et al., Human-level control through deep reinforcement learning, Nature 518 (2015) 529-533.

[24] S.-C. Lin, I.F. Akyildiz, P. Wang, and M. Luo, QoS-aware adaptive routing in multi-layer hierarchical software-defined networks: a reinforcement learning approach. In: Anais da Conferência Internacional do IEEE de 2016 sobre computação de serviços (SCC), 2016, pp. 25-33.

[25] M.A. Alsheikh, D. Niyato, S. Lin, H.-P. Tan, Z. Han, Análise de grandes dados móveis usando aprendizagem profunda e apache-spark, IEEE Netw. 30 (2016) 22-29.

[26] M. Mahajan, H.B. Rashid, A.S. Junnarkar, A. A, et al., Integração dos cuidados de saúde 4.0 e da cadeia de blocos em sistemas seguros de registos de saúde electrónicos baseados na nuvem, Appl. Nanosci. (2022).

[27] B. Rhodes, J. Goerzen, A. Beaulne, P. Membrey, Foundations of Python Network Programming, Springer, 2014.

[28] F. Chollet, "Keras: The python deep learning library", ascl, p. ascl: 1806.022, 2018.

[29] H.J. Mohammed, A.T. Naiyf, A.J. Thaer, S.K. Khbalah, Assessment of sustainable renewable energy technologies using analytic hierarchy process, in: IOP Conf, Ser: Earth Environ. Sci., Vol. 779, IOP Publishing, 2021.

[30] W. Yahya, K. Ziming, W. Juan, et al., Study the influence of using guide vanes blades on the performance of cross-flow wind turbine, Appl. Nanosci. (2021).

[31] Z. Abbood, M. Shuker, Ç. Aydin, D.Ç. Atilla, Extending wireless sensor networks' lifetimes using deep reinforcement learning in a software-defined network architecture, Acad. Platf. J. Eng. Sci. 9 (1) (2021) 39-46, https://doi.org/10.21541/apjes.687496.

Capítulo 9: Exploração da melhoria da qualidade dos serviços para MANET através do algoritmo Lumer e Fai-eta modificado com o protocolo AODV e DSR modificado

1. Introdução

A MANET é a tecnologia mais dominante para todo o tipo de comunicações. Pode ser reconfigurada em qualquer lugar e em qualquer altura. Permitem o acesso ao sistema e aos dados independentemente da sua posição geográfica. Se vários anfitriões móveis desejarem comunicar, têm de ser tomadas algumas decisões críticas, como a seleção óptima do itinerário, porque com um atraso mínimo torna-se obrigatório enviar os dados para reduzir o desperdício de energia. O protocolo pode também fornecer algum tipo de resumo, uma vez que se gasta menos largura de banda. Além disso, para proteger os dados de olhares curiosos, é necessário algum tipo de encriptação. Para além disso, é necessário o suporte da qualidade do serviço para obter o mínimo de queda de pacotes. Estes são os principais problemas das MANET.

Munsifa Firdaus Khan et al. [1] discutiram o mecanismo do caminho mais curto e eficiente para melhorar a QoS e o rendimento. Um algoritmo genético (AG) proposto por Tarun Varshney et al. [2] para selecionar um caminho ótimo para melhorar a QoS. Mas, por vezes, a conetividade entre as redes determinada pelo AG não é o melhor caminho final. Chenyu Zheng et al. [3] conceberam um roteamento multipercurso de baixa complexidade e consciente da energia para redes híbridas celulares-MANETs com base na informação de largura de banda mínima disponível e atraso máximo. Em 2013, Yong Ding et al. [4] propuseram um protocolo para alocação de canais e roteamento em redes de malha sem fio híbridas multicanal multirrádio, onde cada nó de malha tem interfaces estáticas e dinâmicas com uma abordagem híbrida. Sachin Dnyandeo et al. [5] apresentaram um projeto em que cada nó utiliza uma ideia que tenta minimizar a sobrecarga de encaminhamento, transmitindo pacotes de encaminhamento sempre que uma transmissão é solicitada para avaliar a eficácia dos protocolos reactivos na MANET. Bibhash Roy et.al [6] publicaram uma nova estratégia de manutenção de rotas com múltiplas opções. Quando ocorre uma falha de ligação, esta estratégia é aplicável a ambas as rotas de forma independente e simultânea. Os protocolos de encaminhamento reativo e orientado por tabelas são comparados por Sandeep Sharma et al. [7] em termos de PDR e de sobrecarga de controlo. Se o caminho de encaminhamento para o nó de destino não for estabelecido com sucesso pelo protocolo MANET, os nós de origem virtual são seleccionados com base na previsão de fornecimento para o nó de destino no trabalho realizado por Min Wook Kang et al. [8]. Um protocolo de encaminhamento AODV melhorado para MANET é proposto por Madhup Shrivastava et.al [9]. A fim de aumentar a eficiência global em termos de redução do atraso extremo-a-extremo e de melhoria da PDR. J.Manoranjani et.al [10] propuseram um algoritmo de deteção de teste melhorado para aumentar a probabilidade de deteção e prevenção de nós de buraco negro em MANET e também a segurança dos dados é mantida com o protocolo de encaminhamento de zona. A fim de evitar o congestionamento durante a transmissão de dados e determinar localmente os parâmetros de QoS, Aymen Dawood Al-Ani et.al [11] descrevem uma nova abordagem. Uma comparação dos parâmetros de desempenho dos protocolos proactivos e reactivos é feita por Kedir Lemma Arega et. al [12] no que diz respeito às métricas de QoS, tais como through put, atraso, PDR, PLR em dois cenários diferentes. R. Menaka et al [13] avaliaram o desempenho dos protocolos DSR em ambientes não confiáveis de MANET. Liqiang Liu et al [14] propuseram regras de renovação do estado da colónia de formigas e um modo de processamento do estado de controlo. A eficácia dos protocolos activos e reactivos é analisada e comparada por Pushpender Sarao [15]. A operacionalidade, as vantagens e os atributos dos protocolos activos e reactivos são discutidos por Surendra H. Raut et al [16]. Os ambientes e ferramentas de rede são analisados por Sujata V. Mallapur et al [17]. A eficácia das redes é analisada para diferentes protocolos por Kumar et al [18] em termos de CBR, jitter, PDR e taxa de transferência. Um novo algoritmo QoS adaptativo e a pedido é abordado por P. Deepalakshmi et al [19] para aumentar as métricas de desempenho da rede. Uma relação comparativa entre os protocolos AODV, DSDV e DSR é analisada no trabalho realizado por Nilesh Chandra et al [20]. Os imperativos, atitudes e aplicações das MANET são explorados por Pravin Ghosekar et al [21]. P. Samundiswary et al [22] conceberam o protocolo EAODV e a sua eficácia é comparada com a do AODV normal.

Este artigo sugere algumas modificações no algoritmo Lumer e Faieta que introduzem um aumento significativo no desempenho da MANET em termos de taxa de dados, velocidade, atraso e sobrecarga. O objetivo deste trabalho é melhorar o desempenho da MANET através do algoritmo Lumer e Fai-eta modificado com os protocolos DSR e AODV modificado.

2. Método

A fim de fornecer uma entrega de dados precisa com uma melhor QoS, o algoritmo Lumer e Faieta modificado com protocolos reactivos Ad hoc On-Demand Distance Vetor Routing (AODV) e Dynamic Source Routing (DSR) são utilizados no trabalho proposto. O processo de encaminhamento é controlado em função dos protocolos de tráfego para minimizar a latência da rede. Além disso, o fornecimento de QoS baseia-se em requisitos de atraso para assegurar um nível de desempenho garantido às aplicações sensíveis ao atraso. Três parâmetros de desempenho, tais como o atraso médio extremo-a-extremo, a taxa de entrega de pacotes (PDR) e a sobrecarga de controlo, são contemplados em diferentes cenários de mobilidade para comparar o desempenho do protocolo proposto utilizando o simulador NS2 com o AODV original, o DSR e a informação da camada MAC podem ser utilizados para construir a tabela de vizinhos, o que melhorará o desempenho em termos de atraso e PDR, bem como minimizará a sobrecarga de controlo.

3. Conclusão

No trabalho proposto, é efectuada uma análise fiável e eficiente para melhorar o desempenho da MANET. Utilizando os protocolos de encaminhamento AODV, AODV modificado e DSR, são analisados três parâmetros de desempenho, tais como PDR, atraso médio de fim a fim e sobrecarga de controlo, com a ajuda do algoritmo relevante. A utilização da otimização por colónias de formigas, bem como do algoritmo genético, garante que o melhor caminho foi encontrado. No trabalho proposto, é utilizada uma versão modificada do algoritmo Lumer e Fai-eta e os resultados são gerados com a ajuda do MATLAB. A comparação da análise do desempenho dos três protocolos é efectuada utilizando o NS2.

A importância da implementação e avaliação de protocolos de encaminhamento num ambiente adhoc é ilustrada neste trabalho. O algoritmo Lumer e Fai-eta modificado melhora o desempenho da rede e os resultados provam que o desempenho global do protocolo DSR é superior ao do encaminhamento AODV modificado e normal. O desempenho do AODV modificado em termos de PDR e de atraso é muito melhor do que o do AODV normal. Mas para o parâmetro de sobrecarga de controlo, o AODV normal apresenta bons resultados do que o AODV modificado.

Referências

[1] Munsifa Firdaus Khan, Indrani Das "An Investigation on Existing Protocols in MANET", Inovação em Ciência e Engenharia Informática, Lecture Notes in Networks and Systems, pp.215-224,2019.

[2] Tarun Varshney, Aishwarya Katiyar, Pankaj Sharma "Performance Improvement of MANET under DSR Protocol using Swarm Optimization", Conferência Internacional sobre Is-sues e Desafios em Técnicas de Computação Inteligente (ICICT), pp.58-63, ISBN.978149929016, Ghaziabad, Índia, 2014.

[3] Chenyu Zheng, Lijun Chen, Douglas Sicker, "Hybrid Cellular-MANETs: An Energy-Aware Routing Design", em: 11th Annual Conference on Wireless Ondem and Network Systems and Services (WONS), pp.9- 16, ISBN.978-1-4799-4937-3, Obergurgl, Austria, 2014.

[4] Yong Ding,Kanthakumar Pongaliyur,Li Xiao "Channel Allocation and Routing in Hy-brid Multichannel Multiradio Wireless Mesh Networks", IEEE Transactions on Mobile Computing,pp.206- 218, 12(2), pp.206-218,2013.

[5] Sachin Dnyandeo Ubarhande, "Performance Evolution of AODV and DSR Routing Protocols in MANET Using NS2", International Journal of Scientific & Engineering Research 3(5), ISSN 2229-5518, 2012.

[6] Bibhash Roy, Suman Banik, Nabendu Chaki, "An Improved Route Maintenance Strategy for QoS based AODV Routing Protocol", in: International Conference on Advances in Recent Technologies in Communication and Computing, pp.51-55, ISBN.9780769542010, Kottayam, India, 2010.

[7] Sandeep Sharma, P. J. "A Comparative Performance Analysis of AODV, DSR and DSDV Protocol for Mobile Ad-hoc Networks", International Journal of Advanced Re-search in Computer and Communication Engineering, pp.193-199, Vol 6, Issue 6, ISSN (Online) 2278-1021, ISSN (Print) 2319 5940,2017.

[8] Min Wook Kang, Yun Won Chung, Um protocolo de encaminhamento híbrido melhorado que combina MANET e DTN, Electronics 9 (3) (2020) 439.

[9] Madhup Shrivastava, Monika Sahu, "IAODV: An Improved Aodv Routing Protocol for Manet" International Journal of Advanced Research in Computer Science, 9(2), ISSN. 0976-5697,2018, pp.167-174.

[10] J. Manoranjini, A. Chandrasekar, S. Jothi, Improved QoS and avoidance of Black hole attacks in MANET using trust detection framework, J. Control, Meas., Electron., Comput. Commun. 60 (3) (2019) 274-284.

[11] Aymen Dawood Al-Ani, Jochen Seitz, "QoS-aware Routing in Multi-rate Ad hoc Networks based on Ant Colony Optimization", Network Protocols and Algorithms, ISSN 1943-3581 7(4),2015.

[12] Kedir Lemma Arega, Gemeda Raga, Roba Bareto, "Survey on Performance Analysis of AODV, DSR and DSDV Protocol", Computer Engineering and Intelligent System, pp.23-32, ISSN 2222-1719, 11(3), 2020.

[13] R. Menaka, J.M. Mathana, R. Dhanagopal, B. Sundarambal, "Performance Evaluation of DSR Protocol in MANET untrustworthy environment", in: 6th Conferência Internacional sobre Computação Avançada e Sistema de Comunicação, pp.1049-1052, Coimbatore, Índia, 2020.

[14] Liqiang Liu, Yuntao Dai, Jinyu Gao, "Ant Colony Optimization Algorithm for Continuous Domain based on Position Distribution Model of Ant Colony Foraging", The Scientific World Journal. 2014, Artigo ID 428539, 9 páginas, 2014.

[15] Pushpender Sarao, Comparação dos protocolos de encaminhamento AODV, DSR e DSDV numa rede sem fios, J. Commun. 13 (4) (2018) 175-181.

[16] Surendra H. Raut, Hemant P. Ambulgekar, Proactive and reactive routing protocols in multi-hop Mobile Ad-hoc Network, Int. J. Adv. Res. Comput. Sci. Software Eng. 3 (4) (2013) 152-157.

[17] Sujata V. Mallapur, R. Patil Siddarama, Survey on simulation tools for mobile ad-hoc networks, Int. J. Comput. Networks Wireless Commun. (IJCNWC) 2 (2) (2012) 241-248.

[18] Kumar, J. A. "Estudo e análise de desempenho de protocolo de roteamento baseado em CBR." Procedia Computer Science, Elsevier, pp.23-30, Vol. 85, 2016.

[19] P. Deepalakshmi and Dr. S. Radhakrishnan, "Ant Colony Based QoS Routing Algorithm for Mobile Ad-hoc Networks", International Journal of Recent Trends in Engineer-ing, pp.459-462 1(1), 2009.

[20] Nilesh Chandra, Sarita Soni, Performance Analysis of AODV, DSR and DSDV in MANETs, Int. J. Comput. Appl. 122 (9) (2015) 41-44.

[21] Pravin Ghosekar, Girish Katkar, Dr. Pradip Ghorpade, "Mobile Ad-hoc Networking: Imperatives and Challenges", IJCA Special Issue on "Mobile Adhoc Networks, pp.153-158, No.3, Article.9, 2010.

[22] P. Samundiswary e Hemant Bhardwaj, "Performance Analysis of Energy Aware AODV Routing Protocol", International Journal of Computer Applications, pp.43- 46, 63(19), 2013.

Capítulo 10: F-CAPSO: Otimização por enxame de partículas adaptativa ao caos difuso para transmissão de dados segura e energeticamente eficiente em MANET

1. Introdução

Uma rede adhoc móvel (MANET) é composta por nós que podem comunicar entre si movendo-se livremente dentro de uma infraestrutura auto-configurável (Gupta et al., 2013). A comunicação nas MANETs ocorre através de ligações sem fios multi-hop, permitindo que os dispositivos entrem ou saiam da rede em qualquer altura sem restrições (Maan & Mazhar, 2011).

As MANET são particularmente adequadas para aplicações em tempo real em que a implantação de redes estáveis é impraticável, como a partilha de dados em exercícios militares e policiais, operações de socorro em caso de catástrofe, locais de exploração mineira e vários dispositivos de comunicação, como telemóveis e computadores (Talapatra & Roy, 2014). As MANET proporcionam várias vantagens, incluindo uma maior flexibilidade da rede, custos operacionais reduzidos e uma cobertura mais alargada. Oferecem a capacidade de se adaptar a ambientes dinâmicos e de escalar de forma eficiente, o que as torna uma opção atractiva para a computação em nuvem e os dispositivos de comunicação de ponta.

Nas redes móveis adhoc (MANET), cada nó desempenha duas funções: encaminhamento e alojamento (Hamza & Vigila, 2021). Como encaminhador, o nó estabelece rotas, encaminha pacotes e assegura uma transmissão de dados fiável. No entanto, a natureza dinâmica da topologia da rede torna o encaminhamento complexo. As MANET utilizam diferentes protocolos de encaminhamento, classificados como proactivos, reactivos e híbridos, para se adaptarem a estas alterações (Hinds et al., 2013). A instabilidade e a falta de fiabilidade da comunicação numa topologia em mudança podem resultar na perda de pacotes, exigindo a retransmissão de pacotes perdidos pelo Cluster Head (CH) e afectando a eficiência energética. Para enfrentar estes desafios, é necessário um algoritmo de encaminhamento eficiente e optimizado para gerir as alterações da topologia e controlar as questões relacionadas com a mobilidade dos nós e a retransmissão de pacotes. O encaminhamento baseado em clusters é considerado o método mais eficaz para conseguir um encaminhamento ótimo em MANETs, uma vez que equilibra a energia da rede, prolonga o tempo de vida da rede e minimiza a sobrecarga (Bisen et al., 2021). Foram desenvolvidos numerosos algoritmos de agrupamento para a formação de clusters e a seleção de CH, em que os nós são agrupados em clusters. O processo de agrupamento envolve a seleção do CH para cada agrupamento com base em variáveis como o alcance, a mobilidade dos nós e a densidade dos nós. Podem ser gerados diferentes tipos de agrupamentos, como estruturas em árvore e hierárquicas, utilizando algoritmos de agrupamento (Najafi & Aghaei, 2020).

O Cluster Head (CH) desempenha um papel vital nas MANET, assegurando a comunicação, coordenando os nós, gerindo a informação sobre a topologia, o encaminhamento, a transferência de pacotes, a atribuição de recursos e a recolha de dados. Dentro do cluster, o CH funciona temporariamente como uma estação de base e mantém a comunicação com outros CHs (Jesudurai & Senthilkumar, 2019).

Foram desenvolvidos vários algoritmos de agrupamento para eleger o CH em MANETs. Os agrupamentos podem ser classificados como agrupamento de 1 salto ou agrupamento de vários saltos com base nas distâncias de salto entre os nós (Preetha & Chitra, 2014). Os algoritmos de seleção de CH podem ser classificados em cinco tipos:

baseados no identificador, na mobilidade, na energia, na conetividade e no custo. Para obter eficiência energética na rede, os nós com menos movimento e níveis de energia mais elevados são escolhidos como CHs. Além disso, deve também ser selecionado um esquema de encaminhamento eficiente. Os principais desafios que as MANET enfrentam atualmente incluem o elevado consumo de energia e a necessidade de abordar a mobilidade dos nós. A transferência de pacotes de dados através de rotas incorrectas pode aumentar a capacidade energética da rede e perturbar a sua topologia, levando a um maior consumo de energia. Para resolver estes problemas de rede, a seleção de um CH ótimo é crucial e esta questão é salientada por (Divecha et al., 2007). Por conseguinte, é obrigatório desenvolver um sistema eficiente para o encaminhamento ótimo e a seleção do CH. Ao selecionar o CH mais adequado, estes problemas de rede podem ser atenuados, resultando numa melhoria do desempenho da rede e da eficiência energética. Assim, é crucial desenvolver um sistema eficiente para o encaminhamento ótimo e a seleção do CH.

A MANET é utilizada para trocar informações entre utilizadores móveis sem depender da Internet. No entanto, devido às limitações de energia dos nós das MANET, a criação de protocolos de encaminhamento para as MANET é um desafio (Muchtar et al., 2018). A eficiência energética é fundamental para prolongar a vida útil das redes ad hoc sem fios e garantir uma comunicação eficaz em MANET, uma vez que é igualmente essencial com outras medidas de desempenho como a robustez, a fiabilidade e a segurança (Ray & Turuk, 2012).

Em comparação com outras redes sem fios, a obtenção de eficiência energética nas MANET é notoriamente difícil porque a tecnologia das baterias tem sido lenta em comparação com os processadores dos dispositivos móveis, a tecnologia sem fios e as aplicações móveis (Jumira & Zeadally, 2012). É essencial melhorar a eficiência energética da bateria dos dispositivos móveis, o que resulta na criação de métodos de comunicação móvel mais eficientes em termos energéticos, motivada por estas disparidades significativas nos avanços tecnológicos.

A comunicação sem fios é responsável pela maior parte da energia consumida pelos nós móveis das MANET, mesmo quando estão em modo inativo, o que realça a importância de otimizar a eficiência energética para melhorar o desempenho das MANET (Salama et al., 2011). Ao melhorar o desempenho dos protocolos de encaminhamento com vários parâmetros, estes sistemas podem ajudar a alcançar um desempenho ótimo das MANET e apoiar aplicações práticas em diversos contextos. Assim, é proposto um sistema baseado em fuzzy, o SSARM-SCA, para melhorar a eficiência energética e as limitações de transmissão de dados dos protocolos de encaminhamento de MANET, ajustando diferentes parâmetros na

camada de protocolo. Os principais contributos deste artigo são apresentados de seguida:
- É apresentada uma abordagem proposta denominada SSARM-SCA com CAPSO baseado em Fuzzy para manter uma transmissão de dados segura e energeticamente eficiente em MANETs.
- Para gerir o compromisso entre a diversificação e a intensificação, o núcleo da SSA é melhorado através da incorporação da hibridação com outras meta-heurísticas de otimização, como a SCA, e da integração de pontos de mecanismo de substituição. Isto resulta na formulação do algoritmo SSARM-SCA.
- O protocolo de encaminhamento SSARM-SCA avalia parâmetros de aptidão, incluindo confiança, atraso, energia e fator de manutenção, para determinar um caminho de encaminhamento seguro.
- O motor de inferência fuzzy é utilizado para efetuar a fuzzificação dos parâmetros de entrada, como a densidade, o comprimento da rota, o destino e a energia residual.

2. Trabalhos relacionados

Para identificar a cabeça de agrupamento e os membros do agrupamento óptimos para o algoritmo LEACH-C, Pitchaimanickam & Murugaboopathi (2020) introduziram um algoritmo híbrido denominado HFAPSO, que combina o algoritmo dos pirilampos com a otimização por enxame de partículas (PSO). Ao utilizar o PSO, o algoritmo híbrido melhora o comportamento de pesquisa global dos pirilampos e consegue um posicionamento ótimo das cabeças de agrupamento. A avaliação deste modelo considera a energia residual e o número de nós. No entanto, este modelo não consegue integrar o algoritmo de pirilampo com um algoritmo inspirado na natureza para melhorar o tempo de vida da rede.

Tamil Selvi e Suresh (2019) propuseram uma abordagem baseada na teoria dos jogos que utiliza um protocolo de roteamento baseado em zonas com eficiência energética. Este modelo foi focado nos problemas do protocolo de roteamento de zona. A eficiência energética é melhorada através de um protocolo de encaminhamento QoS melhorado. Os protocolos desenvolvidos melhoram com êxito a eficiência energética das MANET. No entanto, este modelo carece de deteção de congestionamento com base no comprimento da fila.

Muruganandam e Renjit (2021) introduziram o método RRCST (Real-time Reliable Clustering and Secure Transmission). A abordagem começa por agrupar os nós numa área localizada, onde a seleção dos chefes de agrupamento (CH) se baseia no comportamento de transmissão anterior e nas estatísticas dos nós. O encaminhamento é então efectuado utilizando um método que selecciona rotas com base no valor estimado do suporte de transmissão fiável (RTS), mas esta abordagem consome mais energia durante a transmissão de dados. Para abordar o acesso não autorizado e atividades maliciosas em MANETs, Venkata Swaroop e Murugaboopathi (2019) desenvolveram uma técnica de revogação de certificados baseada em cluster. Essa técnica tem como objetivo impedir o acesso não autorizado e resolver problemas de segurança em MANETs. O algoritmo empregado neste modelo resolve efetivamente os problemas de segurança. Adicionalmente, o algoritmo Energy, Connectivity, Mobility, and Signal-to-Noise Ratio (ECMS) é utilizado para identificar o melhor cluster em cada nó. Se algum nó for selecionado incorretamente, os nós reais têm de transmitir pacotes de reivindicação (VPs) para o gateway adequado para resolver o problema. No entanto, esta técnica não tem a capacidade de isolar os nós atacantes da rede.

Jesudurai e Senthilkumar (2019) introduziram um protocolo de seleção de cabeças de agrupamento com eficiência energética melhorada (IEECHS) para aumentar o rendimento e o tempo de vida da rede. Esta seleção de cabeças de agrupamento energeticamente eficientes foi utilizada para enviar as informações obtidas. Neste modelo, foram seleccionados dois cluster heeds para a fusão e transferência de dados. Os dois clusters foram seleccionados para recolher os dados no processo de transmissão de dados; a informação não desejada reduziu o consumo de energia e o ciclo de vida da rede de sensores sem fios. Os dados têm de viajar entre vários nós intermédios numa MANET. Por conseguinte, Srilakshmi et al. (2021) decidiram melhorar a tolerância a falhas em MANET utilizando um protocolo de encaminhamento seguro híbrido denominado GAHC, uma combinação do algoritmo Hill Climbing (HC) e do Algoritmo Genético (GA). Aqui, como alternativa ao encaminhamento por um único caminho, foi utilizado o encaminhamento por vários caminhos para selecionar a melhor rota possível. Com base no pico de densidade, o algoritmo Fuzzy C-means (FCM) melhorado foi desenvolvido para resolver o problema de agrupamento. Para avaliar o desempenho do modelo, foram consideradas métricas como o rácio de entrega de pacotes (PDR), o débito (T), o atraso (D), a energia e a taxa de deteção. Sem ataque seletivo de queda de pacotes, o esquema atingiu 0,85 bps de taxa de transferência, 89% de PDR e 91% de taxa de deteção. No entanto, a implementação desta técnica foi dispendiosa.

Poonguzhali e Anathamoorthy (2020) destacam os problemas de consumo de energia acrescido nas redes de sensores sem fios (RSSF). Para ultrapassar estes problemas, desenvolveram uma RSSF eficiente em termos energéticos utilizando HSA baseado em ACO para uma seleção óptima de cabeças de agrupamento. A rede é dividida em clusters, partindo do princípio de que o centro de cada cluster apresenta a densidade mais baixa possível. Para selecionar o cluster com a menor densidade, esta abordagem utiliza a Otimização por Colónias de Formigas e o Algoritmo de Pesquisa Harmónica. A avaliação dos resultados baseia-se em métricas como o tempo de vida máximo da rede, a redução do consumo de energia e a taxa de transferência. No entanto, este método carece da implementação da previsão de trajectórias futuras com base em valores passados. O problema da limitação da mobilidade foi destacado por Karthick e Asokan (2021).

Utilizam um protocolo de encaminhamento sensível à mobilidade para MANET usando uma Otimização Híbrida (MARP-HO) para aumentar o tempo de vida das RSSF. O desenvolvimento de um protocolo de encaminhamento é feito em duas etapas. Aqui, a seleção do CH e a formação de clusters foram os dois passos no processo de agrupamento. Inicialmente, o método IAMO (Improved Animal Migration Optimization) efectua um agrupamento eficiente em termos energéticos. De seguida, foram adquiridas várias limitações relacionadas com a energia, incluindo mobilidade, taxa de cooperação e intensidade do sinal, de cada membro do agrupamento. Depois, utilizando o algoritmo IAMO, foi calculado o caminho de encaminhamento da origem para o destino. O atraso (D), o número de nós mortos

(NDN), o rácio de entrega (DR), a estabilidade da ligação (LS), o tempo de vida da rede (NL), o rendimento (T), o rácio de perdas (LR) e o consumo de energia (EC) são as métricas de desempenho utilizadas para avaliar o desempenho do método.

No contexto do mundo moderno, há um enfoque crescente no fabrico sustentável e na montagem flexível devido à globalização económica. Isso levou à transformação das cadeias de suprimentos. Wang e Wang (2022) abordam o problema EADFFASP (Energy-Aware Distributed Flow Shop with Flexible Assembly Scheduling Problem), tendo em consideração o tempo de preparação e de transporte. Do mesmo modo, Pan et al. (2020) investigam o problema de programação paralela distribuída com eficiência energética (DEPMSP). Propõem um algoritmo de otimização de duas populações baseado no conhecimento (KTPO) para minimizar o consumo de energia e o atraso total.

Zhao et al. (2022) apresentam o algoritmo Jaya discreto baseado em Pareto (PD Jaya) para resolver o problema de programação de fluxo distribuído de bloqueio eficiente de carbono (CEDBFSP). O algoritmo proposto incorpora uma estratégia de poupança baseada no caminho crítico para reduzir as emissões de carbono. Na prossecução do desenvolvimento sustentável, a redução das emissões de carbono e a neutralidade carbónica surgiram como estratégias nacionais importantes.

Zhao et al. (2022) concentram-se no aspeto do consumo de energia do problema de programação de flow shop de bloqueio distribuído (DBFSP). Eles propõem um problema de programação de flow-shop distribuído sem espera com tempo de configuração dependente da fila (DNWFSP-SDST) para melhorar a eficiência energética, minimizando o tempo de espera e o consumo total de energia. Abordando o problema de programação de flow-shop sem espera (DANIFSP), Zhao et al. (2021) introduzem o algoritmo de otimização cooperativa de ondas de água (CWWO). Este algoritmo reduz efetivamente o tempo de conclusão em cenários DANIFSP. Os problemas de agendamento de tarefas desempenham um papel crucial na organização da produção e na otimização combinatória.

Wang et al. (2022) investigam o algoritmo de evolução diferencial adaptativa híbrida (HADE) para resolver problemas de otimização de objetivo único neste contexto.

Além disso, Gao et al. (2020) apresentam um mecanismo de seleção que aprimora o algoritmo DE generalizado (NSODE) para o problema de agendamento de job-shop (JSSP). Ao utilizar o algoritmo DE, obtêm-se melhores resultados de otimização.

Li et al. (2021) investigam o problema de programação híbrida fuzzy-based green shop (FHFGSP), que incorpora o tempo de processamento fuzzy. O objetivo é minimizar o tempo de fabrico e o consumo de energia neste contexto.

3. Metodologia proposta

O processo de agrupamento em MANETs utiliza a abordagem CAPSO baseada em Fuzzy. O algoritmo CAPSO selecciona as cabeças de agrupamento (CHs) ideais com base em variáveis de entrada como a densidade, o comprimento da rota_destino e a energia residual. Estas variáveis de entrada são fuzzificadas pelo motor de inferência fuzzy. As variáveis linguísticas resultantes, a classificação e o raio, são defuzzificadas utilizando o método Center of Area (CoA). Uma vez seleccionados os CHs óptimos através do CAPSO, passa-se à fase de encaminhamento. O algoritmo SSARM-SCA desenvolvido é utilizado para otimizar o encaminhamento e a transmissão segura de dados. O protocolo de encaminhamento SSARM-SCA calcula parâmetros de aptidão, incluindo atraso, energia, confiança e fator de manutenção, para determinar um caminho de encaminhamento seguro. Por fim, o nó de drenagem utiliza um defuzzificador para enviar os resultados ao utilizador e termina o processo. A Fig. 1 representa o fluxo de trabalho do projeto proposto SSARM-SCA com abordagem CAPSO baseada em Fuzzy.

4. Conclusão

Este artigo apresenta uma técnica de encaminhamento designada por SSA com um método de substituição e um algoritmo de otimização por enxame de partículas adaptativo ao caos baseado em fuzzy de pesquisa SCA (SSARM-SCA fuzzy-based CAPSO) para resolver o declínio da qualidade do serviço de rede causado pela elevada mobilidade dos nós. A abordagem SSARM-SCA proposta é comparada com métodos existentes, como MARP-HO, ACO-HSA, GAHC e HFAPSO, demonstrando um desempenho superior. Para avaliar os resultados, são utilizadas métricas de desempenho, incluindo o débito, o tempo de vida da rede, o rácio de entrega de pacotes, o consumo de energia e o rácio de sobrecarga de encaminhamento. A abordagem SSARM-SCA é avaliada em vários cenários, incluindo a variação do tamanho dos pacotes, do tempo de simulação e da velocidade dos nós. O método proposto equilibra eficazmente o consumo de energia e prolonga o tempo de vida da rede, resultando num aumento do rendimento e da transmissão de pacotes. Além disso, aumenta a segurança da rede, mantendo uma taxa de transferência mais elevada, mesmo na presença de ataques como os ataques de medusas. No futuro, este trabalho pretende concentrar-se na implementação de um mecanismo económico para chegar a um público mais vasto e melhorar ainda mais o desempenho da rede.

Referências

Agrawal, D., & Pandey, S. (2021). Otimização da seleção de cluster-head utilizando lógica difusa e pesquisa de harmonia em redes de sensores sem fios. International Journal of Communication Systems, 34(13), e4391.

Alatas, B., Akin, E., & Ozer, A. B. (2009). Algoritmos de otimização de enxame de partículas incorporados no caos. Chaos, Solitons & Fractals, 40(4), 1715-1734.

Bingol, H., & Alatas, B. (2020). Algoritmos de otimização inspirados em ótica baseados em caos como abordagem de busca de solução global. Chaos, Solitons & Fractals, 141, Artigo 110434.

Bisen, D., Mishra, S., & Saurabh, P. (2021). Formação de cluster baseado em K-Means e seleção de cabeça por meio de rede neural artificial em MANET.

Dagal, I., Akın, B., & Akboy, E. (2022). Uma nova série híbrida de otimização de enxame de partículas salp (SSPSO) para aplicações de carregamento de bateria autônoma. Jornal de Engenharia Ain Shams, 13(5), Artigo 101747.

Divecha, B., Abraham, A., Grosan, C., & Sanyal, S. (2007). Impacto da mobilidade dos nós nos modelos de protocolos de encaminhamento de MANET. Journal of Digital Information Management, 5(1), 19-23.

Duan, Y., Chen, N., Chang, L., Ni, Y., Kumar, S. S., & Zhang, P. (2022). CAPSO: Algoritmo de otimização de enxame de partículas adaptável ao caos. IEEE Access, 10, 29393-29405.

Feng, J., Zhang, J., Zhu, X., & Lian, W. (2017). Um novo algoritmo de otimização do caos. Ferramentas e aplicações multimédia, 76, 17405-17436.

Gao, D., Wang, G. G., & Pedrycz, W. (2020). Resolvendo o problema de agendamento de job-shop fuzzy usando o algoritmo DE melhorado por um mecanismo de seleção. IEEE Transactions on Fuzzy Systems, 28(12), 3265-3275.

Gupta, A. K., Sadawarti, H., & Verma, A. K. (2013). Análise de desempenho de protocolos de roteamento MANET em diferentes modelos de mobilidade. Revista Internacional de Tecnologia da Informação e Ciência da Computação (IJITCS), 5(6), 73-82.

Hamza, F., & Vigila, S. M. C. (2021). Algoritmo de seleção de cabeças de cluster para MANETs usando algoritmo genético de otimização de enxame de partículas híbrido. Revista Internacional de Redes e Aplicações Informáticas, 8(2), 119-129.

Hinds, A., Ngulube, M., Zhu, S., & Al-Aqrabi, H. (2013). Uma revisão dos protocolos de roteamento para redes ad-hoc móveis (manet). Revista Internacional de Tecnologia da Informação e Educação, 3(1), 1.

Hussain, K., Neggaz, N., Zhu, W., & Houssein, E. H. (2021). Uma otimização híbrida eficiente de sinecosine Harris hawks para seleção de recursos de baixa e alta dimensão. Sistemas Especializados com Aplicações, 176, Artigo 114778.

Jesudurai, S. A., & Senthilkumar, A. (2019). Um protocolo melhorado de seleção de cabeças de cluster com eficiência energética utilizando as cabeças de cluster duplas e métodos de fusão de dados para aplicações IoT. Investigação em Sistemas Cognitivos, 57, 101-106.

Jumira, O., & Zeadally, S. (2012). Eficiência energética em redes ad hoc sem fios. Eficiência energética em redes sem fios, 17-36. Karthick, K., & Asokan, R. (2021). Encaminhamento baseado em clusters com qualidade melhorada e consciente da mobilidade protocolo para redes ad-hoc móveis usando algoritmo de otimização híbrido. Wireless Personal Communications, 119(4), 3063-3087.

Khot, P. S., & Naik, U. (2021). Otimização de onda de partícula e água para roteamento seguro em rede de sensores sem fio usando seleção de cabeça de cluster. Wireless Personal Communications, 119(3), 2405-2429.

Li, M., Wang, G. G., & Yu, H. (2021). Algoritmo de colônia de abelhas artificiais discreto baseado em classificação para resolver o problema de programação verde da loja de fluxo híbrido difuso. Mathematics, 9(18), 2250.

Maan, F., & Mazhar, N. (2011). Protocolos de encaminhamento em MANET vs modelos de mobilidade: A performance evaluation (pp. 179-184). IEEE.

Mirjalili, S. (2016). SCA: Um algoritmo de seno cosseno para resolver problemas de otimização. Sistemas baseados no conhecimento, 96, 120-133.

Muchtar, F., Abdullah, A. H., Hassan, S., & Masud, F. (2018). Estratégias de conservação de energia em MANET baseado em redes centradas no host: Uma revisão. Journal of Network and Computer Applications, 111, 77-98.

Muruganandam, S., & Renjit, J. A. (2021). Agrupamento fiável em tempo real e esquema de transmissão seguro para o desenvolvimento de QoS em MANET. Peer-to-Peer Networking and Applications, 14(6), 3502-3517.

Najafi, M., & Aghaei, M.R.S. (2020). Um protocolo de roteamento baseado em cluster eficiente para melhorar o atraso em redes ad-hoc móveis.

Ouertani, M. W., Manita, G., & Korbaa, O. (2022). Agrupamento automático de dados usando otimização de jogo de caos híbrido com algoritmo de otimização de enxame de partículas. Procedia Computer Science, 207, 2677-2687.

Pan, Z., Lei, D., & Wang, L. (2020). Um algoritmo de otimização de duas populações baseado no conhecimento para a programação de máquinas paralelas distribuídas com eficiência energética. IEEE Transactions on Cybernetics, 52(6), 5051-5063.

Pitchaimanickam, B., & Murugaboopathi, G. (2020). Um algoritmo híbrido de vaga-lume com otimização de enxame de partículas para uma seleção óptima e eficiente em termos energéticos de cabeças de agrupamento em redes de sensores sem fios. Neural Computing and Applications, 32(12), 7709-7723.

Poonguzhali, P. K., & Ananthamoorthy, N. P. (2020). WSN com eficiência energética melhorada utilizando HSA baseado em ACO para uma seleção óptima de cabeças de agrupamento. Peer-to-Peer Networking and Applications, 13(4), 1102-1108.

Prasad, R. (2022). Protocolo de encaminhamento seguro com eficiência energética melhorada para redes ad-hoc móveis. Global Transitions Proceedings, 3(2), 412-423.

Preetha, V., & Chitra, K. (2014). Técnicas de seleção de clustering e cluster head em redes Adhoc móveis. Revista Internacional de Investigação Inovadora em Engenharia Informática e de Comunicações, 2(7), 5151-5157.

Ray, N.K., & Turuk, A.K. (2012). Questões de conservação de energia e desafios em MANETs. Avanços tecnológicos e aplicações em redes móveis Ad-Hoc: Research Trends, pp.291-318.

Salama, D., Kader, H. A., & Hadhoud, M. (2011). Estudo dos efeitos dos algoritmos de encriptação mais comuns. Jornal Árabe Internacional de Tecnologia Eletrónica, 2(1), 1-10.

Singh, S., Chand, S., & Kumar, B. (2017). Modelo de rede heterogénea multinível para redes de sensores sem fios. Telecommunication Systems, 64, 259-277.

Srilakshmi, U., Veeraiah, N., Alotaibi, Y., Alghamdi, S. A., Khalaf, O. I., & Subbayamma, B. V. (2021). Um protocolo de roteamento multipath seguro híbrido aprimorado para MANET. IEEE Access, 9, 163043-163053.

Talapatra, S., & Roy, A. (2014). Algoritmo de seleção de cabeça de cluster baseado em mobilidade para rede ad-hoc móvel. Jornal Internacional de Redes de Computadores e Segurança da Informação, 6(7), 42.

Tamil Selvi, P., & Suresh GhanaDhas, C. (2019). Um novo algoritmo para aprimoramento do protocolo de roteamento baseado em zona com eficiência energética para MANET. Redes e aplicações móveis, 24(2), 307-317.

Veeraiah, N., Khalaf, O. I., Prasad, C. V. P. R., Alotaibi, Y., Alsufyani, A., Alghamdi, S. A., & Alsufyani, N. (2021). Protocolo híbrido seguro e eficiente em energia com consciência de confiança para manet. IEEE Access, 9, 120996-121005.

Venkata Swaroop, G., & Murugaboopathi, G. (2019). Esquema de comunicação seguro e confiável para MANET usando revogação de certificado baseada em cabeça de cluster ECMS. Cluster Computing, 22(5), 11513-11525.

Wang, G. G., Gao, D., & Pedrycz, W. (2022). Resolvendo o problema de agendamento de job-shop fuzzy multi-objetivo por um algoritmo de evolução diferencial adaptativo híbrido. IEEE Transactions on Industrial Informatics, 18(12), 8519-8528.

Wang, J. J., & Wang, L. (2022). Um algoritmo memético cooperativo com feedback para as flow-shops distribuídas com consciência energética com programação de montagem flexível. Computadores e Engenharia Industrial, 168, Artigo 108126.

Xie, B., & Ge, F. (2023). Parâmetros e identificação de ordem de sistemas epidemiológicos de ordem fracionária por L'evy-PSO e sua aplicação para a disseminação de COVID-19. Chaos, Solitons & Fractals, 168, Artigo 113163.

Yang, D., Li, G., & Cheng, G. (2007). Sobre a eficiência dos algoritmos de otimização do caos para a otimização global. Chaos, Solitons & Fractals, 34(4), 1366-1375.

Yang, D., Liu, Z., & Zhou, J. (2014). Algoritmos de otimização do caos baseados em mapas caóticos com diferentes distribuições de probabilidade e velocidade de busca para otimização global. Comunicações em Ciência Não Linear e Simulação Numérica, 19(4), 1229-1246.

Yuste, A. J., Trivino, A., & Casilari, E. (2013). Sistema de apoio à decisão fuzzy tipo 2 para otimizar a integração de MANET em sistemas sem fios baseados em infra-estruturas. Sistemas Especializados com Aplicações, 40(7), 2552-2567.

Zhao, F., Di, S., & Wang, L. (2022). Uma hiper-heurística com q-learning para o problema de programação de loja de fluxo de bloqueio distribuído com eficiência energética multiobjectivo. IEEE Transactions on. Cybernetics.

Zhao, F., Jiang, T., & Wang, L. (2022). Um algoritmo meta-heurístico cooperativo orientado por aprendizagem por reforço para programação de flow-shop distribuído sem espera com eficiência energética com tempo de configuração dependente da sequência. IEEE Transactions on Industrial Informatics.

Zhao, F., Zhang, H., & Wang, L. (2022). Um algoritmo de jaya discreto baseado em pareto para o problema de programação de loja de fluxo de bloqueio distribuído eficiente em carbono multi-objetivo. IEEE Transactions on Industrial Informatics.

Zhao, F., Zhang, L., Cao, J., & Tang, J. (2021). Um algoritmo de otimização de onda de água cooperativa com aprendizado por reforço para o problema de programação de salto de fluxos sem ociosidade de montagem distribuída. Computadores e Engenharia Industrial, 153, Artigo 107082.

Zivkovic, M., Stoean, C., Chhabra, A., Budimirovic, N., Petrovic, A., & Bacanin, N. (2022). Novo algoritmo de enxame de salp melhorado: Uma aplicação para a seleção de características. Sensors, 22(5), 1711.

Capítulo 11: Quadro de inteligência de enxame fuzzificado utilizando o algoritmo FPSOR para MANET de alta velocidade - Internet das Coisas (IoT)

1. Introdução

A tecnologia sem fios permite uma maior flexibilidade na ligação em rede e permite que os utilizadores acedam aos seus dados remotamente. Os nós são ligados sem fios em redes ad-hoc sem necessidade de administração ou assistência de infra-estruturas. A Internet dos objectos (IoT) é uma tecnologia de ponta que permite que as coisas interajam globalmente através de redes e tecnologias de comunicação. Quanto mais máquinas estiverem ligadas, mais dados são gerados e, consequentemente, mais tráfego de encaminhamento é gerado. A colaboração entre as MANET e a Internet das Coisas (IoT) abre novos canais para a procura de serviços em ambientes inteligentes [1].

A era sem fios tem vindo a registar um desenvolvimento exponencial na última década. Os avanços significativos na infraestrutura de rede, o aumento da disponibilidade de aplicações sem fios e a emergência de dispositivos universais sem fios, como os computadores móveis ou de mão, os assistentes pessoais digitais (PDA) e os telemóveis, são cada vez mais potentes nas suas capacidades [1]. Além disso, os dispositivos sem fios desempenham agora um papel cada vez mais importante nas nossas vidas, e os utilizadores móveis podem contar com o seu telemóvel para consultar o correio eletrónico e navegar na Internet [2]. As redes remotas, na situação atual, dão respostas para o esboço e melhoria de várias aplicações remotas contínuas. Nas redes de sensores sem fios, os dois principais tipos de sensores são o Genérico e o Gateway. Em primeiro lugar, com base no cenário das redes de sensores sem fios (RSSF), os sensores genéricos têm como função recolher os dados do ambiente.

Os nós sensores polivalentes têm como principal objetivo recolher informações sobre o estado e estão equipados com diferentes dispositivos que podem quantificar diferentes características, como a temperatura, a humidade, a aceleração, a acústica, etc. [3]. Em segundo lugar, os nós Gateway cumprem o requisito de reunir a informação de nós não específicos e de a transmitir de volta aos nós sink/estação base. Os nós de gateway, quando comparados com os nós genéricos, são todos capazes de lidar com a vitalidade, a transmissão remota [4] e assim por diante.

As redes ad-hoc móveis (MANET) estão a ser cada vez mais utilizadas numa série de domínios, incluindo o ambiente, a eficiência energética, os sistemas de transporte inteligentes, a agricultura inteligente e os ecossistemas IoT. Prevê-se também que as MANET venham a desempenhar um papel cada vez mais significativo na futura Internet devido à poderosa evolução dos sistemas de comunicação sem fios nos últimos anos. No entanto, devido à natureza do ambiente ad hoc móvel, o desempenho é muito e relativamente baixo, dependendo do protocolo de encaminhamento implementado. Nas MANET, todos os nós são nós móveis e a topologia é ajustada rapidamente, sem qualquer infraestrutura predefinida. Cada nó nas MANETs pode ser um palmtop, um computador portátil, um telemóvel, etc. A Fig. 1 mostra a interligação básica das MANET com a rede local sem fios (WLAN). Cada dispositivo pode atuar tanto como anfitrião como router para encaminhar pacotes para outros nós [5].

As MANET são um componente essencial na conceção estrutural das redes 4G e de quinta geração (5G), estimando-se que o potencial das redes ad-hoc se torne uma parte essencial das funcionalidades globais das redes sem fios da próxima geração. Em geral, as MANET são um sistema autónomo de nós móveis ligados através de ligações sem fios que não utilizam uma infraestrutura de rede existente ou uma administração centralizada. Os nós são livres de se deslocarem arbitrariamente e de se organizarem de forma aleatória. Consequentemente, a topologia sem fios da rede pode ajustar-se de forma rápida e imprevisível. As MANET podem funcionar de forma autónoma ou estar ligadas à Internet, que é mais abrangente [6]. As MANET são redes sem infra-estruturas porque não necessitam de qualquer infraestrutura fixa de uma estação de base para o processamento. Em segundo lugar, os caminhos das redes ad hoc sem fios multi-hop suportam as chamadas de rede multi-hops. Embora existam inúmeras vantagens, o aumento da população de utilizadores não influencia o número necessário de nós de rede em malha móvel. Um número excessivamente elevado de grupos de utilizadores pode influenciar o desempenho; é necessário muito trabalho para melhorar os parâmetros relevantes para o carácter dinâmico dos nós, como a mobilidade relativa estimada e a taxa de consumo de energia, que podem ser utilizados para prever o tempo de vida da rota. Isto deu origem a um conjunto de problemas, como o facto de o tempo de vida dos nós sensores ser baixo, o custo de manutenção ser elevado para o desempenho global do sistema durante o encaminhamento, a eficiência energética ser baixa em toda a rede de encaminhamento, o consumo de energia dos sensores ser elevado e a seleção do melhor caminho de encaminhamento com a menor distância ser difícil de alcançar [7]. Assim, este trabalho contribui com uma estrutura com a abordagem FPSOR que proporciona um melhor tempo de vida com redução da perda de dados, do consumo de energia e da sobrecarga computacional. A contribuição deste trabalho inclui.
1. Aumentar a estabilidade do agrupamento tendo em conta a mobilidade dos nós e a direção do movimento ao determinar os caminhos.
2. Aumentar o tempo de vida dos caminhos e dos membros do agrupamento, derivando uma função de aptidão para as partículas com base na intensidade dos nós e na distância média dos membros dos nós em relação a eles
respectivas redes.
3. Agregação baseada em FPSOR que equilibra efetivamente as cargas nos caminhos.
4. Resultados de simulação que demonstram a eficácia do algoritmo proposto em relação aos algoritmos existentes em termos de vários parâmetros de desempenho.

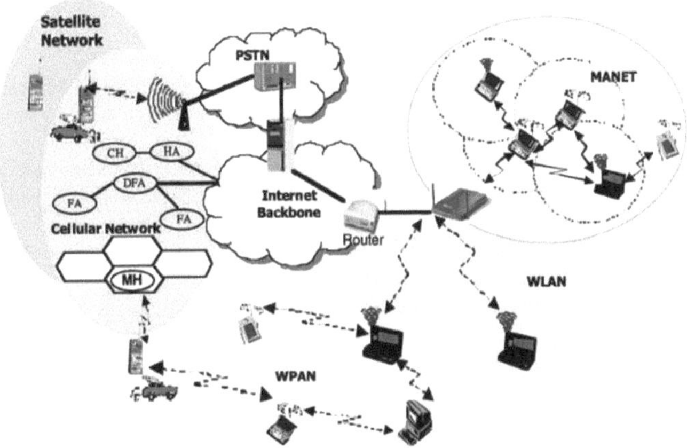

Fig. 1. Interligação básica entre MANET e WLAN

2. Trabalhos relacionados

Muitas investigações têm sido direccionadas para a questão da racionalização para realizar uma MANET eficaz em termos energéticos. Uma parte das estratégias depende da ideia de utilizar a energia para uma expansão de base e, subsequentemente, expandir a época de existência da organização. Existem diferentes técnicas dependentes do avanço do encaminhamento que diminuem a utilização de energia quando um hub específico está a ser utilizado, expandindo assim a vida útil da MANET em geral. Uma parte das estratégias que garantem a eficácia energética numa rede Ad-hoc móvel é apresentada nesta secção.

Ambika et al. [8] utilizam uma combinação de Fuzzy Logic Controller Based Routing Scheme (FLCR) e PSO para criar um sistema de encaminhamento MANET baseado em MPLS. O vértice ótimo para construir uma rota de transmissão bem sucedida é escolhido através do reforço do FLC no PSO. A estratégia FLCR-MPLS-MANET é o nome da técnica proposta. A apresentação desta estratégia é investigada em termos de vértices vivos, vértices mortos, consumo de energia, taxa de transferência e capacidade de largura de banda. A técnica proposta é comparada com as estratégias existentes Dist-MANET e BECIT. Ao criar o caminho de transmissão para toda a rede, esta Dist-MANET considerou apenas o alcance. A capacidade de transmissão da técnica aumentou em 43% e 95% em relação à Dist-MANET e à BECIT, separadamente.

Chander et al. [9], um cálculo de planeamento viável para a direção em camadas cruzadas para multicast, foi familiarizado com a atualização da natureza da administração utilizando uma convenção de direção multicast baseada em árvores que fornece uma melhoria de três rotas com um tempo de rotação rápido, diminui a energia e a temperatura do que na separação. A investigação sobre as convenções de direção Ad Hoc On Demand Vetor e Dynamic Manet on Demand é efectuada utilizando o sistema de teste Qualnet no âmbito das orientações IPv4 e

IPv6. É feita uma avaliação cuidadosa da facilidade de utilização e da utilidade da programação do sistema de teste. As medições para execução são: Throughput, Atraso fim-a-fim e Jitter médio.

Um pouco mais tarde, as investigações de Majeed et al. [10] e a sinopse dos resultados são dirigidas e resumidas para tornar acessível uma avaliação das suas exposições.

Alappatt et al. [11] criaram um método híbrido de ACO-BPSO que associa a Otimização por Colónias de Formigas (ACO) e a Otimização por Enxame de Partículas Binárias para aumentar o tempo de vida da rede global.

O ACO ajuda a alternar entre o modo LIVE e o modo SLEEP nos nós. Este método é simulado com o simulador NS2 e os resultados parecem notavelmente válidos em medidas como o rendimento global, a taxa de entrega de pacotes (PDR) e a energia residual quando comparados com outras técnicas existentes. Um outro trabalho de investigação utilizou o FOA (Fruit fly Optimized Algorithm) Omran et al. [12] para controlar o problema e encontrar uma orientação adequada em oposição ao método mais breve. Os resultados encontrados são diferenciados e a abordagem de suavização do enxame de partículas (PSO) e a orientação normal do AODV mostram que o método proposto (FOA) oferece o caminho mais rápido e exato. Os desvios numéricos mostram que a abordagem sugerida conseguiu melhores exibições em virtude do tempo de atraso e melhorou a capacidade da estrutura.

Sindhujaet al. [13] ilustraram que a agitação da carga, o aumento dos atrasos de comunicação, a dificuldade em determinar o caminho ótimo e o consumo de energia para o encaminhamento direto são problemas recorrentes nas redes móveis. Ao tomar numerosas rotas desnecessárias entre a origem e o destino, a fiabilidade do terminal ignora este método de melhoria da multiplicidade, o que limita a autoridade deste problema. O tempo de vida do grupo, a energia e os atrasos são todos reduzidos como resultado. Uma vez que os hubs estão preparados para avançar continuamente com o pacote de informações, a técnica proposta de Extensible Particle Swarm Optimization (EPSO) é aplicada para obter um caminho de direção fiável com um tempo de vida sólido mais elevado possível. O objetivo deste algoritmo é encontrar os conjuntos de hubs eficazes e fixar o método de ajuste da pilha.

Isto trata do pesado fardo durante o intervalo de correspondência, racionalizando-o de uma forma melhor. Isto aumenta o tempo de vida do grupo e a produtividade, diminuindo o atraso entre a origem e o destino. Existem numerosos algoritmos de previsão de rotas baseados na força para encontrar uma rota razoável para mover pacotes através de hubs a meio caminho, no entanto, pouca consideração é dada para encontrar uma rota estável que transborde apenas o número básico de pacotes de controlo de sobrecarga. Nos últimos anos, algumas convenções baseadas em fuzzy para MANETs foram antecipadas, conduzindo a um outro lado da investigação. As próximas secções apresentarão claramente o funcionamento da investigação proposta e a sua avaliação de desempenho com os parâmetros notáveis.

3. Metodologia

O PSOR básico é um método baseado na população em que a descoberta da solução óptima não é garantida. Do mesmo modo, pode ficar preso em óptimos próximos quando gere capacidades multimodais complexas. É por esta razão que acelerar a velocidade de união e evitar os óptimos próximos são dois objectivos essenciais desta investigação FPSOR. O modelo de otimização proposto está dividido em três fases, a saber
- Fase de inicialização com fizzy para a geração de conjuntos de regras para prever o estado dos nós
- Enxame de adição com fuzzy (PSO fuzzificado) para calcular os valores de aptidão dos nós
- Decisão da rota óptima através da comparação da aptidão e do estado dos nós.

De facto, em primeiro lugar, descrevemos a geração de regras para descobrir o estado do nó com fuzzificação e, em seguida, implementamos procedimentos de estimativa de nós integrados fuzzy com PSOR. Estes dados relativos à posição são distribuídos entre os nós presentes no interior do raio de ação após um procedimento de verificação adequado. Finalmente, a recuperação da rota é conseguida insistindo num mecanismo de reencaminhamento para o nó de natureza forte para ignorar a provisão do nó fraco.

4. Conclusão

A estrutura PSOR fuzzificada, que selecciona a rota óptima para reforçar o tempo de vida da rede, é a ideia central deste trabalho de investigação. O FPSOR testou os parâmetros de transmissão, nomeadamente os rácios de tempo de redundância de conetividade, cobertura, vizinhança coberta e cobertura, reduzindo os pacotes RREQ redundantes utilizando o simulador NS2.34. Os resultados de uma simulação baseada no algoritmo (FPSOR) desenvolvido para este trabalho proporcionam uma melhoria do problema de inundação na descoberta e manutenção de rotas. A saída do FPSOR deve também eliminar os nós não produtores na seleção de rotas. Ao reduzir estes pacotes e ao substituir as variáveis predefinidas, o desempenho do sistema melhora em áreas como a implementação da descoberta de rotas, evitando a transferência de informação desnecessária. Deste modo, a eficiência da plataforma MANET pode ser alcançada. No futuro, a otimização proposta pode ser alargada a várias plataformas de computação em nuvem, onde todo o conjunto de dados pode ser melhorado com características de elevada segurança. Além disso, a extensão também é possível considerando a separação de ataques internos e externos, em que todos os utilizadores podem transmitir e receber vários dados utilizando uma técnica de inteligência artificial.

Referências

[1] M. Tahboush, M. Agoyi, Uma deteção híbrida de ataques de wormhole em redes ad-hoc móveis (MANET), IEEE Access 9 (2021) 11872-11883.

[2] E.V. Gromova, S. Kireev, A. Lazareva, A. Kirpichnikova, D. Gromov, MANET performance optimization using network-based criteria and unmanned aerial vehicles, J. Sens. Actuator Netw. 10 (1) (2021) 8.

[3] M. Sankayya, R. kumar Sakthivel, N. Gayathri, F. Al-Turjman, Estrutura de minimização de atraso baseada em rede de sensores sem fio para aplicativos IoT, Personal Ubiquitous Comput. (2021) 1-9.

[4] K.L. Chung, X. Yan, A. Cui, Y. Li, matriz de antena linear circularmente polarizada de elementos de patch de radiação não idênticos para aplicações WiFi / WLAN, AEU-International Journal of Electronics and Communications 129 (2021), 153526.

[5] A.T. Abed, M.S.J. Singh, V. Thiruchelvam, S. Duraikannan, O.A. Tawfeeq, B. A. Tawfeeq, M.T. Islam, Desafios e limites das antenas fractais e de ranhura para comunicação WLAN, LTE, ISM e 5G: um artigo de revisão, Annals of Telecommunications (2021) 1-11.

[6] T. Alam, Middleware implementation in MANET of android devices. Tanweer alam." implementação de middleware em MANET de dispositivos android.", International Journal of Electronics and Information Engineering 12 (2) (2020).

[7] B.J. Ambika, M.K. Banga, A novel energy efficient routing algorithm for MPLSMANET using fuzzy logic controller, Int. J. Inf. Comput. Secur. 14 (1) (2021) 20-39.

[8] D. Chander, R. Kumar, roteamento multicast de camada cruzada habilitado para QoS em redes Ad-hoc móveis, Procedia Comput. Sci. 125 (2018) 215-227.

[9] J.H. Majeed, N.A. Habeeb, W.K. Al-Azzawi, Investigações de desempenho de versões do protocolo Internet para redes Ad-hoc móveis baseadas no simulador qualnet, Indonesian Journal of Electrical Engineering and Computer Science 21 (1) (2021) 497-504.

[10] V. Alappatt, P.J. Prathap, Uma abordagem híbrida utilizando a otimização por colónia de formigas e a otimização por enxame de partículas binárias (ACO: BPSO) para um encaminhamento multipercurso energeticamente eficiente em MANET, em: Tecnologias avançadas de computação e comunicação para aplicações de alto desempenho, ACCTHPA, 2020, pp. 175-178.

[11] K.M. Omran, The routing control in Mobile Ad-hoc Network using intelligent optimization algorithms, in: Conferência Internacional de Engenharia Elétrica, Comunicação e Computação (ICECCE), 2020, pp. 1-6.

[12] S. Sindhuja, R. Vadivel, Técnica extensível de otimização por enxame de partículas utilizando o algoritmo de escolha do conjunto de rotas em MANET, em: Conferência Internacional sobre Tendências Emergentes em Tecnologia da Informação e Engenharia, (ic-ETITE), Vellore, Índia, 2020, pp. 1-8.

[13] R. Asokan, P. Preethi, Aprendizagem profunda com visão conceitual em metadados para categorização de conteúdo, em: Aplicações de aprendizagem profunda e tomada de decisão inteligente em engenharia, IGI Global, 2021, pp. 176-191.

[14] P. Sherubha, N. Mohanasundaram, S.S. Rekha, V. Porkodi, Task-driven approach for deadline-based scheduling across sensor networks, in: Conferência Internacional sobre Computação e Tecnologia da Informação, 2020, pp. 1-5. ICCIT-1441).

[15] S. Gurung, S. Chauhan, A survey of black-hole attack mitigation techniques in MANET: merits, drawbacks, and suitability, Wireless Network 26 (3) (2020) 1981-2011.

[16] H. Yang, A Study on Improving Secure Routing Performance Using Trust Model in MANET, Mobile Information Systems, 2020, 2020.

[17] G.K. Wadhwani, S.K. Khatri, S.K. Mutto, Trust framework for attack resilience in MANET using AODV, J. Discrete Math. Sci. Cryptogr. 23 (1) (2020) 209-220.

[18] C. Ran, S. Zhang, S. Huai, Previsão da disponibilidade da ligação com base na otimização da capacidade em MANET, 2021.

[19] V. Subramanian, R.B. Durairaj, G. Mageshwaran, S. Prakash, B. Deeraj, S. Dheeban, Investigação experimental sobre erosão mecânica e comportamento de permeação de nitretação a plasma sobre aço manet, em: AIP Conference Proceedings, vol. 2311, AIP Publishing LLC, 2020, dezembro, 070004.

Capítulo 12: Sensoriamento e comunicação integrados Descoberta de vizinhos para MANET com mecanismo de fofoca

1. Introdução
A. Antecedentes

Recentemente, a rede ad hoc sem fios (WANET), enquanto rede comum que suporta a Internet das Coisas (IoT), tem sido amplamente aplicada em domínios como a assistência em caso de catástrofe, o salvamento de emergência, a exploração e a monitorização, o que tem atraído grande atenção tanto no meio académico como na indústria [1], [2], [3]. Devido à flexibilidade de implantação e ao potencial de auto-regeneração [4], [5], a rede ad hoc móvel (MANET), como uma classe de WANET, suporta um grande número de aplicações em cenários de comunicação do tipo máquina (MTC), como a rede ad hoc veicular (VANET) e a rede ad hoc voadora (FANET). As frequentes mudanças de topologia nas MANET levaram à procura de redes rápidas. A descoberta rápida e exacta de vizinhos (ND) funciona como um processo crítico para as redes móveis e pode acelerar a eficiência da implementação de protocolos de camadas superiores, como os protocolos de acesso ao meio e de encaminhamento, satisfazendo a procura de redes rápidas [6].

Em comparação com as antenas omnidireccionais, as antenas direccionais têm vantagens adicionais, incluindo elevada capacidade de transmissão [7], longo alcance de transmissão [8], forte capacidade anti-interferência [9], etc., o que as torna adequadas para MANET. No entanto, a aplicação de antenas direccionais também traz desafios para o alinhamento do feixe, o que deteriora significativamente o tempo de convergência dos algoritmos ND. Com antenas direccionais, os algoritmos ND podem ser classificados em duas categorias: algoritmos completamente aleatórios (CRAs) e algoritmos baseados em varrimento (SBAs) [10]. Os CRAs seleccionam aleatoriamente o estado do emissor-recetor e a direção do feixe com uma certa probabilidade no início de cada intervalo de tempo. Os SBAs seleccionam a direção do feixe, por sua vez, de acordo com uma sequência predefinida em cada intervalo de tempo e, em seguida, seleccionam o estado do emissor-recetor aleatoriamente ou conforme determinado pelo modelo de probabilidade. Os SBAs exigem que as localizações relativas dos nós num ciclo de varrimento sejam as mesmas [10], enquanto os CRAs apenas exigem que as localizações relativas dos nós se mantenham inalteradas num intervalo de tempo [11], o que é mais aplicável às MANET. No entanto, o CRA tem o problema de convergência de cauda longa devido ao desalinhamento do feixe, em que dois nós vizinhos podem não se descobrir durante muito tempo, aumentando diretamente o tempo de convergência do ND [12].

Para reduzir o tempo de convergência do ND, a literatura existente tem realizado investigação sobre o fornecimento de informações prévias, a conceção de mecanismos de interação e a introdução de algoritmos de aprendizagem automática, que são analisados em seguida.

1) Informação prévia: A informação prévia permite que os nós conheçam antecipadamente as informações sobre os vizinhos na rede, o que evita explorar os vizinhos às cegas em todas as direcções e reduz o tempo de convergência do ND.

A informação prévia pode estar disponível através da conceção interna do sistema e da deteção por sensores externos. Em termos de conceção interna do sistema, Burghal et al. [13] exploraram a informação prévia de vizinhança obtida na banda de frequência inferior para auxiliar o processo de ND na banda de frequência superior. Sorribes et al. [14] utilizaram o mecanismo de deteção de colisões para recolher informação para adaptar os estados dos nós, reduzindo assim o tempo de convergência do ND. Em termos de deteção por sensores externos, Wei et al. [15] utilizaram a distribuição de veículos detectada por unidades de beira de estrada como informação a priori para auxiliar o ND. Além disso, a tecnologia de deteção e comunicação integradas (ISAC) integra a deteção de radar no módulo de comunicação, melhorando a utilização do espetro e dos recursos de hardware [16], [17]. Utilizando a ISAC, os nós podem detetar com precisão a distribuição dos nós vizinhos circundantes em tempo real e podem tomar decisões pré-determinadas relativamente à transmissão de pacotes e à direção do feixe para a transmissão desses pacotes, o que reduz a sobrecarga de recursos da rede e o tempo de convergência do ND em comparação com o processo de pesquisa cega dos algoritmos ND tradicionais. Li et al. [18] e Ji et al. [19] introduziram a informação prévia fornecida pela deteção por radar para melhorar o algoritmo SBA. Liu et al. [20] determinaram o número e a informação de localização dos vizinhos com o radar de matriz faseada de dupla face, que é utilizado como informação a priori para acelerar a convergência do ND. Wei et al. [21] conceberam quatro algoritmos de ND assistidos por radar com base na exatidão da informação prévia.

2) Mecanismo de interação: O objetivo do ND é obter informações sobre os vizinhos, direta ou indiretamente, através da troca de pacotes, estabelecendo a ligação entre vizinhos. O mecanismo de interação foi concebido para permitir que os nós troquem pacotes o mais rapidamente possível, a fim de obter uma convergência rápida do ND. O mecanismo de bisbilhotice desempenha um papel importante. O mecanismo de coscuvilhice pode selecionar aleatoriamente nós de retransmissão para encaminhar dados, o que reduz a sobrecarga da rede (o número de mensagens de controlo) e melhora, em certa medida, a fiabilidade da rede [22]. Quando aplicado em ND, os nós podem aprender indiretamente sobre a informação dos vizinhos interagindo com os nós de retransmissão, o que reduz substancialmente o tempo de convergência de ND. Vasudevan et al. [23] e Ning et al. [24] demonstraram que o algoritmo ND baseado em mexericos converge obviamente mais depressa do que os algoritmos ND directos. Astudillo e Kadoch [25] obtiveram informações de localização de nós vizinhos através de pacotes de fofocas para acelerar a convergência do ND. Karowski et al. [26] compararam o desempenho do ND baseado em boatos com o do ND baseado em múltiplos transceptores e provaram que o desempenho de convergência do ND baseado em boatos é equivalente ao do ND que utiliza 2-4 transceptores simultaneamente.

3) Algoritmos de aprendizagem automática: Recentemente, os algoritmos de aprendizagem automática, tais como a previsão de modelos e a aprendizagem por reforço, têm sido amplamente aplicados no DS. Em termos de previsão de modelos, o modelo de previsão utiliza a informação observada para estimar ou prever a localização do alvo para ajudar a DN. Li et al. [27] aplicaram o modelo de mobilidade autoregressivo continuamente atualizado para prever a localização dos

nós em movimento para facilitar a DN. Liu et al. [28] combinaram a previsão do filtro de Kalman e a difusão da localização real para obter um DN rápido e exato. Em termos de aprendizagem por reforço, a aprendizagem por reforço optimiza o DN através da interação entre o agente e o ambiente. Em modelos baseados em valores, [29] e [30] introduziram o modelo de aprendizagem Q no DN e conceberam políticas de recompensa e punição adequadas para acelerar a convergência do DN. Em modelos baseados em políticas, [31] e [32] modelaram o ND como um autómato de aprendizagem e os nós ajustarão a direção das antenas direccionais de acordo com a experiência de aprendizagem, alcançando uma convergência rápida. Em geral, embora o tempo de convergência do ND seja reduzido, ainda existem desafios para os algoritmos ND.

1) Redundância de informação: A rápida convergência dos algoritmos ND baseados em boatos é obtida à custa do aumento da redundância de informação, o que causa sobrecarga e congestionamento da rede.

2) Informação de deteção imperfeita: A informação prévia perfeita foi adoptada para reduzir o tempo de convergência da ND na literatura existente. No entanto, a informação prévia imperfeita irá afetar a convergência da ND.

B. Os nossos contributos

Neste artigo, a interação entre a informação a priori e o mecanismo de difusão evita a redundância de informação e facilita a rápida convergência do algoritmo ND. Para além disso, a aprendizagem por reforço é também introduzida para resolver o problema da informação prévia imperfeita. As principais contribuições deste artigo são resumidas da seguinte forma.

1) Mecanismo de bisbilhotice com ISAC: Este artigo propõe quatro algoritmos ISAC ND com gossip. A informação prévia obtida pelo ISAC é aplicada ao mecanismo de coscuvilhice, reduzindo a informação redundante no mecanismo de coscuvilhice tradicional e resolvendo o problema da latência de cauda longa. É obtido o número médio de nós descobertos num determinado período, que é adotado como a métrica crítica para avaliar o desempenho dos quatro algoritmos acima referidos.

2) Mecanismo de aprendizagem por reforço: O mecanismo de aprendizagem Q é ainda aplicado no algoritmo ND concebido com ISAC, que selecciona adaptativamente a direção do feixe através do mecanismo de recompensa e punição, resolvendo os problemas de atraso de convergência causados por informação de deteção imperfeita.

2. Método

As redes móveis ad-hoc (MANET), que suportam comunicações do tipo máquina (MTC), têm uma forte procura de redes rápidas. A descoberta de vizinhos (ND) é um passo inicial fundamental na configuração das MANET e enfrenta um sério desafio na diminuição do tempo de convergência. A deteção e comunicação integradas (ISAC), como uma das potenciais tecnologias-chave nas redes móveis de sexta geração (6G), pode obter os dados de deteção como informação a priori para acelerar a convergência ND. Para reduzir ainda mais o tempo de convergência do ND, este artigo introduz o mecanismo de fofoca habilitado pelo ISAC no algoritmo ND. A informação prévia adquirida pelo ISAC reduz a redundância de informação trazida pelo mecanismo de bisbilhotice e, assim, diminui a probabilidade de colisão, o que melhora ainda mais a velocidade de convergência. É obtido o número médio de nós descobertos num determinado período, que é aplicado como métrica crítica para avaliar o desempenho dos algoritmos ND.

3. Conclusão

Este artigo propõe o algoritmo G-nRS, o algoritmo G-RnS, o algoritmo G-nRnS e o algoritmo G-RS e deriva o número médio de nós descobertos num determinado período como a métrica crítica para avaliar o desempenho dos algoritmos ND. Os resultados da simulação verificam a correção da derivação teórica. Para além disso, podemos concluir que a interação entre os mecanismos prévios e o mecanismo de bisbilhotice não só reduz a redundância de informação na rede, como também reduz o tempo de convergência dos algoritmos ND. Além disso, para resolver o problema da informação de deteção imperfeita, este artigo propõe um algoritmo GQ-nRnS. Sob os constrangimentos da condição de convergência, o algoritmo GQ-nRnS não só assegura a completude do ND, como também mantém a elevada eficiência de convergência do ND. O tempo de convergência do algoritmo GQ-nRnS é reduzido em 66,4% em comparação com o algoritmo Q-ND.

Em trabalhos futuros, iremos explorar e empregar técnicas ISAC para desenvolver algoritmos eficientes e adaptativos para a construção e manutenção de topologias, com o objetivo de enfrentar os desafios colocados pela elevada mobilidade dos nós e pelos recursos energéticos limitados nas MANET.

Referências

[1] D. Ramphull, A. Mungur, S. Armoogum, e S. Pudaruth, "A review of Mobile Ad-hoc Network (MANET) protocols and their applications," in Proc. 5th Int. Conf. Intell. Comput. Control Syst. (ICICCS), Madurai, Índia, maio de 2021, pp. 204-211.

[2] V. Quy, V. Nam, D. Linh, and L. Ngoc, "Routing algorithms for MANET-IoT networks: A comprehensive survey," Wireless Pers. Commun., vol. 125, no. 4, pp. 3501-3525, 2022.

[3] S. Srivastava, M. Singh e S. Gupta, "Wireless sensor network: A survey", em Proc. Int. Conf. Autom. Comput. Eng. (ICACE), Greater Noida, Índia, outubro de 2018, pp. 159-163.

[4] M. Karthigha, L. Latha, and K. Sripriyan, "A comprehensive survey of routing attacks in wireless Mobile Ad-hoc Networks," in Proc. Int. Conf. Inventive Comput. Technol. (ICICT), Coimbatore, Índia, fevereiro de 2020, pp. 396-402.

[5] J. Liu, H.Weng, Y. Ge, S. Li e X. Cui, "A self-healing routing strategy based on ant colony optimization for vehicular ad hoc networks," IEEE Internet Things J., vol. 9, no. 22, pp. 22695-22708, Nov. 2022.

[6] H. Li e Z. Xu, "Self-adaptive neighbor discovery in Mobile Ad-hoc Networks with directional antennas," in Proc. IEEE Int. Conf. Commun. Workshops (ICC Workshops), Kansas City, MO, EUA, maio de 2018, pp. 1-6.

[7] B. Zeng, T. Song, and J. An, "A dual-antenna collaborative communication strategy for flying ad hoc networks," IEEE Commun. Lett., vol. 23, no. 5, pp. 913-917, maio de 2019.

[8] J. Lin, W. Cai, S. Zhang, X. Fan, S. Guo e J. Dai, "A survey of flying ad-hoc networks: Characteristics and challenges," in Proc. 8th Int. Conf. Instrum. Meas., Comput., Commun. Control (IMCCC), Harbin, China, Jul. 2018, pp. 766-771.

[9] L. Ge, R. Xu, L. Peng, e Y. Yang, "Stochastic geometry analysis of three-dimensional aerial ad hoc network with directional antennas," in Proc. Int. Conf. Wireless Commun. Signal Process. (WCSP), Nanjing, China, outubro de 2020, pp. 1094-1099.

[10] Z. Zhang e B. Li, "Neighbor discovery in mobile ad hoc self-configuring networks with directional antennas: Algorithms and comparisons," IEEE Trans. Wireless Commun., vol. 7, no. 5, pp. 1540-1549, maio de 2008.

[11] A. Yang, B. Li, Z. Yan e M. Yang, "A bi-directional carrier sense collision avoidance neighbor discovery algorithm in directional wireless ad hoc sensor networks," Sensors, vol. 19, no. 9, p. 2120, maio de 2019.

[12] L. Chen, Y. Li, e A. V. Vasilakos, "On oblivious neighbor discovery in distributed wireless networks with directional antennas: Theoretical foundation and algorithm design," IEEE/ACM Trans. Netw., vol. 25, no. 4, pp. 1982-1993, Aug. 2017.

[13] D. Burghal, A. S. Tehrani, and A. F. Molisch, "Directional neighbor discovery in dual-band systems," in Proc. 49th Asilomar Conf. Signals, Syst. Comput., Pacific Grove, CA, EUA, Nov. 2015, pp. 1021-1025.

[14] J. V. Sorribes, J. Lloret, and L. Peñalver, "Analytical models for randomized neighbor discovery protocols based on collision detection in wireless ad hoc networks," Ad Hoc Netw., vol. 126, Mar. 2022, Art. no. 102739.

[15] Z. Wei, Q. Chen, H. Yang, H. Wu, Z. Feng e F. Ning, "Neighbor discovery for VANET with gossip mechanism and multipacket reception," IEEE Internet Things J., vol. 9, no. 13, pp. 10502-10515, Jul. 2022.

[16] N. C. Luong, X. Lu, D. T. Hoang, D. Niyato, and D. I. Kim, "Radio resource management in joint radar and communication: A comprehensive survey," IEEE Commun. Surveys Tuts., vol. 23, no. 2, pp. 780-814, 2021.

[17] J. A. Zhang et al., "An overview of signal processing techniques for joint communication and radar sensing", IEEE J. Sel. Topics Signal Process, vol. 15, n.º 6, pp. 1295-1315, Nov. 2021.

[18] J. Li, L. Peng, Y. Ye, R. Xu, W. Zhao e C. Tian, "A neighbor discovery algorithm in network of radar and communication integrated system," in Proc. IEEE 17th Int. Conf. Comput. Sci. Eng., Chengdu, China, Dez. 2014, pp. 1142-1149.

[19] D. Ji et al., "Radar-communication integrated neighbor discovery for wireless ad hoc networks," in Proc. 11th Int. Conf. Wireless Commun. Signal Process. (WCSP), Xi'an, China, outubro de 2019, pp. 1-5.

[20] N. Liu, L. Peng, R. Xu, J. Zhang, W. Zhao, e J. Zhu, "Neighbor discovery in wireless network with double-face phased array radar," in Proc. 12th Int. Conf. Mobile Ad-Hoc Sensor Netw. (MSN), Hefei, China, Dez. 2016, pp. 434-439.

[21] Z. Wei, C. Han, C. Qiu, Z. Feng e H. Wu, "Radar assisted fast neighbor discovery for wireless ad hoc networks", IEEE Access, vol. 7, pp. 176514-176524, 2019.

[22] D. Cason, N. Milosevic, Z. Milosevic e F. Pedone, "Gossip consensus", em Proc. 22nd Int. Middleware Conf., Montreal, QC, Canadá, Dez. 2021, pp. 198-209.

[23] S. Vasudevan, J. Kurose, and D. Towsley, "On neighbor discovery in wireless networks with directional antennas," in Proc. IEEE Conf. Comput. Commun. (INFOCOM), Miami, FL, EUA, abril de 2015, pp. 702-710.

[24] J. Ning, T.-S. Kim, S. V. Krishnamurthy, e C. Cordeiro, "Directional neighbor discovery in 60 GHz indoor wireless networks," in Proc. 12th ACM Int. Conf. Model., Anal. Simul. Wireless mobile Syst., Tenerife, Ilhas Canárias, Espanha, outubro de 2009, pp. 365-373.

[25] G. Astudillo and M. Kadoch, "Neighbor discovery and routing schemes for mobile ad-hoc networks with beamwidth adaptive smart antennas," Telecommun. Syst., vol. 66, n.º 1, pp. 17-27, Set. 2017.

[26] N. Karowski, A. Willig, and A. Wolisz, "Cooperation in neighbor discovery," in Proc. Wireless Days, Porto, Portugal, Mar. 2017, pp. 99-106.

[27] X. Li, N. Mitton, and D. Simplot-Ryl, "Mobility prediction-based neighborhood discovery in Mobile Ad-hoc Networks," in Proc. 10th Lect. Notes Comput. Sci., Valência, Espanha, 2011, pp. 241-253.

[28] C. Liu, G. Zhang, W. Guo, and R. He, "Kalman prediction-based neighbor discovery and its effect on routing protocol in vehicular ad hoc networks," IEEE Trans. Intell. Transp. Syst., vol. 21, no. 1, pp. 159-169, Jan. 2020.

[29] Y. Wang, L. Peng, R. Xu, Y. Yang, and L. Ge, "A fast neighbor discovery algorithm based on Q-learning in wireless ad hoc networks with directional antennas," in Proc. IEEE 6th Int. Conf. Comput. Commun. (ICCC), Chengdu, China, dezembro de 2020, pp. 467-472.

[30] B. E. Khamlichi, J. E. Abbadi, N. W. Rowe, e S. Kumar, "Adaptive directional neighbor discovery schemes in wireless networks," in Proc. Int. Conf. Comput., Netw. Commun. (ICNC), Big Island, HI, EUA, fevereiro de 2020, pp. 332-337.

[31] B. El Khamlichi, D. H. N. Nguyen, J. El Abbadi, N. W. Rowe e S. Kumar, "Descoberta de vizinhos baseada em autómatos de aprendizagem para redes sem fios que utilizam antenas direccionais", IEEE Wireless Commun. Lett., vol. 8, no. 1, pp. 69-72, Fev. 2019.

[32] W. Lu, L. Weng, C. Li, G. Huang, Y. Zhang e H. Peng, "Deterministic estimator learning automata-based neighbor discovery schemes for D2D networks with directional antennas," Phys. Commun., vol. 46, Jun. 2021, Art. no. 101329.

[33] F. Liu, C. Masouros, A. P. Petropulu, H. Griffiths e L. Hanzo, "Joint radar and communication design: Applications, state-of-the-art, and the road ahead," IEEE Trans. Commun., vol. 68, no. 6, pp. 3834-3862, Jun. 2020.

[34] C. Watkins e P. Dayan, "Q-learning", Mach. Learn, vol. 8, nos. 3-4, pp. 279-292, 1992.

[35] S. Wang, "Taxi scheduling research based on Q-learning," in Proc. 3rd Int. Conf. Mach. Learn., Big Data Bus. Intell. (MLBDBI), Taiyuan, China, dezembro de 2021, pp. 700-703.

[36] Y. Zhao, J. Lee, and W. Chen, "Q-greedyUCB: A new exploration policy to learn resource-efficient scheduling," China Commun., vol. 18, no. 6, pp. 12-23, Jun. 2021.

Capítulo 13: Reconhecimento de interferência de um radar cognitivo UWB sem portadora baseado em MANet

1. Introdução

Como um novo tipo de radar inteligente, o radar cognitivo pode efetuar a deteção e o processamento de diferentes informações ambientais através do seu modo de processamento de informações em circuito fechado e da sua base de recursos de conhecimento. As formas de onda de transmissão mais adequadas podem ser concebidas de acordo com diferentes ambientes electromagnéticos para melhorar o desempenho do radar [1], [2], [3]. O sinal de banda ultralarga (UWB) sem portadora tem as vantagens de uma resolução de alta distância, curto alcance cego, sistema de processamento de sinal simples e forte capacidade de interferência anti-multipercurso, o que pode satisfazer muitos requisitos básicos do radar UWB [4], [5]. A identificação de interferências, enquanto tarefa cognitiva importante do radar cognitivo, pode fornecer conhecimentos a priori valiosos para as tarefas anti-interferência subsequentes do radar. A identificação de interferências tem sido o foco do trabalho dos radares cognitivos. Com o desenvolvimento a alta velocidade dos sistemas de empastelamento de radar, especialmente a memória digital de radiofrequência (DRFM), o radar enfrenta cada vez mais diversos tipos de empastelamento ativo [6]. Devido à enorme gama de espetro detectada pelos radares cognitivos UWB, a interferência enfrentada é também caracterizada por uma banda de frequência alargada e uma grande gama dinâmica. A tarefa de identificação de interferências tornou-se particularmente importante e tem recebido cada vez mais atenção.

No domínio do reconhecimento de sinais, os métodos de reconhecimento tradicionais estão muito maduros. A abordagem comum é conseguir o reconhecimento através da extração artificial de características classificáveis e da conceção de classificadores. Foram também descobertas muitas novas características de classificação excelentes, tais como padrões binários locais [7], [8] e diagramas de constelação. Especificamente no domínio do empastelamento ativo de radares, Du e Tang [9] converteram as séries temporais de radares em mapas de visibilidade, extraíram quatro características de classificação e conseguiram identificar e classificar sinais de empastelamento ativo através de uma classificação florestal aleatória. Gao et al. [10] extraíram cinco características no domínio do tempo e da frequência para o empastelamento típico de radares com modulação de frequência linear (LFM). O método DTSVM (decision tree support vetor machine) foi utilizado para a classificação e identificação [10]. Zhou et al. [11] extraíram características 9-D no domínio biespectral e implementaram uma fusão de características baseada na teoria de decisão Bayesiana para a identificação de interferências de radares falsos. No entanto, as deficiências de se basear em informações a priori, a operação manual de extração de características e a definição manual de limiares fazem com que o método tradicional seja finalmente resumido como ineficiente e com um fraco desempenho de identificação [11].

O rápido desenvolvimento da aprendizagem profunda conduziu a avanços sem precedentes no domínio da visão computacional, o que também oferece novas possibilidades para o reconhecimento de sinais de interferência [12], [13], [14], [15]. Em particular, as redes neuronais convolucionais (CNN), que têm vantagens significativas na extração de características, podem resolver os inconvenientes inerentes aos métodos tradicionais de reconhecimento de interferências [16]. Nos últimos anos, têm sido propostos cada vez mais métodos de reconhecimento baseados na aprendizagem profunda. Shao et al. [17] usaram 1-D-CNN para combinar as partes real e imaginária do sinal para reconhecimento de interferência e demonstraram o bom desempenho de classificação de 1-D-CNN no reconhecimento de interferência. Qu et al. [18] propuseram uma nova estrutura de blocos convolucionais assimétricos residuais para extrair e reconhecer as características da imagem do espetro do sinal com uma elevada taxa de reconhecimento. Lv et al. [19] propuseram um modelo CNN integrado ponderado para calcular o mapa tempo-frequência do sinal e, em seguida, fundir várias características, como partes reais e imaginárias, para conseguir a identificação de interferência enganosa de radar. Embora estes métodos baseados na aprendizagem profunda tenham alcançado um bom desempenho de identificação, as larguras de banda de interferência identificadas são estreitas e a variedade é limitada, o que não é adequado para o reconhecimento de interferências de radares cognitivos UWB.

A complexidade computacional de muitas operações, como a extração de características no domínio tempo-frequência, é demasiado elevada para os requisitos em tempo real das tarefas cognitivas. Assim, para resolver os problemas acima referidos, este artigo propõe uma nova rede de identificação de interferências [rede de atenção multiescala (MANet)] que pode identificar automática e rapidamente várias interferências de banda larga enfrentadas por radares cognitivos UWB sem portadora. As principais contribuições deste artigo são resumidas a seguir.

1) É proposto um esquema de identificação de interferências para um novo radar cognitivo UWB sem portadora. Tendo em conta a complexidade do ambiente de interferência UWB, são identificados nove tipos de interferência, incluindo interferência supressiva e de falsificação. E a gama de variação da largura de banda e da frequência é enorme. Estas excedem as amostras de interferência da grande maioria da literatura.

2) Para melhorar a robustez do modelo em relação ao ruído e o reconhecimento de amostras complexas de interferência, foi concebida uma nova rede de reconhecimento de interferência, a MANet. A rede utiliza um mecanismo inovador de atenção multiescala para enriquecer o espaço de características e melhorar a extração de diferenças subtis importantes. A rede não só tem uma capacidade de representação de características mais forte, como também reduz a complexidade do modelo utilizando a convolução de dilatação e é mais fácil de treinar.

3) Propomos a junção das características do sinal nos domínios do tempo e da frequência na dimensão do canal, o que melhora o desempenho do reconhecimento e a robustez do ruído e acrescenta uma pequena carga computacional. Os resultados da simulação mostram que o MANet consegue identificar eficazmente vários sinais de interferência de banda larga com um rácio interferência-ruído (JNR) baixo, o que é superior a outros métodos.

2. Método

Neste artigo, propomos uma rede de atenção multiescala (MANet) para um radar cognitivo UWB sem portadora para identificar sinais alvo e nove tipos de sinais de interferência. A MANet extrai diferentes características finas através da convolução de dilatação multi-escala. As características são unidas na dimensão do canal. As características subtis que são benéficas para o reconhecimento são depois substancialmente melhoradas utilizando blocos de atenção ao canal. O método proposto combina as características no domínio do tempo e da frequência para melhorar o desempenho do reconhecimento, utilizando a poderosa capacidade de extração de características e a capacidade de generalização do MANet.

3. Conclusão

Neste artigo, um novo modelo CNN-MANet é proposto para o problema de reconhecimento de interferência de um radar cognitivo UWB sem portadora para reconhecer múltiplos padrões de interferência sob diferentes condições de JNR na gama UWB. O método combina as vantagens das características de domínio duplo e utiliza a convolução dilatada multiescala e mecanismos de atenção ao canal para filtrar características de alta qualidade, o que melhora a capacidade de reconhecimento e a robustez do ruído da rede. Os resultados da simulação mostram que o método proposto supera os sete métodos anteriormente propostos na literatura em termos de coeficientes OA e Ka. O método obtém um desempenho de reconhecimento melhor e mais estável com menos parâmetros de aprendizagem e um tempo de inferência mais rápido. No entanto, neste artigo, apenas é considerado o reconhecimento de padrões de interferência simples e, mais tarde, o método proposto considerará a interferência composta.

Referências

[1] Y. Nijsure, Y. Chen, S. Boussakta, C. Yuen, Y. H. Chew, e Z. Ding, "Novel system architecture and waveform design for cognitive radar radio networks," IEEE Trans. Veh. Technol, vol. 61, no. 8, pp. 3630-3642, Out. 2012, doi: 10.1109/TVT.2012.2203328.

[2] S. Haykin, "Cognitive radar: A way of the future", IEEE Signal Process. Mag., vol. 23, no. 1, pp. 30-40, Jan. 2006, doi: 10.1109/MSP.2006.1593335.

[3] S. Yuan, S. Jin, and T. Zhu, "Technology and development of cognitive radar," Modern Radar, vol. 38, no. 1, pp. 1-4, 2016.

[4] Y. Zhu, S. Chen, X. Li, S. Zhang e L. Zhu, "Aprendizagem multi-tarefa auto-supervisionada para classificação de veículos com base em radares UWB sem portadora", IEEE Trans. Instrum. Meas., vol. 71, pp. 1-12, 2022, doi: 10.1109/TIM.2022.3196085.

[5] X. Wang, S. Zhang, L. Zhu, S. Chen, H. Zhao, e J. Liu, "Research on fast negative entropy deconvolution of anti-suppressive jamming in carrier-free ultrawideband measuring system," IEEE Trans. Instrum. Meas., vol. 71, pp. 1-12, 2022, doi: 10.1109/TIM.2022.3204092.

[6] H. Yan, G. Li, and J. Li, "Signal feature extraction methods of radar anti-deception jamming," J. Univ. Electron. Sci. Technol. China, vol. 44, no. 1, pp. 50-54, 2015, doi: 10.3969/j.issn.1001-0548.2015.01.008.

[7] H. Hu, G. Peng, X. Wang, and Z. Zhou, "Weld defect classification using 1-D LBP feature extraction of ultrasonic signals," Nondestruct. Test. Eval., vol. 33, no. 1, pp. 92-108, Jan. 2018, doi: 10.1080/10589759.2017.1299732.

[8] H. Hu, J. Zhang, G. Peng, K. Yi, e L. Wang, "LBP-KPCA," Hanjie Xuebao/Trans. China Weld. Inst., vol. 40, no. 6, pp. 34-39, 2019, doi: 10.12073/j.hjxb.2019400151.

[9] C. Du e B. Tang, "Novel unconventional-active-jamming recognition method for wideband radars based on visibility graphs," Sensors, vol. 19, no. 10, p. 2344, May 2019, doi: 10.3390/s19102344.

[10] M. Gao, H. Li, B. Jiao, and Y. Hong, "Simulation research on classification and identification of typical active jamming against LFM radar," in Proc. 11th Int. Conf. Signal Process. Syst., vol. 11384, K. Mao, Ed., 2019, pp. 214-221.

[11] H. Zhou, C. Dong, R. Wu, X. Xu e Z. Guo, "Fusão de características baseada na teoria da decisão bayesiana para reconhecimento de interferência de engano de radar", IEEE Access, vol. 9, pp. 16296-16304, 2021, doi: 10.1109/ACCESS.2021.3052506.

[12] A. Krizhevsky, I. Sutskever e G. E. Hinton, "ImageNet classification with deep convolutional neural networks", em Proc. Adv. Neural Inf. Process. Syst. (NIPS), Lake Tahoe, NV, EUA, 2012, pp. 1097-1105.

[13] Y. K. Kim, M. Lee, H. S. Song, and S. Lee, "Automatic cardiac arrhythmia classification using residual network combined with long short-term memory," IEEE Trans. Instrum. Meas., vol. 71, pp. 1-17, 2022, doi: 10.1109/TIM.2022.3181276.

[14] J. Ni, K. Shen, Y. Chen, W. Cao, and S. X. Yang, "An improved deep network-based scene classification method for self-driving cars," IEEE Trans. Instrum. Meas., vol. 71, pp. 1-14, 2022, doi: 10.1109/TIM.2022.3146923.

[15] W. Sun e R. Wang, "Fully convolutional networks for semantic segmentation of very high resolution remotely sensed images combined with DSM," IEEE Geosci. Remote Sens. Lett., vol. 15, no. 3, pp. 474-478, Mar. 2018, doi: 10.1109/LGRS.2018.2795531.

[16] Y. Guo, H. Sun, H. Liu, and Z. Deng, "Radar signal recognition based on CNN with a hybrid attention mechanism and skip feature aggregation," IEEE Trans. Instrum. Meas., acesso antecipado, 19 de setembro de 2022, doi: 10.1109/TIM.2022.3204100.

[17] G. Shao, Y. Chen e Y. Wei, "Classificação de sinais de interferência de radar baseada em redes neurais convolucionais com amostras suficientes e limitadas", IEEE Access, vol. 8, pp. 80588-80598, 2020, doi: 10.1109/ACCESS.2020.2990629.

[18] Q. Qu, S. Wei, S. Liu, J. Liang e J. Shi, "JRNet: Redes de reconhecimento de interferência para sinais de interferência de supressão de compostos de radar", IEEE Trans. Veh. Technol., vol. 69, n.º 12, pp. 15035-15045, Dez. 2020, doi: 10.1109/TVT.2020.3032197.

[19] Q. Lv, Y. Quan, W. Feng, M. Sha, S. Dong, and M. Xing, "Radar deception jamming recognition based on weighted ensemble CNN with transfer learning," IEEE Trans. Geosci. Remote Sens., vol. 60, 2022, Art. no. 5107511, doi: 10.1109/TGRS.2021.3129645.

[20] M. G. M. Hussain, "Ultra-wideband impulse radar-an overview of the principles", IEEE Aerosp. Electron. Syst. Mag., vol. 13, no. 9, pp. 9-14, Sep. 1998, doi: 10.1109/62.715515.

[21] Y. Zhu, S. Zhang, X. Li, H. Zhao, L. Zhu e S. Chen, "Reconhecimento de alvos terrestres utilizando um sensor de radar UWB sem portadora com um autoencoder de denoising convolucional empilhado semi-supervisionado", IEEE Sensors J., vol. 21, n.º 18, pp. 20685-20693, Set. 2021, doi: 10.1109/JSEN.2021.3099823.

[22] H. Zhou, Z. Wang e Z. Guo, "Overview on recognition algorithms of radar active jamming", J. Data Acquisition Process, vol. 37, n.º 1, pp. 1-20, 2022.

[23] Y. Zhu, Y. Cui, e G. Zhao, "Sinusoidal weighted frequency modulation jamming technique against moving target detection radar," J. Xidian Univ., vol. 37, no. 2, pp. 273-278, 2010, doi: 10.3969/j.issn.1001-2400.2010.02.016.

[24] Y. Lin, Z. Xiangyu, L. Lin, and W. Guohong, "Research on composite deception interference recognition and suppression technology based on multi-dimensional features," in Proc. IEEE Int. Conf. Signal, Inf. Data Process. (ICSIDP). Chongqing, China: Instituto de Engenheiros Electrotécnicos e Electrónicos Inc., Dez. 2019, pp. 1-7.

[25] D. P. Kingma and J. L. Ba, "Adam: A method for stochastic optimization," in Proc. Int. Conf. Learn. Represent. (ICLR), San Diego, CA, EUA, 2015, pp. 1-15.

[26] C. Szegedy et al., "Going deeper with convolutions," in Proc. IEEE Conf. Comput. Vis. Pattern Recognit. (CVPR), Boston, MA, EUA, Jun. 2015, pp. 1-9.

[27] C. Cao et al., "Look and think twice: Capturing top-down visual attention with feedback convolutional neural networks," in Proc. IEEE Int. Conf. Comput. Vis. Santiago, Chile: Institute of Electrical and Electronics Engineers Inc., 2015, pp. 2956-2964.

[28] A. Vaswani et al., "Attention is all you need," in Proc. Adv. Neural Inf. Process. Syst., Long Beach, CA, EUA, 2017, pp. 5999-6009.

[29] J. Hu, L. Shen, S. Albanie, G. Sun, e E. Wu, "Squeeze-and-excitation networks," IEEE Trans. Pattern Anal. Mach. Intell., vol. 42, n.º 8, pp. 2011-2023, agosto de 2020, doi: 10.1109/TPAMI.2019.2913372.

[30] M. Shafiq e Z. Gu, "Aprendizagem residual profunda para o reconhecimento de imagens: A survey," Appl. Sci., vol. 12, no. 18, p. 8972, Sep. 2022, doi: 10.3390/app12188972.

[31] S. Santurkar et al., "How does batch normalization help optimization?" in Proc. Adv. Neural Inf. Process. Syst. (NIPS), vol. 31, S. Bengio, Eds., 2018, pp. 1-11.

[32] Z. Hu, Y. Li, and Z. Yang, "Improving convolutional neural network using pseudo derivative ReLU," in Proc. 5th Int. Conf. Syst. Informat. (ICSAI), Nov. 2018, pp. 283-287.

[33] D. P. Kingma and M. Welling, "Auto-encoding variational Bayes," in Proc. Int. Conf. Learn. Represent. (ICLR), Banff, AB, Canadá, 2014, pp. 1-14.

[34] C. Xu, L. Yu, Y. Wei, and P. Tong, "Research on active jamming recognition in complex electromagnetic environment," in Proc. IEEE Int. Conf. Signal, Inf. Data Process. (ICSIDP), Chongqing, China: Instituto de Engenheiros Eléctricos e Electrónicos Inc., dezembro de 2019, pp. 1-5.

[35] H. Zhang, L. Yu, Y. Chen, and Y. Wei, "Fast complex-valued CNN for radar jamming signal recognition," Remote Sens, vol. 13, no. 15, p. 2867, Jul. 2021, doi: 10.3390/rs13152867.

[36] Q. Liu e W. Zhang, "Deep learning and recognition of radar jamming based on CNN," in Proc. 12th Int. Symp. Comput. Intell. Design (ISCID), vol. 1. Hangzhou, China: Instituto de Engenheiros Eléctricos e Electrónicos Inc., Dez. 2019, pp. 208-212.

[37] M. Liu, Z. Liu, W. Lu, Y. Chen, X. Gao, and N. Zhao, "Distributed fewshot learning for intelligent recognition of communication jamming," IEEE J. Sel. Topics Signal Process, vol. 16, no. 3, pp. 395-405, Abr. 2022, doi: 10.1109/JSTSP.2021.3137028.

[38] K. He, X. Zhang, S. Ren, and J. Sun, "Deep residual learning for image recognition," in Proc. IEEE Conf. Comput. Vis. Reconhecimento de padrões, Las Vegas, NV, EUA, 2016, pp. 770-778.

[39] A. Howard et al., "Searching for MobileNetV3," in Proc. IEEE/CVF Int. Conf. Comput. Vis. (ICCV), outubro de 2019, pp. 1314-1324.

[40] L. Van Der Maaten and G. Hinton, "Visualizing data using t-SNE," J. Mach. Learn. Res., vol. 9, pp. 2579-2605, Nov. 2008.

[41] M. Zhu, Y. Li, Z. Pan e J. Yang, "Reconhecimento automático de modulação de sinais compostos usando um classificador profundo de vários rótulos: Um estudo de caso com sinais de interferência de radar", Signal Process, vol. 169, abril de 2020, Art. no. 107393, doi: 10.1016/j.sigpro.2019.107393.

Capítulo 14: MANet: Uma Rede Multidimensional Eficiente de Atenção-Agregada para Deteção de Mudanças em Imagens de Sensoriamento Remoto

1. Introdução

A deteção de alterações (DC) é um ramo integral da deteção remota (SR), que tem como objetivo definir áreas alteradas entre imagens bi-temporais da mesma região geográfica em vários momentos [1]. Tem sido amplamente utilizada em diferentes domínios da RS, como o planeamento territorial [2], a avaliação de catástrofes [3] e a deteção de recursos [4]. Com a evolução dos dispositivos sensores ópticos, uma grande quantidade de dados de alta resolução é utilizada para tarefas de CD. As imagens de alta resolução, em particular as de muito alta resolução, contêm mais características de imagem e informações sobre o terreno, mas tornam as tarefas de CD mais difíceis.

Os métodos tradicionais de CD incluem principalmente os baseados em pixéis e os baseados em objectos [5], [6]. Os métodos baseados em píxeis começam por obter o mapa de alterações através da comparação de píxeis entre imagens bitemporais, seguida de uma análise de limiarização ou de agrupamento para obter os mapas de resultados. As abordagens baseadas em pixéis podem ser especificamente classificadas como abordagens baseadas em álgebra, abordagens baseadas em classificação e abordagens baseadas em transformação. Os métodos baseados na álgebra utilizam principalmente operações aritméticas para obter os mapas de resultados, como a diferenciação de imagens [7] e o racionamento de imagens [8]. Os métodos baseados na classificação obtêm a classe de alteração de uma imagem bi-temporal diretamente através da utilização de um classificador treinado, como a máquina de vectores de suporte (SVM) [9], o vizinho mais próximo (K-NN) [10] e as árvores de decisão [11]. Os métodos baseados em transformações são utilizados para obter informações sobre alterações em imagens bi-temporais através da transformação de características num espaço de características específico, como a análise de vectores de alteração (CVA) [12] e a transformação da tampa com borlas [13].

Para gráficos de alta e muito alta resolução, os métodos baseados em pixels são susceptíveis de conduzir a grandes erros de deteção devido a pseudo-variações, tais como erros de alinhamento e alterações de iluminação [14], [15]. Para atenuar estes problemas, os investigadores desenvolveram métodos baseados em objectos para tarefas de CD. As abordagens baseadas em objectos identificam grupos de pixels em objectos para julgamento [16]. No entanto, continuam a sofrer de custos computacionais elevados, baixa precisão de deteção e sensibilidade ao ruído, porque as características manuais não podem representar suficientemente as características úteis e a sua conceção depende muito dos classificadores. Nos últimos anos, a atualização contínua do hardware e a expansão dos conjuntos de dados proporcionaram uma oportunidade de desenvolvimento rápido para a aprendizagem profunda [17]. Devido à poderosa capacidade de representação de características das redes, estas são amplamente utilizadas para muitas tarefas de visão computacional, como a segmentação de imagens e a deteção de objectos [18], [19]. Muitos métodos de CD baseados na aprendizagem profunda foram apresentados e mostraram um melhor desempenho do que os métodos tradicionais de CD. Para além da rede neural convolucional (CNN), existem outros métodos aplicados a tarefas de RS. Por exemplo, as redes adversárias generativas (GAN) são utilizadas para a aprendizagem adversária a fim de aumentar a robustez dos mapas de características [20]. As redes convolucionais de grafos (GCN) são utilizadas para modelar relações espaciais de longo alcance [21]. No domínio da RS, os modelos baseados em CNN têm impulsionado grandemente as tarefas de CD, que são normalmente agrupadas em abordagens de fusão precoce (EF) e de fusão tardia (LF), variando o processamento das imagens. As abordagens EF utilizam as concatenações ou a variância da imagem como entrada. Por exemplo, Alcantarilla et al. [22] coseram as imagens bi-temporais e utilizaram posteriormente uma rede totalmente convolucional (FCN) para obter o mapa de alterações. Os métodos EF utilizam geralmente redes de ramo único, como a FCN e a UNet [23], [24]. Por conseguinte, é mais fácil causar a perda de informação bi-temporal da imagem no processo de extração de características. Em contrapartida, os métodos LF tratam as imagens de tempos diferentes como entradas separadas. A rede baseada em siameses é utilizada para detetar as características discriminativas da imagem e o mapa de alterações é obtido através da fusão de características ou faz a diferença. Por exemplo, Daudt et al. [25] apresentaram dois métodos LF baseados no modelo FCN, ambos os modelos extraem características multinível no codificador e produzem regiões alteradas no descodificador. Além disso, Liu et al. [26] propuseram uma rede de CD baseada em super-resolução (SRCDNet), que combina uma rede baseada em siameses com um mecanismo de atenção utilizado para melhorar as características. Wang et al. [27] introduziram um modelo baseado em métricas para obter o mapa alterado através da avaliação da distância entre vários mapas de características.

Os resultados experimentais indicam que as estratégias LF podem obter um melhor desempenho do que as estratégias EF. Por este motivo, a rede baseada em siameses tem sido amplamente utilizada e tornou-se a rede de referência para tarefas de CD [28]. Embora as abordagens baseadas na aprendizagem profunda tenham registado enormes progressos, continuam a ter alguns problemas. Em primeiro lugar, em alguns grandes conjuntos de dados que contêm variações complexas, como variações sazonais, variações ambientais e variações de iluminação, os actuais métodos de CD não conseguem agregar eficazmente informações contextuais multiescala, o que tem um impacto negativo nos resultados da deteção [29]. Assim, é necessária uma abordagem que possa extrair eficazmente características a diferentes escalas, para extrair informações semânticas mais ricas de imagens bi-temporais. Em segundo lugar, nas populares redes baseadas em siameses, o codificador gera diferentes níveis de características através de uma amostragem sequencial descendente. Em geral, as características profundas contribuem para localizar o objeto da mudança, enquanto as características superficiais contêm pormenores finos e limites de mudança. Por conseguinte, existe uma relação complementar entre as características profundas e superficiais, e os métodos actuais tendem a utilizar a convolução normal para fundir as características profundas e superficiais, o que não permite descobrir corretamente a relação intrínseca [30]. Por conseguinte, devem ser explorados métodos de fusão de características mais eficazes para obter características fundidas mais representativas. Em terceiro lugar, os métodos existentes não exploraram plenamente a informação de diferença das imagens no processo de extração de características, o que leva a previsões ambíguas e erradas de regiões alteradas pela rede [31]. Consequentemente, para melhor identificar as características intrínsecas das regiões efetivamente alteradas, é necessário explorar mais abordagens.

Para atenuar os problemas acima referidos, é apresentada neste artigo uma rede de atenção-agregação multidimensional eficiente (MANet). A abordagem baseia-se na arquitetura siamesa e é constituída por três módulos principais: o módulo de atenção convolucional assimétrica multiescala (MACA), o módulo de atenção bidimensional (DDA) e o módulo de orientação por diferenças (DG).

Em suma, os principais contributos deste artigo são resumidos da seguinte forma.

1) Concebemos uma nova MANet para a previsão de CD ao nível do pixel de uma forma completa. A rede utiliza uma estrutura baseada em siameses para captar características de imagem em várias escalas.

2) Para aumentar as capacidades de extração de características da rede, concebemos o módulo MACA. O módulo MACA utiliza mapas de características multiescala de imagens bi-temporais e aplica as características como pesos para multiplicar com as características de entrada. Assim, uma representação mais fina
é obtido.

3) Para melhorar a compactação interna e a integridade das características fundidas, propomos o módulo DDA na fase de fusão de características. O módulo DDA permite um mecanismo de ponderação da atenção tanto no mapa de características como nas dimensões do núcleo convolucional, o que permite que a atenção adaptativa espacial e de canal funda informações de características profundas e superficiais, melhorando
a eficiência da fusão de características.

4) Para melhor discriminar o objeto de mudança e o fundo, propomos o módulo DG. Na prática, a imagem de diferença contém normalmente algumas regiões pseudo-variáveis devido ao ruído e às perturbações de iluminação, o que causa algumas dificuldades na aprendizagem de características.
Por conseguinte, introduzimos o módulo DG que transporta o mecanismo de atenção, que pode distinguir significativamente as regiões alteradas e as regiões de fundo.

5) O MANet apresentado atinge o desempenho mais avançado em quatro conjuntos de dados CDD, LEVIR-CD, SYSUCD e BCDD amplamente utilizados, com a maior intersecção sobre união (IoU) de 96,03%, 84,56%, 70,11% e 90,61%, respetivamente.

2. Trabalhos relacionados

Nesta secção, apresentamos o trabalho relacionado, que inclui principalmente métodos de CD tradicionais e modelos de CD baseados na aprendizagem profunda.

A. Métodos tradicionais de CD

Os métodos tradicionais de CD são geralmente efectuados de forma não supervisionada. Dividem-se em três etapas principais: 1) pré-tratamento da imagem; 2) geração do mapa de diferenças; e 3) análise do mapa de diferenças para obter o resultado da CD. O terceiro processo consiste em identificar alterações frequentemente através de algoritmos de agrupamento ou algoritmos de limiarização. Os métodos baseados em limiares adquirem mapas de características através de operações algébricas como operadores de diferenças, operadores de rácio algébrico e operadores de rácio logarítmico [32]. No entanto, esses algoritmos dependem muito da experiência de peritos para a seleção dos limiares, o que torna esses métodos propensos a erros empíricos e a uma fraca robustez [33].

Em contraste com os métodos baseados em limiares, os algoritmos baseados em agrupamentos são amplamente aplicados em tarefas de CD. Estes incluem principalmente os algoritmos c-means e fuzzy c-means clustering (FCM), mas não conseguem captar com precisão as características espaciais e são pouco resistentes ao ruído [34]. Além disso, o campo aleatório de Markov (MRF) tem sido utilizado como uma excelente ferramenta para melhorar o algoritmo de agrupamento. Chatzis e Varvarigou [35] propuseram o algoritmo FCM baseado em MRF, que melhora a precisão da deteção, mas introduz parâmetros de ponderação definidos artificialmente, que não estão bem adaptados a tarefas complexas.

Os algoritmos acima referidos dependem da produção de imagens diferentes e são sensíveis ao ruído. Além disso, a maioria dos algoritmos baseados em agrupamentos requer estratégias de agrupamento diferentes para conjuntos de dados diferentes, o que resulta numa fraca robustez.

B. Métodos de CD baseados na aprendizagem profunda

Beneficiando do rápido desenvolvimento da visão computacional e do aparecimento de grandes conjuntos de dados rotulados, muitos métodos supervisionados de aprendizagem profunda são aplicados à CD de imagens RS. Por exemplo, Long et al. [36] introduziram uma FCN, que emprega operações de convolução total para substituir a camada totalmente conectada no modelo VGG tradicional, o que torna a FCN um modelo de rede totalmente completo. A FCN foi originalmente utilizada no domínio da segmentação de imagens, devido ao seu excelente desempenho, que também é amplamente utilizado em tarefas de CD. No entanto, a FCN não presta atenção suficiente à relação pixel a pixel e sofre de uma falta de consistência espacial. Posteriormente, Ronneberger et al. [23] apresentaram a UNet para a segmentação de imagens médicas, introduzindo uma estratégia de ligações de salto, que permite à rede transmitir informação contextual de níveis de baixa resolução para níveis de alta resolução.

Lv et al. [37] propuseram a Simple Multiscale UNet para CD, que incorpora módulos convolucionais multiescala na UNet para capturar características alvo de diferentes tamanhos. Mais tarde, para captar características mais finas, Zhou et al. [38] propuseram a UNet++, que permite a fusão e reutilização de características a vários níveis através de ligações de saltos densas. Na fase inicial, as imagens bi-temporais são normalmente unidas e posteriormente introduzidas na rede para as tarefas de CD. Li et al. [39] propuseram a rede de CD baseada na tradução profunda (DTCDN), que utiliza a tradução profunda para aprender o mapeamento de características entre imagens ópticas e imagens de radar de abertura sintética (SAR)

RS, seguindo-se a utilização de UNet++ melhorada para tarefas de CD. No entanto, as redes de ramo único mencionadas não conseguem explorar eficazmente as imagens bi-temporais, o que resulta na perda de informações sobre as características das imagens originais. Consequentemente, as redes siamesas baseadas na estratégia LF são desenvolvidas e tornam-se a estrutura dominante nas tarefas de CD.

A rede baseada em siameses foi inicialmente desenvolvida para resolver o problema de correspondência de imagens, que compreende dois ramos com pesos partilhados. Daudt et al. [25] desenvolveram pela primeira vez três redes baseadas em siameses para a tarefa de CD e obtiveram melhores resultados de deteção. Chen et al. [40] propuseram uma aprendizagem de representação semântica desacoplada (SDRL), a rede é uma arquitetura siamesa, que utiliza máscaras semânticas incorporadas na aprendizagem auto-supervisionada contrastiva para orientar o modelo que distingue as características de primeiro e segundo plano.

Mais tarde, Fang et al. [41] utilizaram uma rede siamesa baseada na UNet++ para extrair características de imagens bi-temporais. Embora as características sejam produzidas por codificadores de partilha de pesos, as características inalteradas do objeto podem variar significativamente durante esta fase. Assim, a integração efectiva das características continua a ser um problema. Para extrair informações mais discriminativas, Liu et al. [26] apresentaram a SRCDNet, que utiliza uma arquitetura baseada em siameses e inclui um módulo convolucional de atenção por blocos (CBAM) para melhorar as informações válidas nas características. Posteriormente, para capturar melhor as características semânticas de longo alcance, Chen et al. [42] propuseram o transformador de imagem bi-temporal (BIT), onde o transformador é introduzido para simular as relações espaço-temporais das imagens. As imagens bi-temporais passam primeiro pelo codificador para extração de características, seguido pelo BIT para tokens semânticos, depois os tokens são devolvidos ao espaço de pixéis e os mapas de características são destilados pelo descodificador do transformador. Mais tarde, Shi et al. [15] apresentaram uma rede baseada na métrica da atenção profundamente supervisionada (DSAMNet), utilizando um mecanismo de atenção e um módulo de supervisão profunda para implementar a extração global de características. Para se concentrarem na aprendizagem de regiões alteradas, Cheng et al. [43] propuseram as redes de aprendizagem profunda que proporcionam uma separabilidade melhorada (ISNet), que utiliza a convolução deformável para implementar uma estratégia de maximização de arestas e utiliza a atenção espacial e de canal para realçar a localização e a informação semântica.

Todas estas redes reforçam ou concentram-se em características na fase de descodificação sem explorar mais a rica informação semântica na fase de codificação, o que leva à possibilidade de perder muita informação espacial nessas abordagens. Além disso, para suprimir os efeitos adversos da pseudo-variação, Peng et al. [44] propuseram uma CNN de atenção densa com reforço da diferença (DDCNN), que extrai representações de características através de conexões de salto densas e módulos de reforço da disparidade. O módulo de melhoramento da diferença é um processo convolucional após a diferença direta da imagem, o que pode fazer com que a imagem contenha regiões de incerteza, resultando em regiões alteradas incorretamente durante o processo de aprendizagem de características.

Inspirados pelos métodos de fusão de características no domínio da imagem RS [45], [46], [47], propusemos uma rede de atenção espácio-temporal auto-ponderada (SSANet) eficiente no nosso trabalho anterior [48], que consiste principalmente numa sub-rede de fusão e numa sub-rede diferencial para extrair informações sobre objectos e alterações, respetivamente. No entanto, o método não explora profundamente a ligação intrínseca entre a diferença e as características bi-temporais.

Embora os métodos acima referidos tenham feito grandes progressos, no entanto, os métodos actuais ainda não realizaram uma investigação aprofundada sobre a extração e integração de características multiescala. Além disso, a forma de conceber uma estratégia eficaz guiada por diferenças para identificar as variações é a chave nas tarefas de CD.

Com base nos problemas acima referidos, neste artigo, concebemos uma nova rede de CD para gerar resultados de deteção precisos.

3. Método

A aprendizagem profunda fez avançar significativamente a deteção de alterações (CD) em imagens de deteção remota (RS) graças ao seu excelente desempenho. Para tarefas de CD, existem duas questões críticas. Em primeiro lugar, com a variação de escala de diferentes objectos em imagens RS, a agregação eficaz de características multiescala ajuda a gerar objectos de mudança de granulação fina. Em segundo lugar, é fundamental, mas difícil, explorar plenamente a informação de variação entre imagens bi-temporais para evitar a pseudo-variação e a desfocagem da região. Para atenuar os problemas acima referidos, este artigo propõe uma rede de atenção-agregação multidimensional eficiente (MANet), que mantém uma melhor agregação de características, ao mesmo tempo que mantém uma excelente capacidade de atenção diferencial. Este artigo tem três contributos principais. Primeiro, propomos um módulo de atenção convolucional assimétrica multiescala (MACA). Devido à capacidade da convolução assimétrica de se concentrar nos contornos das características de forma eficaz, o MACA pode não só agregar características multiescala de forma eficaz, mas também refinar a informação de borda das características. Em segundo lugar, propomos um módulo de atenção bidimensional (DDA) para fundir adaptativamente características superficiais e profundas, que é utilizado para gerar representações de características ricas. Em terceiro lugar, o módulo de orientação por diferenças (DG) é explorado para reforçar a atenção das regiões alteradas, a fim de atenuar a influência das alterações não correlacionadas no resultado da CD.

4. Conclusão

Neste artigo, apresentamos uma nova rede de CD, nomeadamente a MANet. A rede proposta alivia o principal problema da popular CNN siamesa através da introdução de três módulos: MACA, DDA e módulo DG. O módulo MACA pode efetivamente realizar a extração de informação multiescala e refinar o contorno do objeto. O módulo DDA permite a fusão eficiente de características profundas e superficiais, melhorando assim a representação das características e reduzindo a redundância das mesmas. O módulo DG reduz a influência de variações irrelevantes nos resultados da previsão e orienta a rede para aprender as regiões realmente alteradas. Os resultados experimentais demonstram que o método apresentado tem uma excelente robustez e generalidade, alcançando resultados óptimos em quatro conjuntos de dados de CD populares. No entanto, o MANet ainda tem algumas limitações. Em primeiro lugar, é um método de deteção binário e não pode ser utilizado para tarefas de CD multiclasse. Em segundo lugar, quando se lida com imagens RS complexas de várias fontes, esses conjuntos de dados com grandes diferenças espaciais continuam a ser um desafio significativo para o MANet. De seguida, vamos descobrir algoritmos de CD mais eficientes para enfrentar os desafios de cenas diversas.

Referências

[1] N. Goyette, P.-M. Jodoin, F. Porikli, J. Konrad, e P. Ishwar, "Change detection. Net: Um novo conjunto de dados de referência para a deteção de alterações", em Proc. IEEE Comput. Soc. Conf. Comput. Vis. Pattern Recognit. Workshops, Jun. 2012, pp. 1-8.

[2] S. Jin, L. Yang, P. Danielson, C. Homer, J. Fry e G. Xian, "A comprehensive change detection method for updating the national land cover database to circa 2011," Remote Sens. Environ., vol. 132, pp. 159-175, maio de 2013.

[3] D. Brunner, G. Lemoine, and L. Bruzzone, "Earthquake damage assessment of buildings using VHR optical and SAR imagery," IEEE Trans. Geosci. Remote Sens., vol. 48, no. 5, pp. 2403-2420, maio de 2010.

[4] H. Hou, R. C. Estoque, and Y. Murayama, "Spatiotemporal analysis of urban growth in three African capital cities: A grid-cell-based analysis using remote sensing data," J. Afr. Earth Sci., vol. 123, pp. 381-391, Nov. 2016.

[5] M. Hussain, D. Chen, A. Cheng, H. Wei, e D. Stanley, "Change detection from remotely sensed images: From pixel-based to object-based approaches," ISPRS J. Photogramm. Remote Sens., vol. 80, pp. 91-106, Jun. 2013.

[6] W. Shi, M. Zhang, R. Zhang, S. Chen e Z. Zhan, "Change detection based on artificial intelligence: State-of-the-art and challenges," Remote Sens, vol. 12, no. 10, p. 1688, maio de 2020.

[7] H. Mahmoudzadeh, "Digital change detection using remotely sensed data for monitoring green space destruction in Tabriz," Int. J. Environ. Res., vol. 1, no. 1, p. 411735, 2007.

[8] A. Shafique, G. Cao, Z. Khan, M. Asad e M. Aslam, "Deep learning-based change detection in remote sensing images: A review," Remote Sens., vol. 14, no. 4, p. 871, Feb. 2022.

[9] T. Habib, J. Inglada, G. Mercier, and J. Chanussot, "Support vetor reduction in SVM algorithm for abrupt change detection in remote sensing," IEEE Geosci. Remote Sens. Lett., vol. 6, no. 3, pp. 606-610, Jul. 2009.

[10] G. Verdier and A. Ferreira, "Adaptive Mahalanobis distance and k-nearest neighbor rule for fault detection in semiconductor manufacturing," IEEE Trans. Semicond. Manuf., vol. 24, n.º 1, pp. 59-68, Fev. 2011.

[11] S. E. Sesnie, P. E. Gessler, B. Finegan, and S. Thessler, "Integrating Landsat TM and SRTM-DEM derived variables with decision trees for habitat classification and change detection in complex neotropical environments," Remote Sens. Environ., vol. 112, no. 5, pp. 2145-2159, maio de 2008.

[12] O. A. C. Júnior et al., "A new approach to change vetor analysis using distance and similarity measures," Remote Sens, vol. 3, no. 11, pp. 2473-2493, Nov. 2011.

[13] Q. Liu, G. Liu, C. Huang, S. Liu, e J. Zhao, "A tasseled cap transformation for Landsat 8 OLI TOA reflectance images," in Proc. IEEE Geosci. Remote Sens. Symp., Jul. 2014, pp. 541-544.

[14] A. Ghosh, N. S. Mishra, and S. Ghosh, "Fuzzy clustering algorithms for unsupervised change detection in remote sensing images," Inf. Sci., vol. 181, no. 4, pp. 699-715, Feb. 2011.

[15] Q. Shi, M. Liu, S. Li, X. Liu, F. Wang e L. Zhang, "Uma rede baseada em métricas de atenção profundamente supervisionada e um conjunto de dados de imagens aéreas abertas para deteção de alterações por deteção remota", IEEE Trans. Geosci. remote Sens., vol. 60, 2021, Art. no. 5604816.

[16] E. A. Addink, F. M. B. Van Coillie, and S. M. De Jong, "Introduction to the GEOBIA 2010 special issue: From pixels to geographic objects in remote sensing image analysis", Int. J. Appl. Earth Observ. Geoinformation,
vol. 15, pp. 1-6, Abr. 2012.

[17] J. Cai, J. Li, W. Li e J. Wang, "Deep learning model used in text classification," in Proc. 15th Int. Comput. Conf. Wavelet Act. Media Technol. Inf. Process. (ICCWAMTIP), 2018, pp. 123-126.

[18] Y. Cui, L. Yan, Z. Cao e D. Liu, "TF-blender: Temporal feature blender for video object detection", em Proc. IEEE/CVF Int. Conf. Comput. Vis. (ICCV), outubro de 2021, pp. 8138-8147.

[19] Z. Jin et al., "Mining contextual information beyond image for semantic segmentation," in Proc. IEEE/CVF Int. Conf. Comput. Vis., Jul. 2021, pp. 7231-7241.

[20] D. Hong, J. Yao, D. Meng, Z. Xu, e J. Chanussot, "Multimodal GANs: Toward crossmodal hyperspectral-multispectral image segmentation", IEEE Trans. Geosci. Remote Sens., vol. 59, no. 6, pp. 5103-5113, Jun. 2021.

[21] J. Cao, Z. Chen, and B. Wang, "Graph-based deep convolutional networks for hyperspectral image classification," in Proc. IEEE Int. Geosci. Remote Sens. Symp. (IGARSS), Jul. 2016, pp. 3270-3273.

[22] P. F. Alcantarilla, S. Stent, G. Ros, R. Arroyo e R. Gherardi, "Streetview change detection with deconvolutional networks", Auto. Robots, vol. 42, no. 7, pp. 1301-1322, Oct. 2018.

[23] O. Ronneberger, P. Fischer, e T. Brox, "U-net: Redes convolucionais para segmentação de imagens biomédicas", em Proc. Int. Conf. Med. Image Comput. Comput.-Assist. Intervent. Cham, Suíça: Springer, 2015, pp. 234-241.

[24] M. Villa, G. Dardenne, M. Nasan, H. Letissier, C. Hamitouche, and E. Stindel, "FCN-based approach for the automatic segmentation of bone surfaces in ultrasound images," Int. J. Comput. Assist. Radiol. Surgery, vol. 13, no. 11, pp. 1707-1716, Nov. 2018.

[25] R. C. Daudt, B. Le Saux, and A. Boulch, "Fully convolutional Siamese networks for change detection," in Proc. 25th IEEE Int. Conf. Image Process. (ICIP), outubro de 2018, pp. 4063-4067.

[26] M. Liu, Q. Shi, A. Marinoni, D. He, X. Liu, e L. Zhang, "Rede de deteção de alterações baseada na super-resolução com módulo de atenção empilhado para imagens com diferentes resoluções," IEEE Trans. Geosci. Remote Sens., vol. 60, 2022, Art. no. 4403718.

[27] M. Wang, K. Tan, X. Jia, X. Wang, and Y. Chen, "A deep Siamese network with hybrid convolutional feature extraction module for change detection based on multi-sensor remote sensing images," Remote Sens., vol. 12, no. 2, p. 205, Jan. 2020.

[28] K. Jiang, J. Liu, F. Liu, W. Zhang, Y. Liu e J. Shi, "Dual UNet: Uma nova rede siamesa para deteção de alterações com fusão diferencial em cascata", em Proc. IEEE Int. Geosci. Remote Sens. Symp. (IGARSS), Jul. 2022, pp. 1428-1431.

[29] X. Hou, Y. Bai, Y. Li, C. Shang, and Q. Shen, "High-resolution triplet network with dynamic multiscale feature for change detection on satellite images," ISPRS J. Photogramm. Remote Sens., vol. 177, pp. 103-115, Jul. 2021.

[30] P. Chen, B. Zhang, D. Hong, Z. Chen, X. Yang e B. Li, "FCCDN: Feature constraint network for VHR image change detection", ISPRS J. Photogramm. Remote Sens., vol. 187, pp. 101-119, maio de 2022.

[31] T. Lei et al., "Difference enhancement and spatial-spectral nonlocal network for change detection in VHR remote sensing images," IEEE Trans. Geosci. Remote Sens., vol. 60, 2022, Art. no. 4507013.

[32] M. Gong, Y. Liang, J. Shi, W. Ma, and J. Ma, "Fuzzy C-means clustering with local information and kernel metric for image segmentation," IEEE Trans. Image Process, vol. 22, no. 2, pp. 573-584, Fev. 2013.

[33] L. Bruzzone and D. F. Prieto, "A minimum-cost thresholding technique for unsupervised change detection," Int. J. Remote Sens, vol. 21, no. 18, pp. 3539-3544, Jan. 2000.

[34] R. Suganya e R. Shanthi, "Fuzzy C-means algorithm-A review," Int. J. Sci. Res. Publications, vol. 2, no. 11, pp. 1-3, 2012.

[35] S. P. Chatzis and T. A. Varvarigou, "A fuzzy clustering approach toward hidden Markov random field models for enhanced spatially constrained image segmentation," IEEE Trans. Fuzzy Syst., vol. 16, no. 5, pp. 1351-1361, Oct. 2008.

[36] J. Long, E. Shelhamer, and T. Darrell, "Fully convolutional networks for semantic segmentation," in Proc. IEEE Conf. Comput. Vis. Pattern Recognit, Jul. 2015, pp. 3431-3440.

[37] Z. Lv, H. Huang, L. Gao, J. A. Benediktsson, M. Zhao, and C. Shi, "Simple multiscale UNet for change detection with heterogeneous remote sensing images," IEEE Geosci. Remote Sens. Lett., vol. 19, 2022, Art. n.º 2504905.

[38] Z. Zhou, M. M. Rahman Siddiquee, N. Tajbakhsh e J. Liang, "UNet++: Uma arquitetura de rede em U aninhada para segmentação de imagens médicas", em Proc. Int. Workshop Deep Learn. Med. Image Anal., 2018, pp. 3-11.

[39] X. Li, Z. Du, Y. Huang, and Z. Tan, "A deep translation (GAN) based change detection network for optical and SAR remote sensing images," ISPRS J. Photogramm. Remote Sens., vol. 179, pp. 14-34, Set. 2021.

[40] H. Chen, Y. Zao, L. Liu, S. Chen e Z. Shi, "Aprendizagem de representação semântica desacoplada para deteção de alterações em imagens de deteção remota", em Proc. IEEE Int. Geosci. Remote Sens. Symp., Jul. 2022, pp. 1051-1054.

[41] S. Fang, K. Li, J. Shao, and Z. Li, "SNUNet-CD: A densely connected Siamese network for change detection of VHR images," IEEE Geosci. Remote Sens. Lett., vol. 19, 2022, Art. n.º 8007805.

[42] H. Chen, Z. Qi, and Z. Shi, "Remote sensing image change detection with transformers," IEEE Trans. Geosci. Remote Sens., vol. 60, 2022, Art. no. 5920416.

[43] G. Cheng, G. Wang e J. Han, "ISNet: Towards improving separability for remote sensing image change detection", IEEE Trans. Geosci. Remote Sens., vol. 60, 2022, Art. no. 5623811.

[44] X. Peng, R. Zhong, Z. Li, and Q. Li, "Optical remote sensing image change detection based on attention mechanism and image difference," IEEE Trans. Geosci. Remote Sens., vol. 59, no. 9, pp. 7296-7307, Set. 2021.

[45] Q. Li, M. Gong, Y. Yuan, and Q. Wang, "Symmetrical feature propagation network for hyperspectral image super-resolution," IEEE Trans. Geosci. Remote Sens., vol. 60, 2022, Art. no. 5536912.

[46] Q. Li, Y. Yuan, X. Jia e Q. Wang, "Dual-stage approach toward hyperspectral image super-resolution," IEEE Trans. Image Process, vol. 31, pp. 7252-7263, 2022.

[47] Q. Li, M. Gong, Y. Yuan, and Q. Wang, "RGB-induced feature modulation network for hyperspectral image super-resolution," IEEE Trans. Geosci. Remote Sens., vol. 61, 2023, Art. no. 5512611.

[48] K. Jiang, W. Zhang, J. Liu, F. Liu e L. Xiao, "Aprendizagem de variação conjunta de características de fusão e diferença para deteção de alterações em imagens de deteção remota", IEEE Trans. Geosci. Remote Sens., vol. 60, 2022, Art. no. 4709918.

[49] K. He, X. Zhang, S. Ren, and J. Sun, "Deep residual learning for image recognition," in Proc. IEEE Conf. Comput. Vis. pattern Recognit., 2016, pp. 770-778.

[50] Y. Qian and P. C. Woodland, "Very deep convolutional neural networks for robust speech recognition," in Proc. IEEE Spoken Lang. Technol. Workshop (SLT), Dez. 2016, pp. 481-488.

[51] X. Ding, Y. Guo, G. Ding e J. Han, "ACNet: Strengthening the kernel skeletons for powerful CNN via asymmetric convolution blocks", em Proc. IEEE/CVF Int. Conf. Comput. Vis., julho de 2019, pp. 1911-1920.

[52] Y. Chen, X. Dai, M. Liu, D. Chen, L. Yuan e Z. Liu, "Dynamic convolution: Atenção sobre núcleos de convolução", em Proc. IEEE/CVF Conf. Comput. Vis. Reconhecimento de padrões. (CVPR), Jun. 2020, pp. 11027-11036.

[53] K. He, X. Zhang, S. Ren, and J. Sun, "Delving deep into rectifiers: Surpassing human-level performance on image net classification," in Proc. IEEE Int. Conf. Comput. Vis., 2015, pp. 1026-1034.

[54] R. Hadsell, S. Chopra, and Y. LeCun, "Dimensionality reduction by learning an invariant mapping," in Proc. IEEE Comput. Soc. Conf. Comput. Vis. Pattern Recognit. (CVPR), vol. 2, 2006, pp. 1735-1742.

[55] M. Lebedev, Y. V. Vizilter, O. Vygolov, V. Knyaz, and A. Y. Rubis, "Change detection in remote sensing images using conditional adversarial networks," Int. Arch. Photogramm., Remote Sens. Spatial Inf. Sci., vol. 42, no. 2, pp. 1-7, 2018.

[56] H. Chen and Z. Shi, "A spatial-temporal attention-based method and a new dataset for remote sensing image change detection," Remote Sens, vol. 12, no. 10, p. 1662, May 2020.

[57] K. Wu, Q. Du, Y. Wang, and Y. Yang, "Supervised sub-pixel mapping for change detection from remotely sensed images with different resolutions," Remote Sens., vol. 9, no. 3, p. 284, Mar. 2017.

[58] D. He, Q. Shi, X. Liu, Y. Zhong, G. Xia, e L. Zhang, "Generating annual high resolution land cover products for 28 metropolises in China based on a deep super-resolution mapping

network using Landsat imagery," GIScience Remote Sens., vol. 59, no. 1, pp. 2036-2067, Dec. 2022.

[59] Q. Shi, M. Liu, A. Marinoni, and X. Liu, "UGS-1m: Mapeamento de espaços verdes urbanos de granulação fina de 31 grandes cidades na China com base na estrutura de aprendizagem profunda", Earth Syst. Sci. Data, vol. 15, n.º 2, pp. 555-577, Fev. 2023.

[60] J. Hu, L. Shen, and G. Sun, "Squeeze-and-excitation networks," in Proc. IEEE/CVF Conf. Comput. Vis. Pattern Recognit, Jun. 2018, pp. 7132-7141.

[61] S. Woo, J. Park, J.-Y. Lee, e I. S. Kweon, "Cbam: Convolutional block attention module", em Proc. Eur. Eur. Conf. Comput. Vis. (ECCV), 2018, pp. 3-19.

Capítulo 15: Técnica de otimização para recuperação de falhas e transmissão rápida de dados em MANET

1. Introdução

Nas MANET, os dispositivos móveis formam uma rede sem fios auto-organizada, auto-criada e auto-administrada. É considerada como um sistema autónomo em que os nós móveis estão ligados por ligações sem fios. O sistema pode funcionar de forma autónoma ou ser integrado em gateways de uma rede fixa [1]. Os nós têm uma largura de banda, um espaço de memória e uma bateria limitados [2]. Algumas aplicações específicas das MANET são as comunicações militares, as salas de aula virtuais e as operações de busca e salvamento de emergência [3]. No protocolo de encaminhamento MANET, a inundação de sinais de difusão consome demasiada energia da bateria e conduz mesmo ao congestionamento [4]. As frequentes mudanças de topologia devido à mobilidade aumentam as hipóteses de quebra de ligações e de reconstrução de rotas. O reencaminhamento numa MANET é dispendioso e resulta numa grande sobrecarga de mensagens de controlo e numa elevada latência [5].

As falhas de rota dependem maioritariamente do tempo de vida das ligações e dos nós. O tempo de vida da ligação indica a estabilidade das ligações. O tempo de vida do nó depende muito da energia residual dos nós. Um nó pode morrer devido ao esgotamento total da energia. Assim, para a recuperação proactiva de rotas, tanto o tempo de vida da ligação como o do nó devem ser previstos com precisão.

2. Identificação do problema e objectivos

O protocolo de encaminhamento de auto-reconhecimento (SARP) [2] é uma abordagem proactiva que inicia um mecanismo de auto-reconhecimento para encontrar um caminho alternativo para o destino quando um nó de encaminhamento prevê que o tempo de vida da ligação (LLT) do próximo salto atual é inferior a um limite. Mas não tem em conta o parâmetro de tempo de vida do nó.

Em [5], o PSO é aplicado para prever com precisão os tempos de vida da ligação e do nó com base na mobilidade relativa e nos valores de energia residual, respetivamente. De seguida, aplica o modelo de decisão da lógica difusa para estimar o estado do nó como fraco ou forte. Mas o caminho de recuperação pode ser longo, o que provoca mais atrasos.

Numa técnica proactiva de recuperação de rotas [6], as quebras de ligação dos nós a montante são detectadas pelo nó retransmissor através de escuta. Utiliza também a técnica de encurtamento automático de rotas através de overhearing. Mas não tem em conta o parâmetro do tempo de vida dos nós e implica uma enorme sobrecarga devido às frequentes mensagens de atualização da topologia. Neste caso, o caminho de recuperação também pode ser longo, o que provoca mais atrasos.

Saaidal Razalli Azzuhri et al [7] desenvolveram uma abordagem para detetar quebras de ligação e reparações de rotas no protocolo AODV. Utilizaram parâmetros de tempo e posição de deteção de quebra de ligação no procedimento de reparação local do AODV. Mas este esquema considera apenas estratégias reactivas de reparação de rotas (ou seja, invoca a reparação de rotas apenas quando é detectada uma quebra de ligação. Isto aumenta o tempo de recuperação e a possibilidade de mais perdas de pacotes. Não considera o parâmetro de consumo de energia em caso de falha de um nó.

No DRSR [9], o encurtamento de rotas é implementado juntamente com a técnica de reparação de rotas para melhorar o desempenho do AODV. Mas o método de encurtamento de rotas implica uma monitorização contínua da mobilidade dos nós e das posições dos vizinhos, o que será uma tarefa fastidiosa quando a mobilidade dos nós é elevada.

O algoritmo de otimização dinâmica de rotas (DROA) [10] utiliza um mecanismo de otimização periódica para reduzir o comprimento do caminho e eliminar os nós repetidos. No entanto, a rota reduzida pode ter uma qualidade de ligação fraca e uma carga de bateria mínima.

Com base nestes problemas identificados, os objectivos do trabalho de investigação são os seguintes

- Detetar proactivamente o tempo de vida da ligação e o tempo de vida do nó
- Escolher uma via de recuperação relativamente pequena
- Para reduzir o atraso na recuperação do itinerário
- Para reduzir a sobrecarga de controlo normalizada

3. Solução proposta

Este artigo propõe uma técnica de otimização para recuperação de falhas e transmissão rápida de dados em MANET. Inicialmente, são descobertos vários caminhos utilizando o algoritmo MAODV. Em seguida, o caminho com menor mobilidade e energia residual elevada é selecionado para transmissão. Durante a verificação do percurso, se a maioria dos vizinhos for alterada ou se a energia residual for baixa, a fonte escolherá qualquer percurso alternativo mais curto através do mecanismo de recuperação de percurso.

4. Conclusão

Neste artigo, foi proposta uma técnica de otimização para recuperação de falhas e transmissão rápida de dados (FRFDOT) em MANET. Nesta técnica, os múltiplos caminhos são descobertos usando o algoritmo MAODV. Em seguida, o caminho com menor mobilidade e energia residual elevada é selecionado para transmissão. Durante a verificação da rota, se a maioria dos vizinhos for alterada ou se a energia residual for baixa, a fonte escolherá qualquer rota alternativa mais curta através do mecanismo de recuperação da rota. Através de resultados de simulação, demonstrámos que a técnica proposta melhora a taxa de entrega de pacotes e o rendimento e minimiza o atraso extremo-a-extremo, o consumo de energia e a sobrecarga de controlo.

Referências

[1] E. Esmaeili, P. Akhlaghi, M. Dehghan, M. Fathi. A New Multi-Path Routing Algorithm with Local Recovery Capability in Mobile Ad-hoc Networks. Int. J. Wireless Mobile Network. (IJWMN). 6(3). 2014..

[2] Ravindra Eklarker, Vinayadatt. V. Kohir, V.D. Mytri. SARP: Self Acknowledge Routing protocol for Route maintenance in Mobile Ad-hoc Network. Int. J. Sci. Eng. Res. 4(5). 2013..

[3] S. Subburam, P. Sheik Abdul Khader, Efficient two hop local route repair mechanism using Qos-aware routing for Mobile Ad-hoc Networks, Indian J. Sci. Technol. 5 (11) (2012).

[4] Zifen Yang,Deqian Fu,Lihua Han,and Seong Tae Jhang. Descoberta de Rota Melhorada Baseada na Construção de Conjunto Dominante Conectado em MANET. Jornal Internacional de Redes de Sensores Distribuídos. 2015. Artigo ID 612102.7.

[5] Devi Manickavelu, Rhymend Uthariaraj Vaidyanathan, Particle swarm optimization (PSO) - based node and link lifetime prediction algorithm for route recovery in MANET, EURASIP J. Wire. Commun. Network. 2014 (1) (2014), https://doi.org/10.1186/1687-1499-2014-107.

[6] Zilu Liang, Yuzo Taenaka, Takefumi Ogawa e Yasushi Wakahara, "Pro-Reactive Route Recovery with Automatic Route Shortening in Wireless Ad Hoc Networks", Tenth International Symposium on Autonomous Decentralized Systems,2011.

[7] Saaidal Razalli Azzuhri, Muhammad Badri Mhd Noor,Jafferi Jamaludin ,Ismail Ahmedy e Rafidah Md Noor, "Towards a Better Approach for Link Breaks Detection and Route Repairs Strategy in AODV Protocol",Hindawi Wireless Communications and Mobile Computing,Volume 2018, Article ID 9029785, 9.

[9] S. Revathi, T.R. Rangaswamy, Dynamic route shortening and route repairing mechanism for Mobile Ad-hoc Networks, J. Comput. Sci. 8 (8) (2012) 1212-1218.

[10] Liang Huang, Fubao Wang, Guoqiang Yan, Weijun Duan, Um Algoritmo Eficiente de Otimização Dinâmica de Rotas para Redes Móveis Ad-hoc, Elsevier, Procedia Environ. Sci. 11 (2011) (2011) 518-524.

Capítulo 16: Protocolo de roteamento oportunista baseado em reputação usando Q-Learning para MANET atacadas por nós maliciosos

1. Introdução

Uma rede móvel ad-hoc (MANET) inclui vários tipos de nós móveis independentes, como tablets, relógios inteligentes e smartphones. Cada um destes nós apresenta características dinâmicas e descentralizadas. Uma vez que as MANET podem comunicar sem uma rede de infra-estruturas, são úteis em situações de emergência, como catástrofes naturais ou guerras. Os estudos sobre o encaminhamento rápido e preciso em tais situações têm sido considerados de grande importância, uma vez que é importante receber informações rapidamente quando se envia um sinal de salvamento ou se procura o inimigo numa área hostil [1].

No entanto, a desconexão de caminhos ocorre frequentemente em MANETS devido à mobilidade de cada nó nestas redes; isto também faz com que a estrutura da rede seja frequentemente alterada, o que torna difícil garantir uma boa qualidade de serviço (QoS) em relação à fiabilidade do caminho ou ao tempo de vida da rede [2]. Devido a esta complexidade, surge o problema de encontrar o caminho ótimo que garanta uma boa QoS numa MANET; este problema é conhecido como um problema NP-completo [3]. Além disso, os protocolos de encaminhamento tradicionais para as MANET, tais como os protocolos Ad hoc On-Demand Distance Vetor (AODV) [4] e Dynamic Source Routing (DSR) [5], começam por determinar o caminho ótimo e depois começam a transmitir os pacotes. Devido a este cálculo adicional, surge o problema do aumento do consumo de energia em ambientes de redes móveis em que o fornecimento de energia é limitado [6].

Para ultrapassar este inconveniente, foi proposto o encaminhamento oportunista como método de encaminhamento para as MANET. Ao contrário dos protocolos de encaminhamento tradicionais para as MANET, o encaminhamento oportunista considera os meios de comunicação sem fios partilhados como uma oportunidade. A ideia-chave por detrás do encaminhamento oportunista é utilizar eficazmente as transmissões. Em vez de pré-selecionar um caminho de encaminhamento especificado, o encaminhamento oportunista transmite pacotes de dados a vários vizinhos que mais tarde formam o conjunto de retransmissores candidatos. Os pacotes efectivos são então encaminhados para o destino final.

O encaminhamento oportunista explora a receção do mesmo pacote em vários nós para melhorar o desempenho da rede, reduzindo significativamente o número de retransmissões de pacotes causadas por falhas na ligação. Claramente, o encaminhamento oportunista pode ser aplicado a todos os tipos de redes multihop sem fios. Além disso, em comparação com os protocolos de encaminhamento MANET tradicionais, o encaminhamento oportunista tem um custo de transmissão mais baixo. Por conseguinte, é utilizado para evacuação e recuperação de emergência, realização de levantamentos naturais em zonas rurais, comunicação em redes veiculares, redes ad hoc voadoras (FANET) e redes de sensores subaquáticos (UWSN) [7], [8], [9], [10].

Juntamente com estas vantagens, o encaminhamento oportunista tem uma desvantagem principal: os nós vizinhos gastam demasiada memória para transmitir um único pacote. A transmissão frequente de mensagens tem o efeito de saturar rapidamente o buffer, impedindo assim o envio de outras mensagens. Esta é uma desvantagem fatal para os terminais móveis que não dispõem de espaço de memória suficiente.

Para resolver este problema, são necessários algoritmos de encaminhamento oportunistas para reduzir a carga do buffer de cada nó. O Extremely Opportunistic Routing (ExOR) [11] é considerado o algoritmo de encaminhamento oportunista mais típico. Ele permite a transmissão para todos os nós vizinhos; assim, todos eles podem participar do encaminhamento do pacote. O ExOR usa um agendador para permitir que apenas um encaminhador transmita pacotes de cada vez. No entanto, se o número de reencaminhadores que participam no encaminhamento aumentar, todos os reencaminhadores, exceto o nó que está a transmitir, precisam de esperar até chegar a sua vez. À medida que o número de encaminhadores aumenta, o tempo de espera aumenta. Portanto, o ExOR não é adequado para redes de grande porte, pois sua utilização pode prejudicar o desempenho.

Outro problema a ultrapassar no encaminhamento das MANET é o facto de poderem ser encontrados vários obstáculos durante o processo de encaminhamento. Um problema típico é o ataque blackhole [12], em que um nó malicioso incluído num caminho de encaminhamento deixa cair intencionalmente um pacote. A rede tem de detetar estes nós maliciosos e operar com base na fiabilidade. Outra variante do método de ataque, conhecido como "gray hole attack" [13], implica o envolvimento inicial de um nó no encaminhamento, semelhante a um nó normal, mas que depois se transforma num nó malicioso ao longo do tempo. Isto significa que o protocolo de encaminhamento numa MANET deve detetar não só os nós naturalmente maliciosos, mas também os nós adaptativamente maliciosos.

Assim, neste documento, para efetuar um encaminhamento eficiente numa situação em que os nós podem ser atacados, propomos um novo método de encaminhamento oportunista denominado encaminhamento oportunista de reputação baseado em Q-learning (RORQ). O RORQ não transmite um pacote para todos os nós vizinhos, mas apenas encaminha um pacote para alguns nós de confiança, reduzindo assim o desperdício de memória, que é um problema nos métodos tradicionais de encaminhamento oportunista. O método de encaminhamento proposto pode ser adaptado e utilizado num ambiente móvel flexível utilizando a aprendizagem por reforço. Além disso, ao gerir a confiança de um nó utilizando uma técnica de incentivo, cada nó induz arbitrariamente o reencaminhamento de pacotes para outros nós, e os nós maliciosos são naturalmente isolados.

Os principais contributos deste documento são os seguintes:
(1) Desenvolvemos um algoritmo de encaminhamento que efectua o Q-learning com base no feedback recebido do resultado do encaminhamento de cada nó para que o pacote chegue ao seu destino. Assim, será possível um encaminhamento eficiente numa MANET sem qualquer conhecimento prévio de toda a estrutura da

rede. Além disso, tendo em conta a quantidade de energia de cada nó, espera-se que o tempo de vida de toda a rede seja prolongado numa rede que contenha um nó malicioso.

(2) A confiança dos nós é gerida através de uma técnica de incentivo, que se baseia na teoria dos jogos. A confiança de um nó é avaliada pela sua reputação, uma métrica utilizada neste estudo; e para nós maliciosos, este valor é naturalmente reduzido. O método proposto pode reduzir a taxa de perda de pacotes, excluindo os nós maliciosos que têm uma reputação inferior a um determinado valor.

(3) Medimos os resultados de várias simulações para comparar o nosso método proposto não só com o algoritmo de encaminhamento tradicional, mas também com outros métodos de encaminhamento de última geração. Assumimos a presença de ataques do tipo blackhole e gray hole e comparámos os desempenhos de todos os métodos utilizando vários indicadores; o nosso método apresentou um desempenho superior em ambos os tipos de ataques.

2. Trabalhos relacionados

Neste ponto, fazemos uma breve revisão dos métodos de encaminhamento oportunista que utilizam a aprendizagem por reforço, a teoria dos jogos e métodos abrangentes. Estas técnicas estão relacionadas com o esquema proposto.

A. ENCAMINHAMENTO OPORTUNISTA BASEADO NA APRENDIZAGEM REFORÇADA

Os métodos de encaminhamento oportunista que utilizam a aprendizagem por reforço têm sido amplamente estudados. Em primeiro lugar, Kexin et al. [14] propuseram um método de encaminhamento oportunista baseado na aprendizagem por reforço (RLORa) para a transmissão de vídeo em direto. Eles propuseram uma nova métrica de custo de caminho chamada atraso esperado de qualquer caminho (EAD) para estimar o atraso de ponta a ponta com mais precisão. O EAD inclui o tempo médio de espera de um pacote numa fila de nós, o tempo necessário para que um pacote seja transmitido com êxito para pelo menos um dos conjuntos de nós de encaminhamento candidatos e o tempo total que demora desde o conjunto de nós de encaminhamento candidatos até ao seu destino. Estes autores efectuaram simulações numéricas que mostraram que o método proposto equilibrava o tráfego da rede, garantindo uma melhor qualidade média de visualização em redes sem fios multihop. No entanto, como a métrica EAD só funciona assumindo situações em que a localização dos nós é fixa, ela não é adequada para MANETs em que os nós se movem com frequência.

Zhu et al. [15] conceberam um protocolo de encaminhamento oportunista baseado na aprendizagem por reforço (ROEVA) para redes de sensores acústicos submarinos. O ROEVA resolve o problema do encaminhamento vazio utilizando um novo método chamado verificação de disponibilidade de dois saltos para detetar nós vazios. Este método filtra os nós vazios, verificando se existe um nó mais próximo do destino antes de transmitir o conjunto de nós candidatos a reencaminhadores. Os resultados da simulação demonstraram que a taxa de retransmissão pode ser reduzida porque a taxa de transferência de pacotes é superior à de outros métodos existentes. No entanto, o ROEVA não considera situações em que os nós se podem deslocar.

Zhang et al. [16] introduziram um método de seleção de nós de retransmissão utilizando Q-learning num ambiente de rede de sensores subaquáticos. Propuseram um novo protocolo de encaminhamento oportunista baseado na aprendizagem por reforço (RLORb) que encontra um caminho de desvio entrando no modo de recuperação quando retransmite um nó vazio para reduzir a possibilidade de selecionar um nó vazio ao selecionar um nó de retransmissão. Simulações exaustivas mostraram que o RLORb era superior a outros métodos em vários aspectos. Embora o desempenho do ROLRb tenha sido excelente, semelhante ao de outros métodos, ele também não considerou situações envolvendo nós maliciosos.

Bhorkar et al. [17] propuseram um esquema de encaminhamento baseado na aprendizagem por reforço, designado algoritmo de encaminhamento oportunista adaptativo distribuído (d-AdaptOR). d-AdaptOR encontra o melhor nó retransmissor utilizando um modelo probabilístico designado por melhor pontuação estimada (EBS). O d-AdaptOR garante encontrar o caminho de encaminhamento ótimo sem qualquer conhecimento da rede, mesmo com conhecimento incorreto. No entanto, este algoritmo não é adequado para o ambiente considerado neste trabalho porque não consegue distinguir se um ACK se perdeu devido à instabilidade da rede ou a um nó malicioso.

Além disso, muitos estudos semelhantes [18], [19] foram realizados, mas todos eles assumem que os nós que participam no processo de encaminhamento são altruístas, sem considerar o problema da existência de nós maliciosos na rede [20]. Portanto, neste estudo, propomos um novo algoritmo de encaminhamento oportunista que pode reduzir a perda de pacotes num ambiente de rede não ideal que inclui nós maliciosos.

B. ENCAMINHAMENTO OPORTUNISTA BASEADO NA TEORIA DOS JOGOS

Os métodos de encaminhamento oportunista estudados até agora são eficazes quando todos os nós são cooperativos, mas não é possível garantir que todos os nós de uma rede sejam altruístas. Os terminais móveis consomem energia de uma fonte de alimentação para encaminhar os pacotes. Uma vez que esta fonte é limitada, todos os terminais móveis precisam de utilizar a sua energia ao mínimo. O encaminhamento não funcionará corretamente se todos os nós da rede se comportarem desta forma; a teoria dos jogos é amplamente utilizada para resolver este problema [21].

Zhang et al. [22] propuseram um mecanismo de incentivo de leilão (AIM) para incentivar a cooperação entre nós para o encaminhamento oportunista. O AIM utiliza um jogo de leilão, que se baseia na teoria dos jogos, em que o nó de origem paga incentivos ao nó recetor. Ao encaminhar, o nó de origem faz um lance para os nós vizinhos, e o nó se torna o próximo licitante. Estes autores apresentaram uma solução de equilíbrio Bayesiano de Nash que permite que todos os nós obtenham o máximo benefício. Através de simulações, verificaram que o AIM também pode reduzir o consumo de energia de toda a rede. No entanto, embora o AIM pudesse fazer com que os nós egoístas participassem do encaminhamento, ele não foi projetado para redes com nós mal-intencionados que intencionalmente descartam pacotes.

Wu et al. [23] apresentaram o primeiro protocolo de cooperação óptima para o mecanismo de encaminhamento e encaminhamento oportunista multirrede (COMO). O COMO é um método usado para manipular as métricas de entrada/saída de cada nó usando uma técnica de incentivo. Isto garante que, ao seguir o protocolo de encaminhamento COMO, cada nó maximiza o seu lucro. Além disso, o COMO garante a fidelidade de cada jogador e maximiza o rendimento de ponta a ponta. O COMO funciona eficazmente sob o pressuposto de que todos os nós são razoáveis, mas não consegue lidar com nós maliciosos que se comportam de forma irracional. Isto deve-se ao facto de os nós maliciosos irracionais não se preocuparem com a sua própria utilidade, uma vez que a sua intenção é sobretudo degradar o desempenho do sistema [24].

Zhong et al. [25] estudaram o encaminhamento oportunista consciente da energia e da confiança (ETOR) na Internet das Coisas social de rádio cognitivo (CR-SIoT). Eles definiram um conjunto de candidatos a encaminhamento usando uma nova métrica de encaminhamento que incluía confiança e eficiência energética. O ETOR foi concebido com base nesta métrica de encaminhamento e no fator de interferência. Foi demonstrado que a taxa de transmissão de pacotes e o tempo de vida da rede aumentaram em comparação com os métodos existentes quando os nós com comportamento inadequado foram incluídos. No entanto, o ETOR não conseguiu lidar com nós maliciosos que mudaram seu padrão de comportamento, como os nós que realizaram um ataque de buraco cinza.

Zhong et al. [26] introduziram um sistema de encaminhamento oportunista seguro diferenciado por tráfego (DSOR) numa perspetiva de teoria dos jogos. O DSOR considera o valor de confiança dos nós, os recursos disponíveis e as condições de cada fluxo. De acordo com estas métricas, o DSOR selecciona o encaminhador utilizando um sistema de leilão para garantir a QoS. O DSOR tem a vantagem de poder lidar com ataques de blackhole através da utilização de um sistema de confiança, mas tem a desvantagem de causar um atraso no processo de leilão, tal como a licitação numa rede de grande escala.

Su et al. [27] sugeriram um modelo de confiança baseado em roteamento oportunista (BTOR). O BTOR filtra os nós de encaminhamento com base no seu comportamento para combater os nós maliciosos. O BTOR calcula o valor da confiança como a soma ponderada da confiança direta e indireta. Tal como o DSOR, os métodos de encaminhamento baseados na confiança, como o BTOR, podem lidar eficazmente com os ataques blackhole, mas têm a desvantagem de serem difíceis de responder a ataques irregulares, como os gray holes.

Como já foi referido, alguns protocolos de encaminhamento oportunista existentes têm ideias novas para lidar com nós maliciosos com base na teoria dos jogos. Estes métodos podem, até certo ponto, reduzir a perda de pacotes e o consumo de energia. No entanto, estes métodos só funcionam eficazmente quando se mantêm determinadas condições, como o facto de todos os nós, incluindo os nós maliciosos, serem razoáveis. Além disso, estes métodos são problemáticos na medida em que são vulneráveis a alterações na rede. Neste estudo, propomos um novo método de encaminhamento oportunista para ultrapassar estas deficiências.

C. PROTOCOLOS DE ENCAMINHAMENTO GLOBAIS

Com o desenvolvimento de protocolos de encaminhamento, foram efectuados muitos estudos sobre métodos de encaminhamento que combinam várias tecnologias [31], [32], [33]. Uma vez que estes estudos de investigação sobre integração estão intimamente relacionados com o nosso método, serão aqui apresentados em pormenor.

Rovira-Sugranes et al. [28] propuseram um protocolo de encaminhamento Q totalmente ecoado (SAQ) baseado em recozimento simulado para redes ad hoc voadoras (FANET). O recozimento simulado é um método meta-heurístico utilizado para resolver vários problemas do mundo real com base no princípio da termodinâmica [34]. O Simulated annealing Q-learning (SAQ) utilizou o parâmetro de temperatura T para refletir a mobilidade dos nós. Tem a vantagem de convergir rapidamente para redes com velocidades elevadas dos nós, como a FANET. Além disso, o SAQ pode evitar loops de encaminhamento, garantindo que o mesmo nó não seja incluído no caminho de encaminhamento mais de uma vez. No entanto, uma vez que o SAQ não prevê o controlo do congestionamento, pode ocorrer um problema de buraco no encaminhamento, em que um nó específico consome mais energia e morre rapidamente.

Chen et al. [29] apresentaram um protocolo de encaminhamento cooperativo multihop baseado em Q-learning (QMCR) para redes de sensores acústicos subaquáticos (UASN). O QMCR pode economizar o consumo de energia ao encaminhar pacotes para nós retransmissores através de comunicação cooperativa. A comunicação cooperativa é um método em que um dos nós entre o nó transmissor e o nó recetor é selecionado para amplificar o sinal enviado pelo nó transmissor. Além disso, uma vez que o QMCR se baseia no Q-learning, pode ser aplicado a um ambiente de rede dinâmico, como as MANET. No entanto, como o QMCR requer a suposição de que todos os nós vizinhos cooperam para obter o melhor desempenho, não se pode esperar um desempenho ideal num ambiente com nós maliciosos.

Li et al. [30] estudaram um algoritmo de roteamento oportunista baseado em previsão de probabilidade (PRO) para redes ad hoc veiculares (VANET). O PRO prevê a probabilidade da relação sinal-interferência mais ruído (SINR) e o comprimento da fila de pacotes (PQL) dos nós vizinhos. Ao calcular a função de utilidade utilizando estes dois parâmetros, o PRO selecciona o melhor nó de encaminhamento. O PRO mostrou um excelente desempenho de encaminhamento, como o rácio de entrega de pacotes e o atraso extremo-a-extremo num ambiente VANET em rápida evolução; no entanto, é difícil de aplicar a MANET porque não considera a energia residual dos nós. Além disso, o PRO também não prevê nenhuma contramedida contra nós maliciosos.

Embora estes vários estudos tenham obviamente deixado resultados dignos de nota, é difícil aplicá-los ao nosso ambiente hipotético devido a vários obstáculos. Na próxima secção, definimos claramente o ambiente de rede e propomos um novo método de protocolo de encaminhamento adequado a este ambiente.

3. Método

Neste estudo, propomos um novo protocolo de encaminhamento de aprendizagem por reforço para MANETs, denominado encaminhamento oportunista de reputação baseado em Q-learning (RORQ). Utilizando este protocolo, que funciona com base na teoria dos jogos, um sistema de reputação pode detetar e excluir nós maliciosos numa rede para um encaminhamento eficiente. Assim, o nosso método pode encontrar um caminho de encaminhamento mais eficaz num ambiente atacado por nós maliciosos.

4. Conclusão

Neste artigo, propomos um novo método de encaminhamento oportunista para ultrapassar o encaminhamento que é vulnerável a nós maliciosos no atual encaminhamento oportunista das MANETs. No método proposto, a reputação é calculada com base no resultado do encaminhamento de um nó, e o conjunto de encaminhamento candidato é selecionado com base nesta reputação. Isto permite um encaminhamento eficiente em MANETs que contêm nós maliciosos sob ataques blackhole e gray hole. Além disso, o método proposto é adequado para um ambiente MANET flexível porque se baseia na aprendizagem Q, um tipo de aprendizagem por reforço. Os resultados experimentais mostraram que, para redes que contêm nós maliciosos, o método proposto foi mais eficiente do que o Q-routing tradicional e do que os protocolos de encaminhamento mais avançados, como o BTOR, o SAQ e o QMCR, em termos de várias métricas, como o rácio de perda de pacotes, o atraso médio de fim de linha e o nível de energia.

O nosso método produz resultados significativos em dois obstáculos fundamentais nas MANET: uma estrutura de rede com elevada flexibilidade e perturbações no encaminhamento devido a ataques de queda de pacotes. No nosso trabalho futuro, pretendemos não só concentrar-nos em campos mais sofisticados, como a recolha de energia e a partilha de energia no encaminhamento, mas também em vários ataques, como o ataque wormhole. Além disso, planeamos estudar formas de aplicar o nosso método de encaminhamento não só a ambientes MANET, mas também a redes ad hoc voadoras (FANET) e a redes ad hoc veiculares (VANET).

Referências

[1] J. Tu, D. Tian e Y. Wang, "An active-routing authentication scheme in MANET", IEEE Access, vol. 9, pp. 34276-34286, 2021, doi: 10.1109/ACCESS.2021.3054891.

[2] L. Chen and W. Heinzelman, "A survey of routing protocols that support QoS in Mobile Ad-hoc Networks", IEEE Netw., vol. 21, no. 6, pp. 30-38, Dec. 2007, doi: 10.1109/MNET.2007.4395108.

[3] T.-N. Tran, T.-V. Nguyen, K. Shim, D. B. D. Costa e B. An, "A new deep Q-network design for QoS multicast routing in cognitive radio MANETs", IEEE Access, vol. 9, pp. 152841-152856, 2021, doi: 10.1109/ACCESS.2021.3126844.

[4] C. E. Perkins e E. M. Royer, "Ad-hoc on-demand distance vetor routing", em Proc. WMCSA 2nd IEEE Workshop Mobile Comput. Syst. Appl., Fev. 1999, pp. 90-100, doi: 10.1109/MCSA.1999.749281.

[5] D. Johnson e D. Maltz, "Dynamic source routing in ad hoc wireless networks", em Mobile Computing (International Series in Engineering and Computer Science), vol. 353, T. Imielinski e H. Korth, Eds. Boston, MA, EUA: Springer, 1996, pp. 153-181.

[6] Z. Chen, W. Zhou, S. Wu, and L. Cheng, "An adaptive on-demand multipath routing protocol with QoS support for high-speed MANET," IEEE Access, vol. 8, pp. 44760-44773, 2020, doi: 10.1109/ACCESS. 2020.2978582.

[7] N. Chakchouk, "A survey on opportunistic routing in wireless communication networks", IEEE Commun. Surveys Tuts., vol. 17, no. 4, pp. 2214-2241, 4th Quart., 2015, doi: 10.1109/COMST.2015.2411335.

[8] C. Celes, A. Boukerche, and A. A. F. Loureiro, "MOP: A novel mobility aware opportunistic routing protocol for connected vehicles," in Proc. IEEE Symp. Comput. Commun. (ISCC), Jul. 2020, pp. 1-6.

[9] Q. Sang, H. Wu, L. Xing, H. Ma, and P. Xie, "An energy-efficient opportunistic routing protocol based on trajectory prediction for FANETs," IEEE Access, vol. 8, pp. 192009-192020, 2020.

[10] S. Karim, F. K. Shaikh, B. S. Chowdhry, Z. Mehmood, U. Tariq, R. A. Naqvi e A. Ahmed, "GCORP: Geographic and cooperative opportunistic routing protocol for underwater sensor networks", IEEE Access, vol. 9, pp. 27650-27667, 2021.

[11] S. Biswas and R. Morris, "ExOR: Opportunistic multi-hop routing for wireless networks", in Proc. SIGCOMM, Philadelphia, PA, USA, Aug. 2005, pp. 133-144.

[12] A. M. El-Semary e H. Diab, "BP-AODV: protocolo de roteamento AODV protegido contra buracos negros para MANETs baseado em mapa caótico", IEEE Access, vol. 7, pp. 95197-95211, 2019, doi: 10.1109/ACCESS.2019.2928804.

[13] J.-M. Chang, P.-C. Tsou, I. Woungang, H.-C. Chao, e C.-F. Lai, "Defesa contra ataques colaborativos por nós maliciosos em MANETs: Uma abordagem cooperativa de deteção de iscos", IEEE Syst. J., vol. 9, no. 1, pp. 65-75, Mar. 2015, doi: 10.1109/JSYST.2013.2296197.

[14] K. Tang, C. Li, H. Xiong, J. Zou, and P. Frossard, "Reinforcement learning-based opportunistic routing for live video streaming over multi-hop wireless networks", in Proc. IEEE 19th Int. Workshop Multimedia Signal Process. (MMSP), outubro de 2017, pp. 1-6, doi: 10.1109/MMSP.2017.8122255.

[15] R. Zhu, Q. Jiang, X. Huang, D. Li, and Q. Yang, "A reinforcement learning- based opportunistic routing protocol for energy-efficient and void-avoided UASNs", IEEE Sensors J., vol. 22, no. 13, pp. 13589-13601, Jul. 2022, doi: 10.1109/JSEN.2022.3175994.

[16] Y. Zhang, Z. Zhang, L. Chen, and X. Wang, "Reinforcement learning-based opportunistic routing protocol for underwater acoustic sensor networks", IEEE Trans. Veh. Technol., vol. 70, no. 3, pp. 2756-2770, Mar. 2021, doi: 10.1109/TVT.2021.3058282.

[17] A. A. Bhorkar, M. Naghshvar, T. Javidi, and B. D. Rao, "Adaptive opportunistic routing for wireless ad hoc networks", IEEE/ACM Trans. Netw., vol. 20, no. 1, pp. 243-256, Fev. 2011, doi: 10.1109/TNET.2011.2159844.

[18] X. He, H. Jiang, Y. Song, C. He e H. Xiao, "Routing selection with reinforcement learning for energy harvesting multi-hop CRN", IEEE Access, vol. 7, pp. 54435-54448, 2019, doi: 10.1109/ACCESS.2019.2912996.

[19] D. M. Casas-Velasco, O. M. C. Rendon, and N. L. S. da Fonseca, "Intelligent routing based on reinforcement learning for software-defined networking", IEEE Trans. Netw. Service Manage, vol. 18, no. 1, pp. 870-881, Mar. 2021, doi: 10.1109/TNSM.2020.3036911.

[20] X. Su, G. Peng, and S. Chan, "FORBID: Cope with Byzantine behaviors in wireless multi-path routing and forwarding," in Proc. IEEE Global Telecommun. Conf. (GLOBECOM), Dez. 2011, pp. 1-6, doi: 10.1109/GLOCOM.2011.6133892.

[21] F. Wu, T. Chen, S. Zhong, L. E. Li, and Y. R. Yang, "Incentive compatible opportunistic routing for wireless networks," in Proc. 14th ACM Int. Conf. Mobile Comput. Netw., Sep. 2008, pp. 303-314, doi: 10.1145/1409944.1409979.

[22] K. Zhang, R. Wang, and D. Qian, "AIM: An auction incentive mechanism in wireless networks with opportunistic routing", in Proc. 13th IEEE Int. Conf. Comput. Sci. Eng., Dez. 2010, pp. 28-33, doi: 10.1109/CSE.2010.13.

[23] F. Wu, K. Gong, T. Zhang, G. Chen, and C. Qiao, "COMO: A game theoretic approach for joint multi rate opportunistic routing and forwarding in non-cooperative wireless networks", IEEE Trans. Wireless Commun., vol. 14, no. 2, pp. 948-959, Fev. 2015, doi: 10.1109/TWC.2014.2362914.

[24] W. Wang, L. Chen, K. G. Shin, and L. Duan, "Thwarting intelligent malicious behaviors in cooperative spectrum sensing", IEEE Trans. Mobile Comput., vol. 14, no. 11, pp. 2392-2405, Nov. 2015, doi: 10.1109/TMC.2015.2398446.

[25] X. Zhong, R. Lu, L. Li, and S. Zhang, "ETOR: Energy and trust aware opportunistic routing in cognitive radio social Internet of Things," in Proc. GLOBECOM IEEE Global Commun. Conf., Dez. 2017, pp. 1-6, doi: 10.1109/GLOCOM.2017.8254213.

[26] X. Zhong, R. Lu, L. Li, X. Wang, and Y. Zheng, "DSOR: A traffic differentiated secure opportunistic routing with game theoretic approach in MANETs," in Proc. IEEE Symp. Comput. Commun. (ISCC), Jun. 2019, pp. 1-6.

[27] B. Su, C. Du, and J. Huan, "Trusted opportunistic routing based on node trust model", IEEE Access, vol. 8, pp. 163077-163090, 2020, doi: 10.1109/ACCESS.2020.3020129.

[28] A. Rovira-Sugranes, F. Afghah, J. Qu, and A. Razi, "Fully-echoed Qrouting with simulated annealing inference for flying adhoc networks", IEEE Trans. Netw. Sci. Eng., vol. 8, no. 3, pp. 2223-2234, Jul. 2021, doi: 10.1109/TNSE.2021.3085514.

[29] Y. Chen, K. Zheng, X. Fang, L. Wan e X. Xu, "QMCR: Um protocolo de encaminhamento cooperativo multi-hop baseado em Q-learning para redes de sensores acústicos subaquáticos", China Commun., vol. 18, no. 8, pp. 224-236, Aug. 2021, doi: 10.23919/JCC.2021.08.016.

[30] N. Li, J.-F. Martínez-Ortega, V. H. Díaz, and J. A. S. Fernandez, "Probability prediction-based reliable and efficient opportunistic routing algorithm for VANETs," IEEE/ACM Trans. Netw., vol. 26, no. 4, pp. 1933-1947, Aug. 2018.

[31] A. Abuashour e M. Kadoch, "Performance improvement of cluster-based routing protocol inVANET", IEEE Access, vol. 5, pp. 15354-15371, 2017.

[32] H. Zhang, X. Wang, P. Memarmoshrefi e D. Hogrefe, "A survey of ant colony optimization-based routing protocols for Mobile Ad-hoc Networks", IEEE Access, vol. 5, pp. 24139-24161, 2017.

[33] A. Bhardwaj e H. El-Ocla, "Multipath routing protocol using genetic algorithm in Mobile Ad-hoc Networks", IEEE Access, vol. 8, pp. 177534-177548, 2020.

[34] H. S. Alamri e K. Z. Zamli, "PMT: Técnica de aprendizagem baseada na oposição para melhorar o desempenho meta-heurístico", IEEE Access, vol. 7, pp. 97654-97672, 2019, doi: 10.1109/ACCESS.2019.2925088.

[35] M. Joa-Ng and I.-T. Lu, "A peer-to-peer zone-based two-level link state routing for Mobile Ad-hoc Networks", IEEE J. Sel. Areas Commun., vol. 17, no. 8, pp. 1415-1425, Aug. 1999, doi: 10.1109/49.779923.

[36] C. Balanis, Antenna Theory: Analysis and Design. Nova Iorque, NY, EUA: Wiley, 1997.

[37] H. Shen and Z. Li, "A hierarchical account-aided reputation management system for MANETs", IEEE/ACM Trans. Netw., vol. 23, no. 1, pp. 70-84, Feb. 2015, doi: 10.1109/TNET.2013.2290731.

[38] R. S. Sutton and A. G. Barto, Reinforcement Learning: An Introduction. Cambridge, MA, EUA: MIT Press, 1998.

[39] C. J. C. H. Watkins, "Learning from delayed rewards", dissertação de doutoramento, Dept. Comput. Sci., Univ. Cambridge, Cambridge, U.K., 1989.

[40] J. A. Boyan and M. L. Littman, "Packet routing in dynamically changing networks: A reinforcement learning approach", Proc. 6th Int. Conf. Neural Inf. Process. Syst., São Francisco, CA, EUA, novembro de 1993, pp. 671-678.

Capítulo 17: TFACR: Um novo algoritmo de controlo de topologia para melhorar o desempenho das MANET baseadas em 5G, ajustando de forma flexível o raio de cobertura

1. Introdução

A tecnologia de comunicação sem fios está a evoluir rapidamente e desempenha um papel cada vez mais importante nas redes de comunicação de dados. Entre os modelos de redes sem fios, as redes ad-hoc móveis (MANET) estão a ser cada vez mais aplicadas em muitos domínios, como as cidades inteligentes, a agricultura inteligente, o tráfego inteligente e os ecossistemas IoT [1]. Uma MANET funciona como uma rede peer-to-peer sem controlo central. Como os nós se deslocam frequentemente, a topologia também se altera. Consequentemente, a tabela de encaminhamento em cada nó deve ser actualizada regularmente em resposta às alterações da topologia [2]. A Figura 1 mostra um exemplo de uma rede ad-hoc sem fios em que a topologia e as tabelas de encaminhamento são actualizadas devido ao movimento dos nós. Considere-se o caso apresentado na Figura 1a. De acordo com o princípio da rede ad-hoc sem fios, se dois nós estiverem dentro do seu raio de cobertura, estão ligados através de uma ligação sem fios. Consequentemente, é formada uma topologia com sete nós e oito ligações sem fios. Assumindo que é utilizado um algoritmo de encaminhamento baseado na contagem de saltos (como o Dynamic Source Routing (DSR) [10], o Destination Sequenced Distance Vetor (AODV) [11], ou outros), a rota de A para G é A → B →D → G com base na informação armazenada na tabela de encaminhamento dos nós. Após um determinado período, o nó G desloca-se para uma nova localização (Figura 1b). As ligações sem fios entre D e G foram desligadas porque a distância entre eles era maior do que o raio de cobertura. Devido à mudança de topologia, a tabela de roteamento nos nós também deve ser atualizada. Assim, a rota de A para G muda para A→C→E→F→G.

Recentemente, as MANET baseadas na tecnologia 5G têm sido investigadas e implantadas para alargar o âmbito de aplicação das MANET no contexto da crescente tecnologia de rede 5G [1], [3], [4], [5], [6], [7], [8], [9]. Uma caraterística marcante da tecnologia de rede 5G é a utilização de canais de transmissão de banda larga. Isso permite melhorar a taxa de transferência e reduzir o atraso de ponta a ponta em MANET baseadas em 5G. No entanto, como a procura de tráfego nas MANET baseadas no 5G é elevada, os nós da rede estão frequentemente sujeitos a grandes cargas de tráfego. Este é um desafio significativo para a MANET baseada em 5G em termos de garantia de qualidade de serviço (QoS). Por conseguinte, a melhoria do desempenho das MANET baseadas no 5G atraiu recentemente a atenção de vários grupos de investigação. Alguns dos tópicos mais comuns que têm sido desenvolvidos incluem protocolos de encaminhamento [12], [13], [14], [15], [16], [17], [18], controlo da topologia da rede [19], [20], [21], [22], [23], [24], [25], [26], [27], modelos de mobilidade [28], [29], [30] e avaliação do desempenho da rede [31], [32], [33]. Entre estes tópicos, o controlo de topologia é o mais interessante. Este problema NP-hard não pode ser resolvido com algoritmos convencionais. Por conseguinte, são frequentemente utilizados métodos de otimização aproximados para resolver este problema. Alguns métodos foram recentemente implementados, tais como metodologias de aproximação local [34], lógica difusa [27] e algoritmos de aprendizagem automática [23], [35], [36]. Neste estudo, propomos um algoritmo ótimo para resolver o problema de controlo topológico para MANET baseadas em 5G, denominado Controlo Topológico por Ajuste Flexível do Raio de Cobertura (TFACR). As principais contribuições deste estudo são as seguintes.

(i) Propomos o TFACR, um novo algoritmo de controlo de topologia para MANET baseadas em 5G, para melhorar o seu desempenho. O principal objetivo do algoritmo TFACR é construir uma topologia para a MANET baseada em 5G com o grau de cada nó próximo do grau desejado. Isto é conseguido ajustando de forma flexível o alcance de comunicação de cada nó sob as restrições de grau dos seus vizinhos.

(ii) Implementamos o TFACR e alguns outros algoritmos de controlo de topologia em conjunto com o protocolo de encaminhamento baseado na aprendizagem por reforço (RLRP), o vetor de distância sequenciado no destino (DSDV) e os protocolos de encaminhamento AODV numa MANET baseada em 5G, utilizando a estrutura OMNeT++ e INET para avaliar o desempenho dos algoritmos de controlo de topologia.

Há duas grandes diferenças entre o método proposto e as abordagens anteriores. Em primeiro lugar, quando um nó ajusta a área de comunicação para alterar o seu grau, é considerada a restrição de grau dos seus vizinhos. Isto é feito para evitar que um único nó seja desconectado da rede e para igualar o grau de todos os nós da rede. Em segundo lugar, o algoritmo de controlo de topologia proposto neste trabalho é considerado para MANET baseadas em 5G, em que há uma operação combinada de nós MANET e nós de rede 5G.

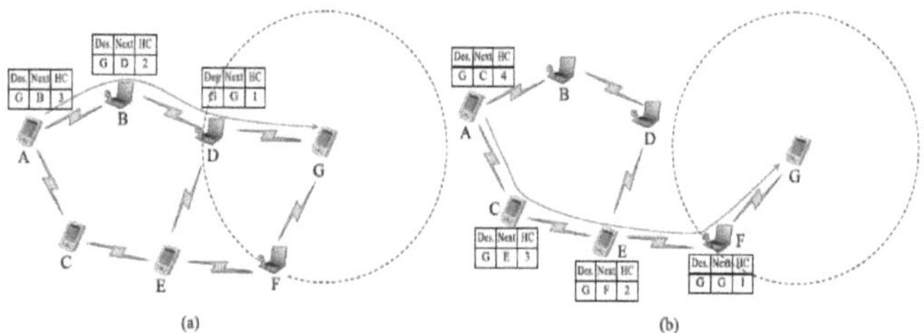

Figura 1. Exemplo de topologia e tabela de encaminhamento que são actualizadas numa MANET baseada em 5G.

2. Trabalhos relacionados

Nas MANET, se os nós estiverem dentro do raio de cobertura uns dos outros, uma ligação sem fios liga-os por defeito. Consequentemente, há alguns casos em que a topologia da rede tem muitas ligações sem fios, especialmente no caso de MANET baseadas em 5G com uma densidade de nós densa. Uma topologia com muitas ligações sem fios tem vantagens e desvantagens. A vantagem é que quanto maior for o número de ligações sem fios, maior será a conetividade da rede. A desvantagem é que quanto maior o número de ligações, maior o grau de cada nó, o que faz com que os nós gastem mais energia para manter a ligação. Outra grande desvantagem da topologia de rede sem fios multilink é que a interferência entre canais afecta significativamente a qualidade do serviço. Por conseguinte, é necessário controlar a topologia de modo a que o grau de cada nó ou o número de ligações sem fios na rede seja moderado e adequado à configuração e à carga de tráfego na rede. No entanto, como o controlo da topologia é um problema NP-difícil, não pode ser resolvido utilizando algoritmos convencionais. Determinar o algoritmo de controlo de topologia mais eficiente é um desafio significativo. Consequentemente, são frequentemente utilizados métodos de otimização aproximados para resolver este problema. Este método foi recentemente utilizado por vários grupos de investigação.

Os autores de [23] propuseram um algoritmo de controlo de topologia eficiente em termos energéticos, nomeadamente o Reinforcement Learning-based Communication Range Control (RL-CRC). O algoritmo RL-CRC utiliza a aprendizagem por reforço para ajustar de forma adaptativa o alcance de comunicação de cada um numa rede de sensores sem fios.

De acordo com os resultados da simulação, o RL-CRC consome significativamente menos energia do que os métodos tradicionais, mantendo o mesmo alcance médio de comunicação e grau dos nós. Em [25], os autores propuseram um algoritmo de controlo de topologia para redes ad-hoc, nomeadamente o Local Tree-based Reliable Topology (LTRT). Foi demonstrado teoricamente que o algoritmo LTRT assegura a ligação de k-arestas, mantendo as propriedades da árvore local de extensão mínima. A eficiência do LTRT e a sua superioridade em relação a outros algoritmos localizados foram demonstradas por resultados de simulação. Em [26], foi proposto um algoritmo de controlo topológico designado por Fault tolerant Local Spanning Subgraph (FLSS) para redes ad-hoc sem fios. O algoritmo FLSS minimiza a potência máxima de transmissão utilizada na rede. De acordo com os resultados da simulação, o FLSS não só tem uma melhor eficiência energética do que os algoritmos de controlo topológico tolerantes a falhas existentes, como também conduz a uma maior capacidade da rede.

Em [37], os autores propuseram um algoritmo de controlo de topologia para redes de sensores sem fios baseado numa árvore de extensão mínima (MST). Em comparação com os algoritmos existentes, o algoritmo proposto pode gerar uma topologia óptima em menos tempo. O controlo topológico com recurso à lógica difusa também foi recentemente implementado por vários grupos de investigação. Em [27], foi proposto um novo algoritmo de controlo topológico baseado na lógica difusa (FTC) com o objetivo principal de melhorar a conetividade da rede. O algoritmo FTC altera de forma adaptativa o alcance da comunicação para atingir o grau médio desejado dos nós. O desempenho do algoritmo FTC foi comparado com outros algoritmos bem conhecidos, utilizando um método de simulação. Em [40], os autores propuseram um método de controlo equilibrado da topologia da rede baseado no processo de hierarquia analítica difusa (FAHP). A topologia da rede foi construída utilizando quatro critérios: energia residual, grau dos nós, profundidade dos nós e potência de transmissão. As experiências demonstraram que o método proposto pode garantir uma qualidade de ligação robusta, melhorar efetivamente o débito de dados e reduzir o consumo de energia.

Recentemente, as redes definidas por software (SDN) têm sido utilizadas para resolver problemas de controlo de topologia [38], [39]. Para este método, os autores de [38] propuseram um algoritmo de controlo de topologia hierárquico eficiente em termos energéticos (EEHTC) para redes de sensores sem fios. O algoritmo EEHTC proposto divide-se em duas partes: controlo topológico de camada inferior (LTC) para nós sensores comuns (CSNs) e controlo topológico de camada superior (UTC) para nós sensores definidos por software (SSNs). Os resultados da simulação mostram que, em comparação com outros algoritmos, o algoritmo EEHTC pode efetivamente prolongar o tempo de vida da rede e reduzir o consumo de energia dos nós.

O controlo da topologia é fundamental para melhorar o desempenho da rede. Este problema pode ser resolvido de várias maneiras. Neste estudo, propusemos o TFACR, um novo e eficiente algoritmo de controlo de topologia para MANET baseadas em 5G. O algoritmo TFACR ajusta dinamicamente o raio de cobertura dos nós, considerando que o grau de seus vizinhos mantém o equilíbrio do grau do nó e atinge o grau desejado do nó. Os detalhes do algoritmo proposto e o conteúdo relacionado são apresentados nas secções seguintes.

3. Método

Neste estudo, investigámos algoritmos de controlo de topologia em redes ad-hoc móveis (MANET) baseadas em 5G. Foi proposto um novo algoritmo, nomeadamente o Controlo topológico por ajuste flexível do raio de cobertura (TFACR), para melhorar o desempenho da rede. A ideia principal do algoritmo TFACR é ajustar o raio de comunicação de forma flexível para obter o grau desejado de nós. A restrição de grau dos nós vizinhos é considerada cada vez que um nó ajusta a área de comunicação para garantir o equilíbrio do grau dos nós em toda a topologia da rede. O algoritmo TFACR é implementado nas estruturas OMNET++ e INET utilizando o protocolo de encaminhamento baseado na aprendizagem por reforço (RLRP), os protocolos de encaminhamento Ad-hoc On-demand Distance Vetor (AODV) e Destination Sequenced Distance Vetor (DSDV) para avaliar o seu desempenho.

4. Conclusão

Muitos grupos de investigação manifestaram recentemente interesse no controlo da topologia em MANET baseadas em 5G. Quanto mais optimizada for a topologia de um sistema de rede, melhor será o desempenho da rede. Para melhorar o desempenho da rede, propomos um algoritmo de controlo de topologia eficiente para MANET baseadas em 5G. A ideia principal do algoritmo proposto é ajustar dinamicamente o raio de cobertura para atingir o grau esperado dos nós. Cada vez que um nó ajusta a área de comunicação, a restrição de grau dos nós vizinhos é considerada para garantir o equilíbrio do grau dos nós em toda a topologia da rede. Os resultados da simulação nas estruturas OMNeT++ e INET mostram que o algoritmo proposto supera os algoritmos de controlo de topologia conhecidos em termos de grau médio dos nós, perda de percurso e consumo de energia.

Em trabalhos futuros, continuaremos a desenvolver o algoritmo, considerando restrições adicionais à qualidade da transmissão, como a interferência entre canais, a relação sinal-ruído e a relação de erro de bits, para melhorar ainda mais o desempenho da rede.

Referências

[1] K. Q. Vu, V. K. Solanki, e A. N. Le, A Saving Energy MANET Routing Protocol in 5G. Cham, Suíça: Springer, 2022, pp. 213-220, doi: 10.1007/978-3-030-79766-9_13.

[2] S. K. Sarkar, T. G. Basavaraju e C. Puttamadappa, Ad Hoc Mobile Wireless Networks-Principles, Protocols, and Applications. Milton Park, Reino Unido: Taylor & Francis Group, 2008.

[3] P. Yan, S. Choudhury, F. Al-Turjman e I. Al-Oqily, "Um algoritmo de controlo de topologia com eficiência energética para otimizar o tempo de vida das redes IoT ad-hoc sem fios em 5G e B5G", Comput. Commun., vol. 159, pp. 83-96, Jun. 2020, doi: 10.1016/j.comcom.2020.05.010.

[4] R. M. Alaez, E. Chirivella-Perez, J. M. A. Calero, and Q. Wang, "New topology management scheme in LTE and 5G networks", in Proc. IEEE 87th Veh. Technol. Conf. (VTC Spring), Porto, Portugal, Jun. 2018, pp. 1-5, doi: 10.1109/VTCSpring.2018.8417677.

[5] R. Bharathy, T. Manikandan, P. Keerthivasan, P. M. Fayaz, A. M. S. Zafer e K. M. Krishnan, "Typical MANET design for 5G communication network", em Ambient Communications and Computer Systems, Y.-C. Hu, S. Tiwari, M. C. Trivedi e K. K. Mishra, Eds. Singapura: Springer Nature, 2022, pp. 383-390.

[6] M. F. Khan, K.-L.-A. Yau, M. H. Ling, M. A. Imran, e Y.-W. Chong, "Um esquema de roteamento inteligente baseado em cluster em redes ad hoc voadoras 5G", Appl. Sci., vol. 12, no. 7, p. 3665, Abr. 2022, doi: 10.3390/app12073665.

[7] V. K. Quy, N. T. Ban e N. D. Han, "Um protocolo avançado de roteamento de alto desempenho e eficiência energética para MANET em 5G", J. Commun., vol. 13, pp. 743-749, Jun. 2018, doi: 10.12720/jcm.13.12.743-749.

[8] M. F. Khan e K. A. Yau, "Route selection in 5G-based flying adhoc networks using reinforcement learning", in Proc. 10th IEEE Int. Conf. Control Syst., Comput. Eng. (ICCSCE), agosto de 2020, pp. 23-28, doi: 10.1109/ICCSCE50387.2020.9204944.

[9] R. Nithya, K. Amudha, A. S. Musthafa, D. K. Sharma, E. H. Ramirez-Asis, P. Velayutham, V. Subramaniyaswamy e S. Sengan, "Um algoritmo de colónia de formigas baseado em fuzzy optimizado para 5G-MANET," Comput., Mater. Continua, vol. 70, no. 1, pp. 1069-1087, 2022, doi: 10.32604/cmc.2022.019221.

[10] D. Johnson, Y. Hu e D. Maltz, The Dynamic Source Routing Protocol (DSR) for Mobile Ad-hoc Networks for IPv4, documento RFC4728. [Online]. Disponível em: http://www.rfc-editor.org/rfc/rfc4728.txt

[11] C. Perkins, E. B. Royer, a nd S. Das, Ad hoc On-Demand Distance Vetor (AODV) Routing, documento RFC 3561. [Online]. Disponível: https://www.ietf.org/rfc/rfc3561.txt

[12] T. T. Duong e L. H. Binh, "IRSML: Um algoritmo de encaminhamento inteligente baseado na aprendizagem automática em redes sem fios definidas por software", ETRI J., vol. 44, no. 5, pp. 733-745, Out. 2022, doi: 10.4218/etrij.2021-0212.

[13] N. Li, J. Yan, Z. Zhang, J.-F. Martínez-Ortega e X.Yuan, "Encaminhamento oportunista baseado em controlo geográfico e topológico para redes ad hoc", IEEE Sensors J., vol. 21, n.º 6, pp. 8691-8704, Mar. 2021, doi: 10.1109/JSEN.2021.3049519.

[14] L. H. Binh e V. T. Tu, "QTA-AODV: Um algoritmo de encaminhamento melhorado para garantir a qualidade da transmissão para redes ad-hoc móveis utilizando o modelo de camadas cruzadas", J. Commun., vol. 13, n.º 7, pp. 338-349, 2018, doi: 10.12720/jcm.13.7.338-349.

[15] U. Zeb,W. U. Khan, S. Irfanullah, and A. Salam, "The impact of transmission range on performance of mobile ad-hoc network routing protocols," in Proc. 3rd Int. Conf. Comput., Math. Eng. Technol. (iCoMET), Jan. 2020, pp. 1-4, doi: 10.1109/iCoMET48670.2020.9074090.

[16] L. H. Binh and T. T. Duong, "Load balancing routing under constraints of quality of transmission in mesh wireless network based on software defined networking", J. Commun. Netw., vol. 23, no. 1, pp. 12-22, Fev. 2021, doi: 10.23919/JCN.2021.000004.

[17] A. Bhardwaj e H. El-Ocla, "Multipath routing protocol using genetic algorithm in Mobile Ad-hoc Networks", IEEE Access, vol. 8, pp. 177534-177548, 2020, doi: 10.1109/ACCESS.2020.3027043.

[18] T.-V. T. Duong, L. H. Binh, and V. M. Ngo, "Reinforcement learning for QoS-guaranteed intelligent routing in wireless mesh networks with heavy traffic load", ICT Exp., vol. 8, no. 1, pp. 18-22, 2022, doi: 10.1016/j.icte.2022.01.017.

[19] B. Devika and P. N. Sudha, "Power optimization in MANET using topology management", Eng. Sci. Technol., Int. J., vol. 23, no. 3, pp. 565-575, Jun. 2020.

[20] Q. Guan, F. R. Yu, S. Jiang, V. C. M. Leung e H. Mehrvar, "Topology control in Mobile Ad-hoc Networks with cooperative communications", IEEE Wireless Commun., vol. 19, no. 2, pp. 74-79, Abr. 2012, doi: 10.1109/MWC.2012.6189416.

[21] K. Genda, "Topology control method adopting optimal topology with minimum cumulative energy consumption over update interval in MANETs," in Proc. IEEE 17th Annu. Consum. Commun. Netw. Conf. (CCNC), Jan. 2020, pp. 1-6, doi: 10.1109/CCNC46108.2020.9045688.

[22] H. Nishiyama, T. Ngo, N. Ansari, and N. Kato, "On minimizing the impact of mobility on topology control in Mobile Ad-hoc Networks", IEEE Trans. Wireless Commun., vol. 11, no. 3, pp. 1158-1166, Mar. 2012, doi: 10.1109/TWC.2012.010312.110783.

[23] T. T. T. Le and S. Moh, "An energy-efficient topology control algorithm based on reinforcement learning for wireless sensor networks", Int. J. Control Autom., vol. 10, no. 5, pp. 233-244, maio de 2017, doi: 10.14257/ijca.2017.10.5.22.

[24] L. H. Binh and T. K. Truong, "An efficient method for solving router placement problem in wireless mesh networks using multi-verse optimizer algorithm", Sensors, vol. 22, no. 15, p. 5494, Jul. 2022, doi: 10.3390/s22155494.

[25] K. Miyao, H. Nakayama, N. Ansari, and N. Kato, "LTRT: An efficient and reliable topology control algorithm for ad-hoc networks", IEEE Trans. Wireless Commun., vol. 8, no. 12, pp. 6050-6058, Dez. 2009, doi: 10.1109/TWC.2009.12.090073.

[26] N. Li and J. C. Hou, "Localized fault-tolerant topology control in wireless ad hoc networks", IEEE Trans. Parallel Distrib. Syst., vol. 17, no. 4, pp. 307-320, Abr. 2006, doi: 10.1109/TPDS.2006.51.

[27] Y. Huang, J.-F. Martínez, V. Díaz, and J. Sendra, "A novel topology control approach to maintain the node degree in dynamic wireless sensor networks," Sensors, vol. 14, no. 3, pp. 4672-4688, Mar. 2014, doi: 10.3390/s140304672.

[28] O. S. Younes e U. A. Albalawi, "Analysis of route stability in mobile multi-hop networks under random waypoint mobility", IEEE Access, vol. 8, pp. 168121-168136, 2020, doi: 10.1109/ACCESS.2020.3023142.

[29] A. A. Agashe and S. K. Bodhe, "Performance evaluation of mobility models for wireless ad hoc networks", in Proc. 1st Int. Conf. Emerg. Trends Eng. Technol., 2008, pp. 172-175, doi: 10.1109/ICETET.2008.156.

[30] K. C. K. Naik, C. Balaswamy, and P. R. Reddy, "Performance analysis of OLSR protocol for MANETs under realistic mobility model," in Proc. IEEE Int. Conf. Electr., Comput. Commun. Technol. (ICECCT), Fev. 2019, pp. 1-5, doi: 10.1109/ICECCT.2019.8869406.

[31] J. Farooq, L. Bro, R. T. Karstensen, and J. Soler, "Performance evaluation of a multi-radio, multi-hop ad-hoc radio communication network for communications-based train control (CBTC)", IEEE Trans. Veh. Technol, vol. 67, no. 1, pp. 56-71, Jan. 2018, doi: 10.1109/TVT.2017.2777874.

[32] L. The Dung, B. An, N.-S. Kim, e D.-H. Kim, "An analytical model for performance evaluation of multi-hop paths in mobile ad-hoc wireless networks," in Proc. 4th Int. Conf. Ubiquitous Future Netw. (ICUFN), Jul. 2012, pp. 58-62, doi: 10.1109/ICUFN.2012.6261664.

[33] D. E. M. Ahmed, O. O. Khalifa, A. H. A. Hashim, and M. Yagoub, "Performance evaluation of ad hoc on-demand distance vetor routing protocol under video streaming," in Proc. 7th Int. Conf. Comput. Commun. Eng. (ICCCE), set. 2018, pp. 338-342, doi: 10.1109/ICCCE.2018.8539278.

[34] M. Damian, S. Pandit, and S. Pemmaraju, "Local approximation schemes for topology control," in Proc. 25th Annu. ACM Symp. Princ. Distrib. Comput., Jul. 2006, doi: 10.1145/1146381.1146413.

[35] X. Meng, H. Inaltekin e B. Krongold, "Deep reinforcement learning based topology optimization for self-organized wireless sensor networks", em Proc. IEEE Global Commun.

Conf. (GLOBECOM), dezembro de 2019, pp. 1-6, doi: 10.1109/GLOBECOM38437.2019.9014179.

[36] E. Testi, E. Favarelli, L. Pucci, and A. Giorgetti, "Machine learning for wireless network topology inference", in Proc. 13th Int. Conf. Signal Process. Commun. Syst. (ICSPCS), 2019, pp. 1-7.

[37] G. Wang, H. Wang, X. Cao, X. Li, and H. Luo, "A topology control algorithm based on minimum spanning tree for wireless sensor network", in Proc. China Autom. Congr. (CAC), 2021, pp. 1057-1062, doi: 10.1109/CAC53003.2021.9728118.

[38] Z. Geng, W. Xia, W. Cao, T. Wu, F. Yan, L. Shen, and J. Pang, "An energy-efficient hierarchical topology control algorithm in software-defined wireless sensor network," in Proc. 13th Int. Conf. Wireless Commun. Signal Process. (WCSP), outubro de 2021, pp. 1-6, doi: 10.1109/WCSP52459.2021.9613497.

[39] R. Huang, Y. Dong, G. Bao, Y. Liu, M. Wei, J. Lu, and Y. Huo, "A new topology control algorithm in software defined wireless rechargeable sensor networks", IEEE Access, vol. 9, pp. 101003-101012, 2021, doi: 10.1109/ACCESS.2021.3096793.

[40] Y. Huang, B. Tang, L. Deng, and C. Zhao, "Fuzzy analytic hierarchy process-based balanced topology control of wireless sensor networks for machine vibration monitoring," IEEE Sensors J., vol. 20, no. 15, pp. 8256-8264, Aug. 2020, doi: 10.1109/JSEN.2020.2966049.

[41] A. Varga, "OMNeT++ simulation manual," Versão 6.x, OpenSim Ltd. Acedido: Ago. 2022. [Online]. Disponível: https://omnetpp.org/

[42] INET Framework User's Guide, Release 4.4.0. Acessado: Ago. 2022. [Online]. Disponível: https://inet.omnetpp.org/docs/developersguide/index.html

[43] D. P. Agrawal and Q. A. Zeng, Introduction to Wireless and Mobile Systems, 4th ed. Boston, MA, USA: Cengage Learning, 2016.

[44] S. A. Alghamdi, "Stable zone-based 5G clustered MANET using interest region-based routing and gateway selection," Peer Peer Netw. Appl., vol. 14, no. 6, pp. 3559-3577, Nov. 2021, doi: 10.1007/s12083-021-01113-6.

[45] H.-H. Choi and J.-R. Lee, "Local flooding-based on-demand routing protocol for Mobile Ad-hoc Networks", IEEE Access, vol. 7, pp. 85937-85948, 2019, doi: 10.1109/ACCESS.2019.2923837.

[46] T.-N. Tran, T.-V. Nguyen, K. Shim, D. B. da Costa, and B. An, "A deep reinforcement learning-based QoS routing protocol exploiting cross-layer design in cognitive radio Mobile Ad-hoc Networks," IEEE Trans. Veh. Technol., vol. 71, no. 12, pp. 13165-13181, Dez. 2022, doi: 10.1109/TVT.2022.3196046.

[47] L. H. Binh and T.-V.-T. Duong, "An improved method of AODV routing protocol using reinforcement learning for ensuring QoS in 5G-based mobile ad-hoc networks", ICT Exp., Jul. 2023, doi: 10.1016/j.icte.2023.07.002.

[48] A. Tahir, S. A. Abid, and N. Shah, "Logical clusters in a DHT-paradigm for scalable routing in MANETs," Comput. Netw., vol. 128, pp. 142-153, Dez. 2017, doi: 10.1016/j.comnet.2017.05.033.

Capítulo 18: Sistema de confiança - e método baseado na técnica de verificação múltipla para detetar ataques Wormhole em MANETs

1. Introdução

Nos últimos anos, a adoção de dispositivos terminais sem fios disparou, resultando numa maior procura de tecnologias de rede avançadas que permitam a comunicação sem a necessidade de infra-estruturas tradicionais. Uma tecnologia representativa que tem vindo a ganhar destaque é a rede ad-hoc móvel (MANET) [1]. Infelizmente, o aumento da sofisticação desta tecnologia resultou num aumento correspondente da gama e complexidade de potenciais ataques, colocando desafios significativos à segurança da rede [2].

Uma das principais vulnerabilidades das MANET é a sua incapacidade de lidar eficazmente com as falhas dos nós, o que as torna particularmente susceptíveis a ataques de encaminhamento, como os ataques wormhole [3]. Nestes ataques, os pacotes são encaminhados entre nós maliciosos usando um caminho secreto chamado túnel. Estes nós maliciosos ligados através do túnel disfarçam-se de nós vizinhos e induzem os nós vizinhos legítimos a transmitir os seus pacotes. Como esse túnel tem uma largura de banda elevada e permite que os pacotes percorram distâncias maiores do que outras rotas, os nós vizinhos julgam incorretamente que o caminho é mais eficiente para a transmissão de pacotes [4]. Embora um ataque wormhole não danifique diretamente uma rede - em termos de aumento da taxa de perda de pacotes ou do consumo de energia - como acontece com um ataque black hole ou um ataque gray hole [5], apresenta o risco de diminuir a estabilidade da rede e causar danos graves através de ataques subsequentes [6]. Por conseguinte, há uma necessidade urgente de estratégias eficazes de deteção e atenuação contra estes tipos de ataques para garantir a integridade e a fiabilidade das MANET.

Assim, propomos um método de deteção de ataques wormhole, que emprega uma técnica de verificação múltipla que explora as características destes ataques. A funcionalidade central deste método é um sistema de confiança, que mede a fiabilidade de cada nó e identifica os nós potencialmente maliciosos. O papel da aprendizagem por reforço e dos mecanismos de incentivo na implementação deste sistema de confiança foi explorado no estudo. A abordagem proposta pode proporcionar uma maior precisão ao longo do tempo e ultrapassar o desafio dos falsos alarmes, que é um problema comum nos sistemas de deteção de ataques [7].

A aprendizagem por reforço oferece uma abordagem dinâmica para a aprendizagem de estratégias óptimas com base na experiência. É um tipo de estratégia de aprendizagem automática em que um agente interage com um ambiente e aprende a tomar decisões que maximizam as recompensas cumulativas [8]. Os nós que actuam como agentes na deteção de wormhole podem identificar nós suspeitos de serem maliciosos com base em dados históricos, melhorando assim a sua capacidade de identificar e responder a ameaças latentes. Esta capacidade de aprendizagem permite melhorias significativas na deteção de wormhole ao longo do tempo.

Um mecanismo de incentivo é um processo ou método sistemático que motiva uma mudança no comportamento de indivíduos ou grupos numa direção desejada [9]. O mecanismo de incentivo pode ser utilizado para induzir a cooperação entre nós contra ataques maliciosos, como os ataques wormhole. Por exemplo, um mecanismo de incentivo pode ser introduzido no processo de reforço da segurança da rede para permitir que os nós desenvolvam conjuntamente formas de prevenir ou responder a ataques [10]. Através deste mecanismo, os nós podem cooperar e partilhar informações, o que é benéfico para os interesses individuais. Consequentemente, a segurança de toda a rede pode ser reforçada. Os incentivos podem ser fornecidos sob a forma de recompensas adicionais aos nós que conseguem prevenir ou responder a ataques, encorajando a cooperação e suprimindo o comportamento malicioso. Desta forma, o mecanismo de incentivo pode ser efetivamente utilizado para aumentar a segurança contra ataques maliciosos e induzir a cooperação entre nós.

Ao combinar a aprendizagem por reforço e um mecanismo de incentivo, pode ser criada uma combinação poderosa de tomada de decisões estratégicas e aprendizagem dinâmica adequada para detetar e responder a ataques de wormhole em MANETs [11], [12], [13]. Esta combinação é uma contribuição inovadora para o sistema de confiança proposto, que tem por objetivo melhorar a segurança das MANET.

Os principais contributos deste documento são resumidos da seguinte forma:
1. Este artigo propõe um novo sistema de confiança que utiliza a aprendizagem por reforço e um mecanismo de incentivo para detetar ataques de wormhole em MANETs. A confiança de um nó é medida com base nas características do ataque wormhole. Se a confiança de um nó desce abaixo do valor limite, a rede exclui-o da rede, garantindo assim a segurança.
2. O método proposto pode responder eficazmente mesmo em ambientes de rede dinâmicos, como as MANET. Além disso, pode detetar nós maliciosos independentemente do seu tipo, incluindo os que utilizam um canal isolado.
3. O método proposto pode ser aplicado a protocolos de encaminhamento existentes, como o Dynamic Source Routing (DSR) [14], o Ad hoc On-demand Distance Vetor routing (AODV) [15] e o Opportunistic Routing (OR) [16], sem necessidade de quaisquer dispositivos acessórios especiais. Isto significa que pode ser aplicado de forma flexível, independentemente do tipo de protocolo de encaminhamento utilizado por uma MANET.

2. Trabalhos relacionados

Esta secção resume as contramedidas existentes contra os ataques wormhole e descreve as suas desvantagens e limitações. Hu et al. [17] propuseram um mecanismo de deteção de ataques wormhole usando packet leashes. Este método envolve o cálculo da distância até ao nó emissor e o tempo necessário para o pacote percorrer o caminho, o que é feito para verificar se o recetor do pacote está a uma certa distância do emissor. Desta forma, é possível verificar se o pacote está a passar por um túnel de wormhole quando percorre uma longa distância. Este método funciona sob uma restrição que especifica que o tempo necessário para todos os nós deve ser sincronizado com precisão.

Chiu e King-Shan [18] conceberam o DelPHI (delay per hop indication), um método de deteção de ataques wormhole através do cálculo do tempo de ida e volta (RTT). Este método calcula o atraso de entrega do pacote em cada salto e anexa-o ao pacote correspondente. Se o pacote percorrer uma longa distância num curto período de tempo, isso indica um potencial ataque wormhole. Este método pode ser implementado sem hardware adicional; no entanto, tal como no método baseado no leash de pacotes, é necessária uma sincronização precisa do tempo.

Čapkun et al. [19] introduziram um método de deteção de ataques wormhole denominado secure tracking of node encounters (SECTOR). Ao contrário do método baseado no leash de pacotes e do DelPHI, o SECTOR não requer sincronização de tempo. Ele calcula a distância real entre dois nós trocando bits especiais entre eles e calculando o RTT. Se a distância for maior do que a distância entre os nós vizinhos, isso indica um comportamento malicioso. Este método é limitado na medida em que requer hardware especializado separado para trocar os bits especiais.

Hu e Evans [20] propuseram um método de deteção de ataques wormhole utilizando antenas direccionais. Este método explora a caraterística de os sinais sem fios necessitarem de ser recebidos numa direção específica. Os autores conceberam um sistema em que a direção dos sinais recebidos de qualquer nó vizinho era detectada através de antenas direccionais. Se os pacotes fossem recebidos de uma direção inesperada, o nó correspondente era considerado malicioso e excluído da rede. Este método exige que todos os nós estejam equipados com antenas direccionais.

Khalil et al. [21] estudaram um método denominado lightweight wormhole attack detection and prevention (LITEWORP) que utiliza nós vizinhos para a deteção de ataques wormhole. No LITEWORP, cada nó comunica com os nós vizinhos e constrói uma tabela de encaminhamento; quando os pacotes viajam por rotas inesperadas, determina-se que ocorreu um ataque wormhole, e os nós suspeitos de serem maliciosos são bloqueados. Este método é eficaz em tecnologias de comunicação sem infra-estruturas, como as MANET. No entanto, tem a desvantagem de todos os nós da rede terem de saber exatamente a sua localização. Além disso, a deteção é inviável se os nós maliciosos propagarem falsas informações de vizinhança durante a criação da tabela de encaminhamento.

Van Tran et al. [22] sugeriram um mecanismo baseado no tempo de transmissão (TTM) que detecta ataques de wormhole utilizando a diferença de tempo entre as mensagens de pedido de rota (RREQ) e de resposta à rota (RREP) no protocolo de encaminhamento AODV. Se o RTT calculado com base no RREQ e no RREP for inferior a um determinado limiar, considera-se que ocorreu um ataque wormhole. O TTM permite a deteção simples de ataques wormhole sem a necessidade de hardware adicional ou cálculos complexos. No entanto, podem ocorrer julgamentos incorrectos dependendo da situação da rede e, infelizmente, os nós maliciosos podem manipular a informação temporal durante
encaminhamento.

Chen et al. [23] propuseram uma técnica de deteção de wormhole baseada na consistência da distância. Os métodos de deteção de ataques wormhole existentes que se baseiam no Sistema de Posicionamento Global (GPS) deparam-se com o

problema de os nós maliciosos manipularem as suas localizações para evitar a deteção de ataques wormhole. Este método pode resolver este problema identificando com exatidão as localizações dos nós utilizando técnicas de localização. No entanto, é limitado pelo facto de apenas funcionar
corretamente em ambientes sem perdas de pacotes.

Biswas et al. [24] conceberam uma técnica de deteção e prevenção de ataques de wormhole (WADP) capaz de detetar wormholes utilizando o protocolo AODV. Esta técnica utiliza a autenticação de nós para resolver o problema dos falsos positivos inerente aos métodos de deteção de wormholes. Como vantagem, ela pode mapear com precisão a localização de um wormhole sem a necessidade de hardware especial. No entanto, é difícil aplicar este método a outros protocolos de encaminhamento que não o AODV, e a necessidade de atualizar a informação entre nós em tempo real, baseada na verificação, pode aumentar a carga sobre a rede.

Jamali e Fotohi [25] introduziram um método que utiliza um sistema imunitário artificial (AIS) para evitar ataques de wormhole sem degradar o desempenho da rede. Este método envia pacotes de teste para cada caminho e solicita os pacotes confirmados. Se existir um túnel no caminho, o pacote de teste não chegará ao seu destino; assim, o pacote de confirmação não chegará e o caminho não será selecionado. No entanto, este método tem a desvantagem de poder escolher caminhos ineficientes porque exclui deliberadamente caminhos com um pequeno número de saltos.

Verma et al. [26] apresentaram um método de deteção de ataques wormhole utilizando o rácio de entrega de pacotes (PDR) e o RTT dos nós. Se o RTT do nó for inferior ao limiar especificado, é indicativo de um ataque wormhole. Além disso, este método mede o PDR para determinar o tipo de ataque wormhole; se for inferior a 1, é ativo, e se for superior a 1, é passivo. A vantagem deste método é que pode detetar os métodos de ataque de nós maliciosos. Uma vez que é um método baseado no RTT, não pode efetuar detecções em situações em que um RTT exato não pode ser medido devido à perda ou manipulação de pacotes.

Shukla et al. [27] estudaram um método que utiliza uma técnica criptográfica para mitigar os danos causados por ataques do tipo buraco negro e buraco de minhoca. Este método utiliza a criptografia de curva elíptica, que pode fornecer níveis de segurança semelhantes aos do Rivest-Shamir-Adleman (RSA) e pode ser facilmente analisado externamente. No entanto, há uma desvantagem: o custo adicional exigido para a encriptação e desencriptação necessárias diz respeito a um ambiente móvel com recursos computacionais e energéticos limitados.

Han et al. [28] sugeriram um algoritmo de deteção de ataques wormhole denominado algoritmo de localização por vetor de distância (ANDV-Hop), que é uma melhoria do algoritmo de vetor de distância (DV-Hop) que determina a localização de nós sensores em redes de sensores e detecta ataques wormhole explorando a caraterística de os nós sensores não receberem novamente o mesmo pacote de dados. No entanto, este método só pode ser utilizado em redes de sensores e, mesmo dentro destas redes, detetar se um nó sensor é reinicializado é um desafio devido a factores ambientais ou outros factores imprevistos.

Abdan e Seno [29] utilizaram vários algoritmos de aprendizagem automática para classificar os nós maliciosos. A sua abordagem envolveu a identificação das características dos nós maliciosos com base nos dados dos nós recolhidos, seguida de simulações realizadas com o MATLAB 2019b. Verificaram que o algoritmo da árvore de decisão (DT) alcançou uma precisão de deteção de 98,9%. No entanto, a aplicação deste método requer a recolha de dados de toda a rede, o que pode ser difícil num ambiente MANET composto por nós independentes.

Além disso, foram propostos vários métodos para detetar e atenuar os ataques de wormhole [30], [31]. No entanto, cada método tem limitações, incluindo a necessidade de hardware específico, a elevada complexidade computacional e a dependência de uma estrutura de rede específica; devem ser desenvolvidos novos métodos que ultrapassem estas limitações. O objetivo do presente estudo é resolver estes problemas e propor um método mais eficaz e prático para detetar e defender contra ataques wormhole.

3. Modelo de sistema

Esta secção detalha os modelos de rede e de ataque utilizados neste estudo. Estes modelos fornecem uma base para a compreensão da utilização do método proposto para a deteção e defesa contra ataques wormhole. A Fig. 1 ilustra o mecanismo de ataque wormhole.

A. MODELO DE REDE

No estudo, assumiu-se que uma MANET era constituída apenas por nós normais dinâmicos. As posições dos nós foram inicializadas aleatoriamente, e o movimento de cada nó seguiu o modelo 2D de caminhada aleatória [32], assumindo que os nós se moviam a velocidades de 0-5 m/s. Adicionalmente, o alcance de comunicação de cada nó era o mesmo, e a comunicação bidirecional (comunicação do nó A para o nó B e do nó B para o nó A) era possível.

No estudo, o encaminhamento reativo (ou seja, o encaminhamento a pedido) e o RUP foram considerados os protocolos de encaminhamento para uma MANET. O encaminhamento reativo é um método que só encontra um caminho de encaminhamento quando há necessidade de enviar um pacote, ou seja, quando é feito um pedido. É uma técnica de encaminhamento muito utilizada em ambientes de rede dinâmicos, como as MANET, em que a conetividade entre os nós muda frequentemente [33].

Quanto ao DSR, é um método de encaminhamento reativo representativo [14] em que o nó de origem define todo o caminho para o destino no pacote e inclui esta informação de caminho no pacote. Utiliza mensagens RREQ e RREP para incluir a informação do caminho em todos os pacotes, desde que o caminho seja conhecido pelo nó de origem. Assim, cada nó pode saber a informação do caminho do pacote que o atinge, reduzindo vantajosamente a propagação de pacotes necessária para encontrar outros caminhos.

Outro protocolo de encaminhamento reativo popular é o AODV [15], que pode responder de forma flexível a mudanças rápidas na estrutura da rede, actualizando a tabela de encaminhamento de acordo com as alterações na configuração da rede. Este protocolo também utiliza RREQ e RREP. Quando um nó pretende enviar um pacote para um destino, determina o caminho para o destino na tabela de encaminhamento. Se não existir um caminho, inicia a descoberta de rota através de uma mensagem RREQ. Esta mensagem é então propagada por toda a rede até ser recebida por um nó de destino ou por um nó intermédio que contenha informações sobre o caminho. Quando o caminho é encontrado, a mensagem RREP é devolvida ao nó de origem, actualizando-o com a informação sobre o caminho.

Relativamente ao OR, é uma estratégia para melhorar a transmissão de pacotes em MANETs [16]. Ao contrário do DSR ou do AODV, esta estratégia selecciona o nó ótimo entre vários nós candidatos para enviar um pacote. Este processo de seleção tem em conta vários factores, tais como o estado de comunicação, a localização e o estado de energia de um nó. Quando um dos nós candidatos recebe o pacote com sucesso, é enviado um sinal aos restantes nós candidatos para cancelar a transmissão do pacote, reduzindo assim a ocorrência de transmissões duplicadas e melhorando a eficiência da comunicação.

B. MODELO DE ATAQUE

Como mostra a Fig. 1, num ataque wormhole, dois nós maliciosos criam um túnel entre eles e interceptam, falsificam ou alteram os pacotes que passam por esse caminho, prejudicando assim indiretamente a rede [17]. Estes ataques podem ser classificados em ataques dentro e fora da banda [34].

Num ataque wormhole em banda, um atacante reencaminha pacotes através de uma ligação sem fios típica utilizada numa rede. Os túneis ligados entre nós maliciosos são disfarçados de rotas mais eficientes e induzem o tráfego de rede de outros nós. Nos ataques wormhole fora de banda, os nós maliciosos reencaminham os pacotes através de um canal de comunicação dedicado, que utiliza uma ligação com fios ou uma ligação sem fios com uma largura de banda superior. Tal como a ligação num ataque wormhole em banda, estes canais dedicados podem atrair tráfego de outros nós porque são mais rápidos e mais eficientes do que outras rotas.

Assim, independentemente do tipo de ataque wormhole, os nós maliciosos criam um túnel entre dois locais e fazem com que o caminho entre eles pareça mais eficiente do que outras rotas, permitindo que o nó recolha mais pacotes [35]. Por isso, neste estudo, não considerámos o pressuposto comum de que esse túnel tem uma qualidade de comunicação inferior à de uma rota normal [36]. Nos ataques wormhole, os nós maliciosos precisam de manter uma qualidade de comunicação elevada nos túneis que criam. Se esses nós forem dinâmicos, a complexidade do ataque aumenta, considerando os níveis rigorosos de sincronização e gerenciamento necessários [37]. Por isso, assumimos que os nós maliciosos, ao contrário dos outros nós, são estáticos. Além disso, a criação de rotas falsas em ataques wormhole pode potencialmente causar confusão na estrutura da rede e no protocolo de roteamento ou levar a ataques subsequentes, como negação de serviço (DoS) [38].

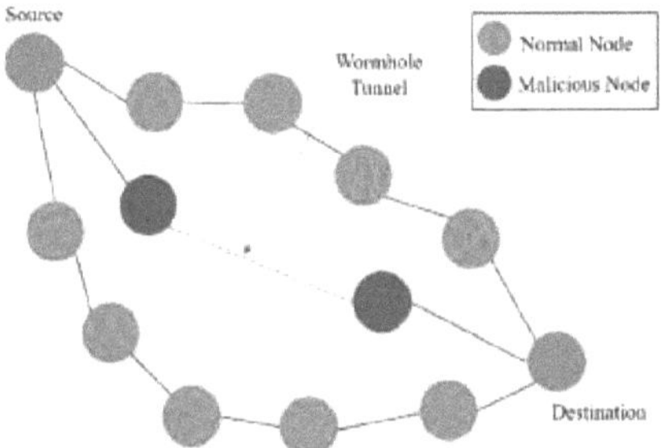

FIGURA 1. Exemplo de um ataque wormhole numa rede ad-hoc móvel (MANET).

3. Método

propomos um novo método de deteção de ataques wormhole baseado em verificação múltipla que aproveita as características de tais ataques. O método proposto mede o crédito de cada nó com base num sistema de confiança. Os níveis de confiança dos nós suspeitos são reduzidos durante o encaminhamento; aqueles com níveis de confiança abaixo de um determinado limiar são considerados maliciosos. Este sistema de confiança foi implementado utilizando a aprendizagem por reforço, que melhora a precisão do sistema ao longo do tempo.

4. Conclusão

Este estudo apresenta um algoritmo baseado em Q-learning que incorpora um sistema de confiança para detetar ataques de wormhole em redes móveis ad-hoc (MANETs). Considerando as características dos ataques wormhole, o método proposto ajusta dinamicamente o valor Q correspondente ao nível de confiança dos nós quando surge a suspeita de um ataque wormhole durante o encaminhamento. Durante o processo de validação, os nós com valores Q inferiores a um limiar especificado são identificados como maliciosos, desencadeando a sua exclusão do sistema para manter um encaminhamento estável. Fundamentalmente, este método não está limitado a um algoritmo de encaminhamento específico e pode ser aplicado tanto a protocolos de encaminhamento reactivos (por exemplo, DSR e AODV) como oportunistas. Por conseguinte, é adequado não só para MANET em geral, mas também para redes sem fios mais sensíveis, como as redes de sensores subaquáticos e as redes ad hoc veiculares.

As experiências de simulação demonstram que o método proposto pode evitar túneis de wormhole de forma mais eficaz do que os métodos convencionais de deteção de wormhole baseados em encaminhamento e os AISs. No entanto, apesar deste sucesso, as características intrínsecas das MANET, caracterizadas por nós independentes e em movimento em tempo real com capacidades limitadas de transferência de informação, colocam desafios práticos à notificação simultânea de todos os nós de um nó malicioso detectado. Durante as nossas simulações, o método proposto não foi capaz de limitar a percentagem de nós que passam pelo túnel a menos de 10%. Para ultrapassar esta limitação, os nossos esforços futuros centrarse-ão na conceção de um mecanismo para disseminar informações sobre nós maliciosos para um segmento de rede maior de forma mais eficiente.

Algumas abordagens potenciais para conseguir uma disseminação mais ampla dos dados sobre ameaças e uma propagação eficiente da informação relativa aos nós maliciosos detectados incluem a definição de nós intermédios como retransmissores de informação e a utilização de mecanismos de difusão ou de técnicas de agrupamento. Ao enfrentar este desafio, pretendemos aumentar ainda mais a eficácia do método proposto na proteção das MANET contra ataques wormhole.

Referências

[1] P. Gupta, "A literature survey of MANET", Int. Res. J. Eng. Technol., vol. 3, pp. 95-99, Fev. 2016.

[2] T. Jamal and S. A. Butt, "Malicious node analysis in MANETS", Int. J. Inf. Technol., vol. 11, no. 4, pp. 859-867, Dec. 2019, doi: 10.1007/s41870-018-0168-2.

[3] R. Maulik and N. Chaki, "A study on wormhole attacks in MANET", Int. J. Comput. Inf. Syst. Ind. Manag. Appl., vol. 3, pp. 271-279, Jan. 2011.

[4] J. Karlsson, L. S. Dooley, and G. Pulkkis, "A new MANET wormhole detection algorithm based on traversal time and hop count analysis," Sensors, vol. 11, no. 12, pp. 11122-11140, Nov. 2011, doi: 10.3390/s111211122.

[5] J. Ryu e S. Kim, "Reputation-based opportunistic routing protocol using Q-learning for MANET attacked by malicious nodes", IEEE Access, vol. 11, pp. 47701-47711, 2023, doi: 10.1109/ACCESS.2023.3242608.

[6] M. Tahboush and M. Agoyi, "A hybrid wormhole attack detection in mobile ad-hoc network (MANET)", IEEE Access, vol. 9, pp. 11872-11883, 2021, doi: 10.1109/ACCESS.2021.3051491.

[7] R. Maheshwari, J. Gao, and S. R. Das, "Detecting wormhole attacks in wireless networks using connectivity information," in Proc. IEEE INFOCOM 26th IEEE Int. Conf. Comput. Commun., Anchorage, AK, EUA, 2007, pp. 107-115, doi: 10.1109/INFCOM.2007.21.

[8] R. S. Sutton e A. G. Barto, Reinforcement Learning: Uma Introdução. Cambridge, MA, EUA: MIT Press, 1998.

[9] S. Kim, Game Theory Applications in Network Design. Hershey, PA, EUA: IGI Global, 2014.

[10] G. Yunchuan, H. Zhang, L. Zhang, L. Fang e F. Li, "Mecanismo de incentivo para a deteção cooperativa de intrusões: An evolutionary game approach," in Proc. Int. Conf. Comput. Sci., vol. 10860. Cham, Suíça: Springer, 2018, pp. 83-97, doi: 10.1007/978-3-319-93698-7_7.

[11] X. Liao, D. Hao e K. Sakurai, "Classificação de ataques em redes ad hoc sem fios: A game theoretic view," in Proc. 7th Int. Conf. Networked Comput. Adv. Inf. Manage, Gyeongju, Coreia (do Sul), Jun. 2011, pp. 144-149.

[12] Z. Teng, C. Du, M. Li, H. Zhang e W. Zhu, "A wormhole attack detection algorithm integrated with the node trust optimization model in WSNs," IEEE Sensors J., vol. 22, no. 7, pp. 7361-7370, Apr. 2022, doi: 10.1109/JSEN.2022.3152841.

[13] F. Zahra, N. Jhanjhi, S. N. Brohi, N. A. Khan, M. Masud e M. A. AlZain, "Modelo de deteção de ataques de classificação e wormhole para a Internet das Coisas baseada em RPL utilizando a aprendizagem automática", Sensors, vol. 22, n.º 18, p. 6765, Set. 2022, doi: 10.3390/s22186765.

[14] D. B. Johnson e D. A. Maltz, "Dynamic source routing in ad hoc wireless networks", em Mobile Computing. Boston, MA, EUA: Springer, 1996, pp. 153-181.

[15] C. E. Perkins and E. M. Royer, "Ad-hoc on-demand distance vetor routing", in Proc. WMCSA. 2nd IEEE Workshop Mobile Comput. Syst. Appl., Nova Orleães, LA, EUA, 1999, pp. 90-100, doi: 10.1109/MCSA.1999.749281.

[16] N. Chakchouk, "A survey on opportunistic routing in wireless communication networks", IEEE Commun. Surveys Tuts., vol. 17, no. 4, pp. 2214-2241, 4th Quart., 2015, doi: 10.1109/COMST.2015.2411335.

[17] Y.-C. Hu, A. Perrig, and D. B. Johnson, "Wormhole attacks in wireless networks", IEEE J. Sel. Areas Commun., vol. 24, no. 2, pp. 370-380, Fev. 2006, doi: 10.1109/JSAC.2005.861394.

[18] H. Sun Chiu e K.-S. Lui, "DelPHI: Mecanismo de deteção de wormhole para redes ad hoc sem fios," in Proc. 1st Int. Symp. Wireless Pervasive Comput., Phuket, Tailândia, 2006, pp. 1-6, doi: 10.1109/ISWPC.2006.1613586.

[19] S. Ćapkun, L. Buttyán, and J.-P. Hubaux, "SECTOR: Secure tracking of node encounters in multi-hop wireless networks," in Proc. 1st ACM Workshop Secur. Ad Hoc Sensor Netw., Washington, DC, EUA, Out. 2003, pp. 21-32, doi: 10.1145/986858.986862.

[20] L. Hu and D. Evans, "Using directional antennas to prevent wormhole attacks", in Proc. Netw. Distrib. Syst. Secur. Symp., San Diego, CA, EUA, 2004, pp. 241-245.

[21] I. Khalil, S. Bagchi, and N. B. Shroff, "LITEWORP: A lightweight countermeasure for the wormhole attack in multihop wireless networks", in Proc. Int. Conf. Dependable Syst. Netw., Yokohama, Japão, 2005, pp. 612-621, doi: 10.1109/DSN.2005.58.

[22] P. V. Tran, L. X. Hung, Y. K. Lee, S. Lee, and H. Lee, "TTM: An efficient mechanism to detect wormhole attacks in wireless ad-hoc networks," in Proc. 4th IEEE Consumer Commun. Netw. Conf., Jan. 2007, pp. 593-598, doi: 10.1109/CCNC.2007.122.

[23] H. Chen, W. Lou, X. Sun, and Z. Wang, "A secure localization approach against wormhole attacks using distance consistency," EURASIP J. Wireless Commun. Netw., vol. 2010, no. 1, pp. 1-11, Dez. 2009, doi: 10.1155/2010/627039.

[24] J. Biswas, A. Gupta, and D. Singh, "WADP: A wormhole attack detection and prevention technique in MANET using modified AODV routing protocol," in Proc. 9th Int. Conf. Ind. Inf. Syst. (ICIIS), Gwalior, Índia, Dez. 2014, pp. 1-6, doi: 10.1109/ICIINFS.2014.7036535.

[25] S. Jamali and R. Fotohi, "Defending against wormhole attack in MANET using an artificial immune system", New Rev. Inf. Netw., vol. 21, no. 2, pp. 79-100, Jul. 2016, doi: 10.1080/13614576.2016.1247741.

[26] R. Verma, R. Sharma, and U. Singh, "New approach through detection and prevention of wormhole attack in MANET," in Proc. Int. Conf. Electron., Commun. Aerosp. Technol. (ICECA), vol. 2, Coimbatore, Índia, abril de 2017, pp. 526-531, doi: 10.1109/ICECA.2017.8212719.

[27] M. Shukla, B. K. Joshi, and U. Singh, "Mitigate wormhole attack and blackhole attack using elliptic curve cryptography in MANET," Wireless Pers. Commun., vol. 121, no. 1, pp. 503-526, Nov. 2021, doi: 10.1007/s11277-021-08647-1.

[28] D. Han, M. Liu, T.-H. Weng, C. Tang, M. D. Marino, e K.-C. Li, "A novel secure DV-hop localization algorithm against wormhole attacks", Telecommun. Syst., vol. 80, no. 3, pp. 413-430, Jul. 2022, doi: 10.1007/s11235-022-00914-1.

[29] M. Abdan and S. A. H. Seno, "Machine learning methods for intrusive detection of wormhole attack in Mobile Ad-hoc Network (MANET)", Wireless Commun. Mobile Comput., vol. 2022, pp. 1-12, Jan. 2022, doi: 10.1155/2022/2375702.

[30] X. Luo, Y. Chen, M. Li, Q. Luo, K. Xue, S. Liu e L. Chen, "CREDND: Um novo algoritmo seguro de descoberta de vizinhos para ataque de buraco de minhoca", IEEE Access, vol. 7, pp. 18194-18205, 2019, doi: 10.1109/ACCESS.2019.2894637.

[31] O. R. Ahutu and H. El-Ocla, "Centralized routing protocol for detecting wormhole attacks in wireless sensor networks", IEEE Access, vol. 8, pp. 63270-63282, 2020, doi: 10.1109/ACCESS.2020.2983438.

[32] K.-H. Chiang and N. Shenoy, "A 2-D random-walk mobility model for location-management studies in wireless networks", IEEE Trans. Veh. Technol., vol. 53, no. 2, pp. 413-424, Mar. 2004, doi: 10.1109/TVT.2004.823544.

[33] D. N. Patel, S. B. Patel, H. R. Kothadiya, P. D. Jethwa, and R. H. Jhaveri, "A survey of reactive routing protocols in MANET," in Proc. Int. Conf. Inf. Commun. Embedded Syst. (ICICES), Chennai, Índia, Fev. 2014, pp. 1-6, doi: 10.1109/ICICES.2014.7033833.

[34] V. Mahajan, M. Natu, and A. Sethi, "Analysis of wormhole intrusion attacks in MANETS," in Proc. MILCOM - IEEE Mil. Commun. Conf., San Diego, CA, EUA, Nov. 2008, pp. 1-7, doi: 10.1109/MILCOM.2008.4753176.

[35] M. Sadeghi and S. Yahya, "Analysis of wormhole attack on MANETs using different MANET routing protocols," in Proc. 4th Int. Conf. Ubiquitous Future Netw. (ICUFN), Phuket, Tailândia, Jul. 2012, pp. 301-305, doi: 10.1109/ICUFN.2012.6261716.

[36] M. Imran, F. A. Khan, T. Jamal, and M. H. Durad, "Analysis of detection features for wormhole attacks in MANETs", Proc. Comput. Sci., vol. 56, pp. 384-390, Jan. 2015, doi: 10.1016/j.procs.2015.07.224.

[37] P. Lee, A. Clark, L. Bushnell, and R. Poovendran, "A passivity framework for modeling and mitigating wormhole attacks on networked control systems", IEEE Trans. Autom. Control, vol. 59, no. 12, pp. 3224-3237, Dec. 2014, doi: 10.1109/TAC.2014.2351871.

[38] R. Poovendran and L. Lazos, "A graph theoretic framework for preventing the wormhole attack in wireless ad hoc networks", Wireless Netw., vol. 13, no. 1, pp. 27-59, Feb. 2007, doi: 10.1007/s11276-006-3723-x.

[39] C. J. C. H. Watkins, "Learning from delayed rewards", dissertação de doutoramento, Dept. Sci., Univ. Cambridge, Cambridge, U.K., 1989.

[40] S. A. Bhosale and S. S. Sonavane, "Wormhole attack detection system for IoT network: Uma abordagem híbrida", "Wireless Pers. Commun., vol. 124, n.º 2, pp. 1081-1108, maio de 2022, doi: 10.1007/s11277-021-09395-y.

[41] Z. Zhao, B. Wei, X. Dong, L. Yao, and F. Gao, "Detecting wormhole attacks in wireless sensor networks with statistical analysis", in Proc. WASE Int. Conf. Inf. Eng., 2010, pp. 251-254, doi: 10.1109/ICIE.2010.66.

[42] T. Giannetsos, T. Dimitriou, and N. R. Prasad, "State of the art on defenses against wormhole attacks in wireless sensor networks", in Proc. 1st Int. Conf. Wireless Commun., Veh. Technol., Inf. Theory Aerosp. Electron. Syst. Technol., Aalborg, Dinamarca, maio de 2009, pp. 313-318, doi: 10.1109/WIRELESSVITAE.2009.5172466.

[43] W. Gong, Z. You, D. Chen, X. Zhao, M. Gu, and K.-Y. Lam, "Trust based routing for misbehavior detection in ad hoc networks", J. Netw., vol. 5, no. 5, pp. 551-558, maio de 2010, doi: 10.4304/jnw.5.5.551-558.

[44] R. Feng, S. Che, X. Wang, and J. Wan, "An incentive mechanism based on game theory for trust management", Secur. Commun. Netw., vol. 7, pp. 2318-2325, Dez. 2014, doi: 10.1002/sec.941.

Capítulo 19: Protocolo de encaminhamento eficiente baseado na confiança (TER) para MANETS

1. Introdução

Uma rede ad-hoc móvel [MANET] é uma rede em que os nós são móveis e estão associados através de ligações sem fios. As aplicações das MANET são a gestão de catástrofes, operações de salvamento, redes veiculares, monitorização da poluição e muitas outras. As redes ad hoc aumentam a eficácia do acesso fixo e móvel à Internet. O posicionamento de uma rede ad-hoc apresenta muitos problemas, como a limitação da carga ou da energia das baterias, a largura de banda reduzida, o encaminhamento em várias etapas, a topologia dinâmica, a quebra inesperada de ligações e a segurança. No meio de tudo isto, a utilização bem organizada da energia e a transmissão com menos perdas são as principais preocupações, uma vez que os nós funcionam com bateria e a ligação de comunicação pára rapidamente devido à mobilidade. A utilização bem organizada da energia e a transmissão com menos perdas aumentam a longevidade da rede.

A queda de energia de um nó móvel perturba a sua funcionalidade e, consequentemente, o tempo de vida total da rede. Os danos repetidos nos pacotes devido ao movimento também afectam o desempenho da rede. Para aumentar o tempo de vida da rede, temos de refletir sobre o tempo de vida de todos os nós. O protocolo de procura de caminhos deve reduzir a probabilidade de um nó ser utilizado em excesso. Devemos equilibrar a carga entre todos os nós disponíveis [1,2].

O protocolo proactivo de determinação da direção mantém tabelas de determinação da direção. Recolhem periodicamente estatísticas dos vizinhos e armazenam-nas na tabela. São utilizados diversos tipos de tabelas. Se ocorrer alguma variação, a tabela será reestruturada instantaneamente. Para cada vizinho existe uma entrada. Vários protocolos de encaminhamento proactivos são abordados em [2] e [3]. O protocolo proactivo de localização de direcções é adequado para pequenas redes. Não é adequado para grandes redes, porque a preservação da tabela é difícil. O overhead de localização de direcções é muito elevado. Consome mais largura de banda e energia.

Os protocolos reactivos não mantêm a tabela de encaminhamento. Iniciam o processo de análise da rota quando necessário. Se um nó pretende direcionar dados para outro nó, inicia o processo de procura de rota. Depois de descobrir a rota, envia os dados através do caminho designado [2]. Assim, diminui a sobrecarga de encaminhamento em comparação com o protocolo de encaminhamento proactivo. O atraso aumenta [3].

O protocolo de encaminhamento híbrido incorpora as vantagens dos protocolos proactivo e reativo. Cada nó declara duas zonas: a zona interior e a zona exterior. Assim, os protocolos híbridos funcionam como protocolos proactivos na zona interior e protocolos reactivos na zona exterior. Um exemplo de protocolos de encaminhamento híbridos é o Zone Routing Protocol (ZRP) [4].

Este artigo propõe um novo protocolo TER (Efficient Energy Balanced Less Loss Routing) para MANETS. Nos protocolos proactivos de localização de direcções, os nós têm uma tabela de encaminhamento. A energia e a largura de banda estão a ser desperdiçadas para recolher informações de todos os nós. Os protocolos reactivos de determinação da direção envolvem todos os nós para encontrar o caminho entre o emissor e o recetor. Assim, a energia de todos os nós está a ser reduzida. Nos protocolos de encaminhamento híbridos, a energia de um grupo de nós é reduzida. O protocolo TER reduz o processo de procura. Identifica a direção do nó de destino (DN) e selecciona corretamente o nó mais adequado nessa direção para enviar os dados. Envolve apenas o nó selecionado no processo de encaminhamento. Poupa a energia de todos os restantes nós. Reduz a sobrecarga de encaminhamento. Por conseguinte, aumenta a eficiência da rede.

2. Trabalhos relacionados

Aqui foram discutidos alguns protocolos de encaminhamento já disponíveis.

2.1. Inundações

Este é o algoritmo elementar de determinação da direção. A maioria dos protocolos de localização de direcções gasta a inundação para apanhar o caminho no meio da origem e do destino. (DSR, AODV). O flooding inclui todos os nós no processo de comunicação. Diminui a energia de todos os nós e, consequentemente, o tempo de vida da rede [3].

2.2. Protocolo de encaminhamento assistido por localização (LAR)

O LAR baseia-se na informação de posição adquirida através de um serviço de posição distribuído. O protocolo LAR utiliza a informação de localização para reduzir o espaço de pesquisa de uma rota desejada [5,6]. Reduz a área de pesquisa como um pequeno retângulo que inclui tanto o transmissor como o recetor. Inclui os nós que se encontram no interior do retângulo. Protege a energia dos nós residuais, que se encontram no exterior do espaço de pesquisa. Assim, a vida útil da rede é melhorada.

2.3. Protocolo EELAR (Energy efficient location aided routing)

O EELAR [6,10] foi criado com base no Location Aided Routing (LAR). O EELAR cria uma grande redução no consumo de energia das baterias dos nós móveis, restringindo a área de descoberta de uma nova rota a uma zona mais pequena. No EELAR, é utilizada uma estação de base sem fios de referência para armazenar as localizações dos nós móveis. Todos os nós estão a receber informações da estação de base. Reduz a energia e a sobrecarga de encaminhamento. Todas as transmissões intra-zona são efectuadas através da estação de base. Assim, aumenta a carga de trabalho da BS [14].

2.4. Protocolo de encaminhamento de energia mínima (MER)

O Minimum Energy Routing (MER) pode ser designado [7,8] como a procura da direção de um pacote de dados num caminho que consome a menor quantidade de energia possível. Para isso, o consumo de energia da descoberta de rotas e da transmissão de dados de todas as rotas deve ser conhecido [9]. O MER tem um overhead de encaminhamento mais elevado e também um maior consumo de energia para identificar a rota de energia mínima.

2.5. Protocolo de encaminhamento max-min online (OMM)

O OMM optimiza duas métricas diferentes dos nós da rede. A redução da ingestão de energia (min-power) e a exploração da energia residual mínima (max-min) [7,8,11]. Entre esses caminhos, é selecionado o melhor caminho para obter a potência residual máxima. Calcula sempre o consumo global de energia de todos os caminhos possíveis. Por conseguinte, a sobrecarga de encaminhamento é elevada para encontrar todos os conjuntos de caminhos possíveis e selecionar um desses conjuntos.

2.6. Protocolo LEAR (Localized energy-aware routing)

O LEAR melhora simultaneamente o compromisso entre a ingestão de energia bem ajustada e o menor atraso de encaminhamento e evita as dificuldades de bloqueio e de cache de rotas [6,7,12,13]. O LEAR alcança
ingestão de energia bem ajustada com base apenas em informações confinadas, eliminando assim a propriedade de bloqueio.

2.7. Protocolo de encaminhamento do vetor de distância Ad-hoc a pedido energeticamente eficiente

O EE-AODV escolhe uma rota em qualquer altura com base na acessibilidade mínima de energia dos caminhos e na ingestão de energia por pacote do caminho nesse momento. Não tem em conta a velocidade de deslocação do nó móvel [13], pois quando o nó se desloca o pacote de dados pode perder-se.

3. Proposta de trabalho

Na nossa proposta, concebemos o protocolo Efficient Energy Balanced Less Loss Routing (TER) para MANET. O protocolo de encaminhamento eficiente melhora a taxa de transferência e o tempo de vida da rede. O consumo de energia e a transmissão com menos perdas são duas preocupações importantes. Aumentamos o tempo de vida da rede equilibrando a carga entre todos os nós disponíveis e reduzindo a ingestão de energia. Podemos diminuir a ingestão total de energia reduzindo a sobrecarga de encaminhamento. A redução dos encargos de encaminhamento é conseguida através da redução da região de pesquisa. Identifica a direção do nó de destino. Escolhe o melhor nó intermédio nessa direção. Selecciona apenas um nó como o próximo salto utilizando a informação de localização. Esse nó selecionado participará no processo de comunicação. A energia desse nó selecionado só é reduzida [8]. Os restantes nós não estão envolvidos, pelo que a sua energia é poupada. Não selecciona o mesmo nó para todos os pacotes. Distribui a carga por todos os nós disponíveis nessa direção específica. Selecciona um nó para o primeiro pacote e outro nó para o pacote seguinte. Se um nó estiver morto, a conetividade através desse nó não é possível. Este protocolo aumenta o tempo de vida de toda a rede. Dividimos a nossa proposta em cinco fases.

1. Fase de estimativa da posição
2. Fase de identificação da posição de destino
3. Fase de identificação da direção de destino

4. Fase de seleção do próximo salto
5. Fase de análise da confiança.

4. Conclusão
O protocolo proposto TER (Efficient Energy Balanced Less Loss Routing) para
MANET melhora o desempenho da rede. Reduziu a sobrecarga de encaminhamento
ao diminuir o processo de pesquisa. Aumenta o débito da rede e o rácio de entrega
de pacotes. Seleccionou apenas um nó como próximo salto com a ajuda da
informação de localização. Calcula o parâmetro de eficiência. Seleccionou o nó
com o valor máximo de EP como próximo salto. O nó selecionado move-se
lentamente, tem mais energia residual, mais espaço em fila de espera e está a uma
distância máxima alcançável do nó. Este protocolo reduz o número de saltos, reduz
a perda de dados devido à mobilidade e ao estouro da memória intermédia. Aumenta
o tempo de vida da rede, equilibrando a carga entre todos os nós com base na sua
energia residual.

Referências

[1] Himanshu Bisht, H.L. Mandoria" A Review on Energy Efficient Approaches for AODV Protocol" http: // www.ijesrt.com (C) Int. J. Eng. Sci. Res. Technol. [1224-1227] Bisht, 2(5): maio, 2013] ISSN: 2277-9655.

[2] Sunil Taneja, Ashwani Kush, A Survey of Routing Protocols in Mobile Ad HocNetworks, Int. J. Innov. Manage. Technol. 1 (3) (2010), ISSN: 2010-0248.

[3] Dilpreet Kaur, Naresh Kumar, Comparative Analysis of AODV, OLSR, TORA, DSR and DSDV Routing Protocols in Mobile Ad-hoc Networks I. J. Comput. Network Inf. Security, 2013, 3, 39-46 Publicado Online em março de 2013 na MECS (http://www.mecs-press.org/) DOI: 10.5815/ijcnis.2013.03.05.

[4] MyaSandarOo , Chaw MyatNwe" Performance Analysis of Location Based Ad Hoc Routing Protocols under Random Waypoint Mobility Model " Int. J. Sci. Res. Publ., Volume 4, Issue 6, June 2014 1 ISSN 2250-3153 www.ijsrp.org.

[5] Dipankar Deb, Srijita Barman Roy, Nabendu Chaki, LACBER: um novo protocolo de encaminhamento assistido por localização para MANET com escassez de GPS, Int. J. Wireless Mobile Netw. (IJWMN) 1 (1) (2009).

[6] Mohammad A. Mikki, Energy Efficient Location Aided Routing Protocol for Wireless MANETs" in (IJCSIS), Int. J. Comput. Sci. Inf. Security 4 (1-2) (2009).

[7] A. Kumaravel, M. Chandrasekaran, A Complete Study on Power Aware Routing Protocol for Mobile Ad-hoc Network "IOSR Journal of Electrical and Electronics Engineering (IOSR-JEEE) e-ISSN: 2278-1676, p-ISSN: 2320-3331 PP 71-75 www.iosrjournals.org Conferência Internacional sobre Avanços em Engenharia e Tecnologia - 2014 (ICAET-2014), p. 71.

[8] Salonee Mishra, Binod Kumar Pattanayak, Power Aware Routing in Mobile Ad-hoc Networks: A Survey "VOL. 8, NO. 3, MARÇO 2013 ISSN 1819-6608ARPN J. Eng. Appl. Sci. 2006-2013 Asian Research Publishing Network (ARPN). www.arpnjournals.com.

[9] K. Parkavi, P. Vivekanandan, Energy Aware Secure Routing Protocol for Mobile Ad-hoc Networks, Int. J. Adv. Res. Comput. Commun. Eng., Vol. 2, Issue 5, May 2013 ISSN (Print): 2319-5940 ISSN (Online): 2278-1021

[10] Mr. Sourabh Pandey, Mr. Rajender Singh Yadav, Energy Efficient Location based Routing Using DREAM Algorithm for MANET, IOSR J. Eng. (IOSRJEN) e-ISSN: 2250-3021, p-ISSN: 2278-8719 Vol. 3, Issue 8 (August. 2013), ||V5|| PP 15-21 www.iosrjen.org. p. 15.

[11] Alokkumarjagadev, Binodkumarpattanayak, Power and delay aware on demand routing for ad hoc networks, Int. J. Comput. Sci. Eng. Vol. 02, No. 04, 2010.

[12] Ahlamhashimmohsin, Kamalrulnizam Abu Bakar, Adebanjoadekiigbe, Kayhanzrarghafoor, A Survey of Energy-Aware Routing and MAC Layer Protocols in MANETS: Trends and Challenges, Network Protocols and Algorithms ISSN 1943-3581 2012, Vol. 4, No. 2 www.macrothink.org/npa. p. 82.

[13] N. Papanna, Dr. A. Rama Mohan Reddy & Dr. M. Seetha"Energy Efficient Ad-hoc on- Demand Distance Vetor Routing Protocol for MANETs' Global Journal of Computer Science and Technology: BCloud e Distribuído Volume 14 Edição 3 Versão 1.0 Ano 2014 Editor: Global Journals Inc. (EUA) ISSN online: 0975-4172 & ISSN impresso: 0975-4350.

[14] R. Suganthi, S. SankaraGomathi, Efficiency Improved Direction Oriented Forwarding Protocol with the Utilization of the Node Mobility for MANET, International Review on Computers and Software (I.RECO.S.) 10 (2015) 856-861. Leituras adicionais

[16] S. Bade, H.K. Sawant, Uncertain Deterioration on Node Energy in MANET through Trust Based Solutionk, IJAERS 1 (3) (2012) 319-324.

[17] Md Shahid Akhter, Vijay Prakash Singh, Modified power saving DSR Protocol for MANET, Int. J. Adv. Res. Electr. Electron. Instrum. Eng. 2 (6) (2013).

[18] V. Sridevi, T. Jayanthy, Minimização de Circuitos Combinacionais Ternários CNTFET usando a técnica de negação de literais, Arab. J. Sci. Eng. 39 (6) (2014) 4875-4890.

[19] B. Jackson, T. Jayanthy, Determinação da sacarose no sumo de cana-de-açúcar cru pelo método de micro-ondas, Indian J. Sci. Technol. 7 (5) (2014) 566-570.

[20] V. Jeya, Ramya, J. Navarajan, R. Prathipa, L. Ashok Kumar, Deteção de cancro de pele melanoma utilizando imagens de câmaras digitais, ARPN J. Eng. Appl. Sci. 10 (7) (2015) 3082-3085.

[21] J. Deepa, J. Sutha, Um novo método de roteamento consciente de energia baseado em energia para MANET, Cluster Comput. 22 (6) (2019) 13317-13324.

[22] B. Jackson, T. Jayanthy, Moisture content determination using microstrip fractal resonator sensor, Res. J. Appl. Sci. Eng. Technol. 7 (14) (2014) 2994-2997.

[23] Suganthi R., SankaraGomathi S., Directional oriented forwarding protocol for UAANETS, ARPN J. Eng. Appl. Sci. 10 (2015) 7432-7437.

Capítulo 20: WALS: Uma estrutura de comutação de rótulos leve e sem estado baseada no Teorema Prime para MANETs

1. Introdução

As redes ad hoc móveis (MANET) são uma tecnologia de rede popular que permite que os dispositivos móveis explorem os recursos de rádio para criar redes de interligação sem fios auto-organizadas sem controlo centralizado [1], [2], [3], [4]. As MANET desempenham um papel importante na próxima geração de técnicas sem fios, como as redes ad hoc veiculares (VANET) [5], as redes ad hoc voadoras (FANET) [6], as redes de sensores sem fios (WSN) [7], etc. Numerosos serviços de entrega de dados unicast e multicast (também conhecidos como convenções de encaminhamento) para as MANET têm sido sugeridos nos trabalhos [8], [9], [10]. Normalmente, cada nó sem fios (WN) funciona racionalmente de forma análoga a um router que funciona numa rede com fios. No entanto, ao contrário de um router que envolve tipicamente múltiplas interfaces de rede e pacotes retransmitidos entre interfaces distintas, um WN pode ser fornecido maioritariamente com uma única interface sem fios, onde os pacotes são recolhidos e difundidos através da mesma interface aérea. As abordagens actuais das MANET não têm em conta as variações e utilizam as mesmas funcionalidades de um router nas WN.

A primeira variação do ponto de vista do despacho entre uma WN e um router foi abordada em [11]. Em particular, quando um pacote é disseminado para os vizinhos, mais do que um nó vizinho pode receber esse pacote. Um pacote recebido da interface sem fios é, em primeiro lugar, tratado pelo controlador do protocolo da camada de ligação (também designado por "função de encaminhamento"). Em seguida, é utilizada uma "função de encaminhamento IP" para decidir se este pacote é dirigido ao próprio nó ou redireccionado para outro nó. Se for o primeiro caso, o pacote será enviado para o protocolo da camada superior (por exemplo, a camada de transporte). Se for o segundo caso, é efectuada uma pesquisa de encaminhamento através dos algoritmos apropriados e a informação é baseada no endereço IP do destino no cabeçalho do pacote. Uma vez resolvido o melhor caminho ou o próximo vizinho, o pacote é então enviado para a interface sem fios e redireccionado para o(s) próximo(s) adequado(s) pela função de encaminhamento. O(s) próximo(s) vizinho(s) recebido(s) repete(m) os mesmos procedimentos até que o pacote seja encaminhado para o destino final.

A segunda diferença é que, ao contrário das redes de comutação com fios, como a IEEE 802.3, os pacotes podem ser enviados diretamente de uma interface para a(s) outra(s) (por vezes conhecida como "comutação") na camada de ligação, deixando de ser necessária a camada de encaminhamento. Devido à complicação do encaminhamento na camada de ligação nas MANET, as actuais estratégias de acesso ao meio, como o modo ad hoc no IEEE 802.11, não proporcionaram capacidade de encaminhamento na camada de ligação, ou seja, a receção de pacotes de um nó superordenado e a transmissão instantânea dos dados a um nó subordinado como um processo atómico na camada de ligação pura pelo controlador de acesso ao meio (MAC). Por conseguinte, existem abordagens de encaminhamento bem estabelecidas para promover serviços eficazes de entrega de dados na camada de rede. Os protocolos propostos para as redes convencionais com fios podem não conseguir preservar o movimento dos nós e as numerosas variações de configuração da rede nas redes sem fios.

Devido ao sucesso da indústria das TIC com o sistema incorporado de baixo custo para as MANET, o tratamento de dados nas WN é efectuado no processador de uso geral que utiliza alguns processos de adaptação. Embora o envio de etiquetas sem fios represente uma pequena complicação para a camada de ligação. As acções de envio de etiquetas são executadas em circuitos de software ou de hardware. Além disso, é preferível que uma arquitetura concebida seja "independente da camada inferior", com o objetivo de melhorar a expansibilidade e a flexibilidade para um funcionamento a longo prazo. Todas as questões supramencionadas devem ser estabelecidas a um custo acessível para os serviços e aplicações em MANET.

Atualmente, o encaminhamento de fontes tem-se tornado mais popular nas MANETs [12]. Um dos protocolos de encaminhamento de fonte unicast mais prevalecentes em MANETs é o encaminhamento dinâmico de fonte (DSR). São também classificados como protocolos de encaminhamento reativo, encaminhamento sem estado, encaminhamento a pedido, etc. Estes tipos de protocolos constroem caminhos apenas quando um nó de origem precisa de entregar pacotes a vários nós de destino. No entanto, o DSR pode provocar uma sobrecarga elevada do protocolo para caminhos longos numa MANET em grande escala devido à natureza explícita da informação de encaminhamento.

Uma vez que o multicast é uma função crucial nas MANET, a criação de um multicast inspirado em ad-hoc continua a ser uma questão de investigação aberta e entusiasta. Foram apresentados vários protocolos de encaminhamento multicast para lidar com e familiarizar todos os tipos de características das MANET, que são normalmente expandidas por vários métodos tradicionais de multicast com fios. Entre eles, um método de multicast sem estado (também conhecido como abordagem explícita), como o multicast de destino diferencial (DDM) [13], utiliza a infraestrutura unicast para fornecer um grande número de pequenos grupos multicast.

A investigação anterior mostra que o encaminhamento de origem pode ser realizado através da criação de pares de caminhos múltiplos via controlo de origem em pacotes separados [14], mas não é fácil caraterizar a informação completa da árvore multicast de ponta a ponta num cabeçalho de pacote individual através de um método de codificação rentável [15]. Por conseguinte, os actuais protocolos de encaminhamento de fontes com unicast e multicast em MANETs enfrentam os seguintes desafios:
1) maior sobrecarga do protocolo; 2) maior latência de encaminhamento; e 3) maior complexidade de implementação.

Neste artigo, recomendamos um novo mecanismo de encaminhamento de etiquetas baseado na aritmética, designado por Wireless Arithmetic Label Switching (WALS), para atingir o objetivo com menos recursos de rede para MANETs. Com base numa abordagem sem estado, uma etiqueta aritmética de encaminhamento da fonte é tratada pela fonte e pelos nós intermédios sem consulta da tabela no WALS, conduzindo a uma sobrecarga do protocolo e a uma latência de encaminhamento muito menores do que os esquemas de encaminhamento sem estado convencionais. Do mesmo modo, o WALS inventa uma pilha de protocolos unificada para os protocolos de encaminhamento unicast e multicast, evitando a necessidade de diferenciar os quadros unicast dos quadros multicast nos esquemas de encaminhamento tradicionais que necessitam de duas pilhas de protocolos distintas, simplificando assim a conceção das MANET. Sob uma probabilidade de fuga aceitável, a análise matemática indica que o esquema recomendado mantém uma elevada escalabilidade tanto para as dimensões dos grupos multicast como para as grandes dimensões da rede.

Os principais contributos deste artigo são resumidos da seguinte forma.
1) Apresentamos os mais recentes avanços nas técnicas de encaminhamento rápido de pacotes em redes sem fios multihop, como as MANET, revendo trabalhos anteriores e identificando vários pontos fracos relacionados com as técnicas de encaminhamento existentes, por exemplo, maior sobrecarga do protocolo, maior latência de encaminhamento e maior complexidade de implementação.
2) Neste estudo, propõe-se pela primeira vez uma estrutura inovadora de encaminhamento de pacotes nas MANET, com as características de stateless, source-routed, unicast/multicast integrado, cross-layer e controlo de encaminhamento/plano de utilizador dividido (C/U-split). Em comparação com os protocolos de encaminhamento MANET convencionais, a estrutura proposta simplifica significativamente as tarefas de encaminhamento dos dispositivos MANET, reduzindo a sobrecarga do protocolo e a latência de encaminhamento, e poupando recursos de rede.
3) Uma nova estrutura de etiqueta aritmética (AL) baseada no teorema primo é conduzida neste estudo, contribuindo para os nós intermediários que podem rapidamente determinar se devem encaminhar um quadro recebido para um canal sem fio ponto-a-multiponto. Todo o trabalho acima mencionado é efectuado através de uma simples operação de divisão, evitando um complicado procedimento de pesquisa em tabelas.
4) Foi construída uma série de simulações para demonstrar a melhoria global do desempenho da estrutura proposta em termos de escalabilidade da rede, sobrecarga do protocolo, latência de encaminhamento e probabilidades de sucesso na entrega de pacotes. Os resultados das simulações revelam que a estrutura proposta é superior aos outros três protocolos de encaminhamento multicast competitivos de última geração, incluindo DVMRP [16], ODMRP [17] e MAODV [4], no que respeita ao desempenho da latência de processamento de pacotes e da taxa de entrega de pacotes.

2. Trabalhos anteriores e discussões
A. Taxonomia dos protocolos multicast para as MANEs

Nos últimos anos, o surgimento de abordagens de encaminhamento multicast motivadas por ad hoc continua a ser uma área de investigação aberta, exigente e enérgica, uma vez que o multicast actua como uma função crucial nas MANETs. Vários esquemas tradicionais de multicast, como o DVMRP [16], o CBT [18] e o MOSPF [11], foram propostos para se adaptarem às características das MANETs ad hoc móveis. Todos estes protocolos obedecem às abordagens proactivas (tabledriven) da taxonomia, ou seja, suportam proactivamente informação sobre o estado do multicast em cada nó intermédio. Tendo em conta as características da WN no que diz respeito às suas limitações e requisitos, muitos protocolos tradicionais de encaminhamento multicast podem revelar-se ainda menos eficientes com grupos pequenos e esparsamente distribuídos, uma vez que sofrem uma sobrecarga de sinalização considerável num ambiente amplamente auto-motivado, no qual os nós transportam aleatoriamente actualizações frequentes e erráticas da topologia da rede. Por conseguinte, é problemático manter a informação actualizada sobre o encaminhamento multicast, os loops transitórios podem ser criados durante os movimentos dos nós e as operações de reconfiguração da árvore multicast continuam a ser dispendiosas. Do mesmo modo, a largura de banda e a capacidade da bateria são recursos limitados. Estes condicionalismos combinados acima referidos tornam extremamente difícil o suporte eficiente das comunicações multicast. Além disso, uma vez que a maioria dos protocolos foi originalmente concebida para grandes grupos de receptores numa rede de grandes dimensões, como a Internet, mesmo que esses protocolos de encaminhamento multicast sejam escaláveis para grupos multicast de grandes dimensões, podem continuar a enfrentar problemas de escalabilidade com um grande número de grupos multicast divergentes.

Consequentemente, foram apresentados vários protocolos para esquemas de encaminhamento multicast para lidar com todos os tipos de características das MANETs. O multicast reativo (a pedido) (e.g., ODMRP [17] e MAODV [4]) só encontra rotas quando necessário; o multicast baseado na localização (e.g., EGMP [19] e USVGM [20]) explora a informação geográfica obtida pelo GPS incorporado para ajudar o algoritmo de encaminhamento; o multicast com consciência energética (e.g, FTBCA [21] e ERS [22]) reduz a potência total de transmissão; o multicast sensível à qualidade de serviço (QoS), como o MCLSPM [23], aumenta as qualidades de acordo com o desejo do utilizador; o multicast fiável (e.g., MAODV-BB [24] e LLVS [25]) recupera os dados multicast erróneos em ligações sem fios propensas a erros; e o multicast de base explícita, como o DDM [13], utiliza o unicast para fazer avançar uma escala muito grande de pequenos grupos multicast, etc. Note-se que a maior parte deles utiliza abordagens abrangentes (híbridas).

B. Multicasting encaminhado pela fonte para MANETs

Embora alguns serviços de grupo estejam apenas envolvidos na associação adjacente de pequenas equipas, e tendo em conta que as MANET de grande escala são ainda raras, tem sido recomendado um paradigma de encaminhamento multicast que explora o multicast explícito (Xcast) [26], [27], [28] ou o chamado multicast de pequenos grupos (SGM), ou multi-unicast, ou endereçamento multi-destino. No entanto, o objetivo destes esforços são aplicações de pequenos grupos (também conhecidas como serviços poucos-para-poucos) em que as identidades dos receptores de multicast podem ser reconhecidas pela fonte através de alguma sinalização. Existem muitas aplicações deste tipo, como conferências áudio/vídeo multipartidárias em pequena escala, interação distribuída, aplicações de colaboração, aprendizagem em linha, saúde em linha, atualização de software, push-to-talk, transmissão em direto, jogos em linha, replicação de bases de dados e multicast de conteúdos Web.

O DDM [13] expande o conceito de Xcast para MANETs e consegue resolver os inconvenientes do Xcast. Além disso, as múltiplas pesquisas de encaminhamento unicast diminuem o desempenho do encaminhamento e aumentam o consumo de energia. A DDM utiliza dois modos de funcionamento: o 1) modo sem estado (SM) e o 2) modo de estado suave (SSM). No modo DDM SM (DDM-SM), cada pacote multicast inclui todos os endereços de destino de todos os membros do grupo num cabeçalho de encaminhamento opcional, em vez de utilizar um endereço de grupo. O DDM-SM tem como alvo um SGM e destaca uma conceção sem estado para nós de encaminhamento baseada no encaminhamento unicast, e troca o tamanho do cabeçalho e o poder de processamento pela escalabilidade e simplicidade.

Desta forma, o DDM-SM pode ajudar a sustentar um grande número de grupos multicast divergentes e, por conseguinte, pode ter um carácter vital na construção de aplicações práticas multicast para pequenos grupos, sendo particularmente adequado para aplicações de conferências multipartidárias. Por outro lado, o DDM-SM apresenta novos inconvenientes: 1) escalabilidade: devido à grande sobrecarga do cabeçalho do pacote para multicast, tanto o tamanho do grupo como o tamanho efetivo da carga útil são limitados quando o tamanho do grupo aumenta; além disso, este problema não pode ser resolvido através da fragmentação de pacotes e 2) latência de encaminhamento: um nó DDM tem de enviar vários duplicados de um pacote DDM com conteúdo de cabeçalho distinto; assim, o processamento relativamente complexo do cabeçalho pode ter um impacto fatal no desempenho dos nós na árvore (TRs), especialmente nos nós de ramificação (BR).

Embora o método sem estado não seja vantajoso em alguns cenários, a DDM pode funcionar num SSM (DDM-SSM), que é uma adaptação de uma técnica de multicast explícito concebida para resolver problemas de escalabilidade. Neste modo, à medida que os pacotes com informações de encaminhamento da fonte são encaminhados através da rede, cada nó ao longo do caminho de envio aprende os nós subordinados (próximo salto) para os quais enviou o pacote da última vez e como os dados foram redireccionados. Ao armazenar esta informação em cada um dos RT, a abordagem deixa de exigir o registo de todas as informações sobre os destinos em cada cabeçalho de pacote. Consequentemente, o DDM-SSM diminui significativamente o tamanho dos cabeçalhos DDM. Semelhante ao NAT, o estado armazenado em cada on-TR ao longo dos caminhos de despacho é transitório. Este estado é atualizado por cada pacote que passa e eliminado automaticamente pelo mecanismo de time-out.

Nesta classificação, EM2NET [29], UNCLE [30] e ALEX [31] operam as árvores unicast recursivas: os endereços unicast das BRs podem ser utilizados para garantir os serviços multicast. Assim, a maioria dos não-BRs na árvore não precisa de manter os estados de encaminhamento complexos e a informação de encaminhamento, enquanto os esquemas de encaminhamento unicast recursivo eliminam parcialmente os estados explorando os BRs da árvore multicast. Assim, aumentam a escalabilidade, reduzem a carga de processamento e aumentam a carga útil efectiva. Como resultado, o DDM-SSM é uma revisão comprometida entre as abordagens multicast tradicional e multicast explícito (DDM-SM). No entanto, os esquemas DDM-SSM ainda toleram um problema de escalabilidade linear que dificulta o emprego de multicast em MANETs. Em primeiro lugar, é necessário ter em conta que, à medida que o número de grupos aumenta, o número de estados de multicast também aumenta. Isto indica que a utilização dos recursos dos nós aumenta adicionalmente. O número de estados de envio mantidos na camada de rede aumenta linearmente com a quantidade de canais multicast presentes numa rede. Em segundo lugar, quando ocorrem frequentemente alterações de topologia no encaminhamento unicast subjacente, um nó de origem ou superordenado tem de notificar frequentemente os seus vizinhos subordinados sobre as diferenças no envio de destinos desde o último pacote, pelo que o DDM-SSM se degrada em relação ao DDMSM, ou mesmo aos protocolos multicast tradicionais em ambientes de elevada mobilidade.

Nesta perspetiva, são considerados vários recursos da rede, como o estado multicast mantido pelos nós, o custo de processamento dos pacotes, a utilização da largura de banda e a eficiência na avaliação da escalabilidade dos protocolos multicast. Para além da complexidade do protocolo, factores como o número de fontes, grupos e canais, o atraso extremo-a-extremo e a distribuição dos membros do grupo numa vasta área também têm impacto na escalabilidade. Várias propostas para melhorar a escalabilidade do multicasting foram investigadas [32], [33]. Adicionalmente, um esquema baseado em DHT (tabela de hash distribuída) implementa o auto-endereçamento hierárquico para evitar inundações e consegue resolver problemas de escalabilidade no encaminhamento da camada 3. Com base nos esquemas DHT convencionais [34], [35], é proposto um 3-D-RP para manter multipercursos para um nó de destino, para resolver melhor o problema da escalabilidade e ganhar resiliência contra o particionamento da rede em MANETs [36], [37], [38]. A principal diferença no encaminhamento entre os sistemas baseados em DHT e WALS é a implementação em camadas diferentes. Para atingir o objetivo de conceção de baixa complexidade, o WALS utiliza a comutação da camada 2 como forma de proporcionar uma capacidade de encaminhamento de pacotes simples e rápida.

3. Descrição do problema e questões problemáticas

Os actuais esquemas de encaminhamento unicast e multicast sem estado para MANETs enfrentam os seguintes desafios 1) grande consumo de recursos (e.g., elevado overhead); 2) fraco desempenho (e.g., elevada latência de encaminhamento); e 3) sistemas de encaminhamento unicast e multicast separados.

Em primeiro lugar, o esquema de encaminhamento sem estado (também conhecido como encaminhamento na origem) pode gerar os caminhos de entrega e a árvore produzidos pelos esquemas de encaminhamento unicast/multicast para garantir que os pacotes viajem ao longo do caminho ou árvore especificados com identificadores de caminho/árvore especificados. Nomeadamente, um cabeçalho de extensão de encaminhamento típico da fonte, que pode incluir informações sobre a sequência de encaminhamento, a(s) interface(s) e/ou vizinho(s) do ponto seguinte, regra de seleção, etc. A fonte recolhe periodicamente todas as informações de encaminhamento possíveis e, em seguida, identifica um dos candidatos à árvore de encaminhamento e cada um dos nós intermédios para enviar o pacote multicast com base nas informações de encaminhamento da fonte transportadas nos pacotes de entrada. No entanto, o facto de haver vários candidatos a encaminhamento não garante um melhor desempenho. As fontes devem desenvolver esses caminhos/árvores de forma mais inteligente. Em particular, as fontes devem ter o cuidado de supervisionar a quantidade de congestionamento em cada uma das rotas antes de disseminar os pacotes. Se o congestionamento for crítico, as fontes devem escolher caminhos alternativos à sua disposição. Caso contrário, reduzirão o seu próprio desempenho e o dos outros nós da MANET. As vantagens das abordagens stateless [12], [39] são: 1) é simples de executar e requer uma utilização relativamente baixa de CPU nos nós intermediários e 2) possui uma visão global das informações do caminho. O nó de origem pode disseminar os pacotes para uma ou várias interfaces e receber feedback do host final. Quando ocorre uma falha ou um estrangulamento, o nó de origem desactivará o caminho até que este seja recuperado. Uma das desvantagens dos paradigmas de encaminhamento multicast sem estado pode resultar em sobrecarga extrema para caminhos mais longos, grupos de grande dimensão e redes de grande dimensão, devido às características do encaminhamento de origem. Além disso, é irrecuperável depois de o pacote ter sido disseminado, porque as rotas são determinadas antecipadamente.

Em segundo lugar, há que ter em conta que as actuais políticas de controlo do acesso ao meio, como o modo ad hoc nas redes IEEE 802.11, não proporcionam capacidade de encaminhamento na camada de ligação. Por conseguinte, os dados serão enviados para a camada de rede, como é o caso dos conhecidos fatos do protocolo TCP/IP. A "função de encaminhamento" do IP pode então decidir se esses dados são enviados para o próprio nó ou para os outros nós. Este processo exige milhares de vezes a consulta de tabelas em conformidade. Quando os pacotes passam por estes nós, combatem tanto o atraso como o jitter dependentes do tempo de tratamento dinâmico nos nós; uma adição de jitters pode afetar involuntariamente a perda adicional de pacotes, pelo que as questões de QoS extremamente complicadas constituem um desafio nas MANET. Tanto os processos de encaminhamento como os de encaminhamento são prejudiciais para gerir cargas de tráfego elevadas, tanto para os processos sensíveis ao atraso como à largura de banda nas MANET.

Em terceiro lugar, uma vez que o encaminhamento multicast é funcionalmente diferente das abordagens tradicionais de encaminhamento unicast, os nós executam normalmente esquemas de encaminhamento separados para determinar a forma de enviar pacotes para o encaminhamento unicast e multicast individualmente, o que dá origem a um grande número de requisitos de memória em cada nó da MANET.

Dos pontos de vista acima referidos, permitir que as MANET concedam uma capacidade de encaminhamento na camada de ligação pode ser uma escolha sensata. Tendo em conta que a conservação de grandes dados de encaminhamento IP é muito dispendiosa e complicada no âmbito do protocolo da camada de ligação, e que a etiqueta da camada de ligação é mais simples do que o cabeçalho IP na camada de rede, uma etiqueta de acesso (também conhecida por tag) para indicar a direção de encaminhamento de um pacote torna-se uma seleção racional, e numerosos projectos, tais como [3], [32], [33], [39], [40], [41], [42] e [43], foram sugeridos para o envio eficaz de pacotes em MANET.

O encaminhamento rotulado recomenda soluções para o rápido desenvolvimento de grandes redes, permitindo que um grande número de endereços IP seja unido a um rótulo menor. Ao contrário do encaminhamento IP, o envio de etiquetas é muito mais rápido, uma vez que o valor da etiqueta é colocado no cabeçalho de um pacote recebido e é utilizado para ler a tabela de encaminhamento em cada nó intermédio; nomeadamente, a etiqueta é utilizada para indexar a tabela de forma hop-by-hop. Uma vez que as WNs estão equipadas com a capacidade de reencaminhamento de etiquetas, ao receberem um pacote de dados de um nó superordenado e ao enviarem instantaneamente o pacote de dados para um nó subordinado como um processo atómico pelo MAC para a camada de ligação, a camada de ligação deixa de depender da função de encaminhamento disponível na camada de rede. Esta conceção pode permitir uma melhor utilização do canal sem fios e resultar numa pequena latência de envio nos nós internos. Com exceção da criação e manutenção dos caminhos etiquetados e da entrega das etiquetas entre os nós, as operações de envio de etiquetas para enviar o tráfego de etiquetas através de uma WN são completamente fáceis. Esta conceção diminuirá ainda mais a dimensão das tabelas de endereços e facilitará a manutenção de redes de grande escala numa WN, com mais tráfego, mais grupos multicast e mais receptores multicast.

Além disso, tendo em conta as enormes despesas decorrentes das frequentes actualizações topológicas, a combinação do encaminhamento da fonte sem estado com uma abordagem sem estado para o encaminhamento de etiquetas sem fios pode ser uma escolha mais razoável. Ou seja, a etiqueta contém informação detalhada sobre o encaminhamento da fonte no seu caminho unicast e na sua árvore multicast. Além disso, tendo em conta que as MANET têm recursos limitados, um encaminhamento unicast com multicast é uma metodologia muito mais apelativa nas MANET para distribuir pacotes através de um único esquema de encaminhamento. Para além disso, a comutação de etiquetas não requer muitos recursos de rede, tais como ocupação de memória, computação, largura de banda e sinalização; estes benefícios podem também apresentar proficiência energética para todas as MANETs [30], [31], [40].

4. Arquitetura da rede WALS (Wireless Arithmetic Label Switching)

Procuramos fornecer uma nova arquitetura de comutação de etiquetas sem fios, que é um mecanismo complementar de encaminhamento unificado de pacotes unicast e multicast, e também para lidar com numerosas questões desafiantes relativas à disseminação de dados multicast em MANETs. Os objetivos esperados do projeto são: 1) reduzir as latências de encaminhamento; 2) eliminar a enorme quantidade de informações de encaminhamento multicast (estados) armazenadas nos nós móveis; 3) simplificar o complexo processo de encaminhamento e encaminhamento de pacotes; 4) expandir a escalabilidade da rede; e 5) melhorar a flexibilidade para a implementação de serviços unicast/multicast unificados inovadores nos grupos infinitos e tamanhos de grupos de grande escala com poucas centenas de nós membros em MANETs de alta mobilidade.

A abordagem concebida - WALS - é inspirada, em parte, tanto no encaminhamento unicast de origem do DSR [12] como no SM do DDM [13]. Com base na política explícita de encaminhamento pela fonte, na abordagem DSR, em que cada pacote disseminado anexa no cabeçalho do seu pacote a lista ordenada dos nós intermédios participantes (também conhecidos como encaminhadores) que o pacote despacha a partir do nó de origem. Cada nó intermediário identifica assim o nó do próximo salto a partir do cabeçalho DSR em vez da tabela de encaminhamento, até que o pacote chegue ao destino. De forma análoga, um nó de origem DDM indica claramente o membro de todos os destinos no cabeçalho do seu pacote, fazendo com que os pacotes possam ser auto-encaminhados para todos os destinos desta forma, empregando as convenções de encaminhamento unicast herdadas em cada nó intermédio. Ambas as abordagens podem evitar a manutenção de informações complicadas de encaminhamento multicast em cada nó, particularmente no encaminhamento multicast, uma vez que os estados de multicast por grupo são excluídos em cada nó intermediário e, portanto, o número de grupos multicast pode ser ilimitado e escalável, como esperado. Em vez disso, considerando que a sobrecarga do cabeçalho do pacote reduz a unidade máxima de transmissão (MTU) efectiva, a dimensão dos grupos multicast é limitada por esta abordagem numa MANET de grande escala.

No WALS, um AL encapsula um pacote convencional transmitido através de um caminho de encaminhamento de etiquetas (LFP). O LFP é essencialmente uma lista de nós intermédios [também conhecida por forwarding set (FS)] ao longo do caminho unicast ou da árvore multicast de qualquer fonte para o(s) destino(s). A LFP é recolhida e construída no nó de origem com a ajuda de um esquema de encaminhamento unicast reativo modificado, como o DSR. Por conseguinte, os protocolos de entrega de etiquetas semelhantes ao MPLS (multiprotocol label switching) [44] já não são necessários no WALS.

São introduzidos dois elementos para construir o WALS LFP: 1) chaves específicas do nó e 2) AL específico da fonte. A Fig. 1 demonstra o processamento de pacotes de um nó WALS através de uma abordagem por camadas. As chaves únicas são pré-atribuídas a cada nó elegível para transmissão na MANET com WALS, e as chaves são números inteiros positivos que são mutuamente coprimos. Ou seja, cada chave deve ser um número primo.

O AL é composto pela aritmética da multiplicação contínua de chaves de números primos, executada no nó de origem.

Uma vez que a sequência de chaves na aritmética concebida não está relacionada, esta conceção é adequada para o encaminhamento multicast. Em seguida, o quadro encapsula e transporta as etiquetas anexadas, que são construídas a partir de LFPs através do nó de origem. Posteriormente, a etiqueta é extraída por cada nó intermédio e executa uma operação de módulo pela lógica de controlo WALS para determinar se é reencaminhada (difundida) para todo o(s) seu(s) vizinho(s). O processo repete-se até que todos os receptores recebam o pacote. Uma vez que um nó intermédio é também um recetor, a pilha de protocolos TCP/IP é responsável pela entrega da carga útil às aplicações da camada superior.

Vale a pena referir que o WALS proposto considerou o paradigma da divisão do plano de controlo e do plano do utilizador (C/U-split). Especificamente, a função de controlo do reencaminhamento é representada por "label", que trata do facto de o nó móvel participar ou não num LFP específico, o que significa que o pacote rotulado recebido tem de ser reencaminhado para todos os vizinhos (nós subordinados) se o nó recetor for um reencaminhador; e a função do plano do utilizador é representada por "IP", que trata do facto de um pacote de dados ser ou não entregue às aplicações superiores se o nó recetor for um recetor. Em circunstâncias normais, é possível que um nó móvel desempenhe as duas funções ao mesmo tempo, sem que haja qualquer contradição.

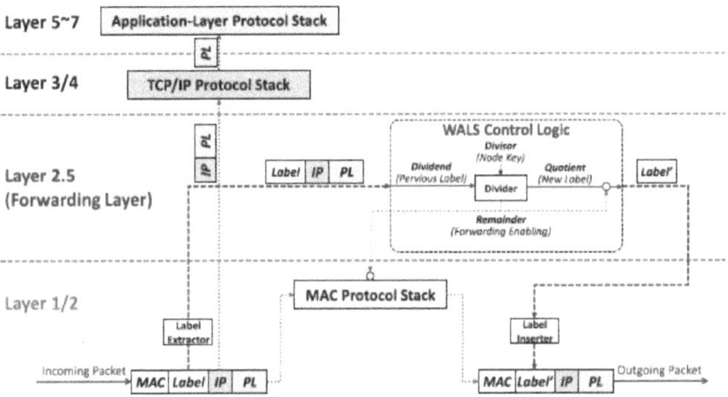

Fig. 1. Processamento de etiquetas WALS num nó MANET.

5. Conclusão e trabalhos futuros

Para vencer os problemas de escalabilidade em termos de unicast e multicast encaminhados pela fonte, é apresentada neste artigo uma nova estrutura de comutação de rótulos unificada, sem estado, encaminhada pela fonte, unicast/multicast para MANETs, designada WALS. A abordagem apresentada exclui completamente os estados de encaminhamento multicast para os nós intermédios, codificando explicitamente a lista aritmética de conjuntos de envio nas etiquetas anexadas à camada 2.5, em vez de utilizar um endereço de grupo multicast. Além disso, a escalabilidade pode ser aumentada devido ao facto de o esquema concebido poder suportar uma certa eficiência de compressão de etiquetas em geral, pelo que a preciosa largura de banda pode ser conservada, e a latência de processamento de pacotes foi melhorada em resultado de o esquema proposto poder permitir uma eficácia de descodificação relativamente simples.

A primeira contribuição fundamental do WALS é melhorar consideravelmente a escalabilidade (número máximo de participantes) em comparação com as abordagens originais de multicast explícito (por exemplo, DDM-SM). Também pode promover a implementação de aplicações de média escala com mais de 1K participantes, particularmente em conferências multipartidárias para MANETs de grande escala com mais de 2K nós. Os resultados da simulação mostram que o WALS é eficaz na melhoria da escalabilidade da rede e na sobrecarga necessária para as capacidades de unicast e multicast.

Em segundo lugar, os resultados da simulação mostram que a latência de encaminhamento do WALS é superior à da maioria dos outros esquemas de encaminhamento multicast concorrentes. O WALS pode, assim, suportar os requisitos crescentes das aplicações em tempo real, como os serviços de emergência, numa MANET sensível ao atraso. Por exemplo, o WALS pode ser adotado para as transmissões de dados em FANETs. Dado que os veículos aéreos não tripulados (UAV) nas FANET apresentam uma natureza fortemente dinâmica em comparação com os nós estacionários nas MANET normais, as mensagens de controlo de voo precisam de interagir rapidamente entre os UAV, o que constituiria uma grande preocupação para os operadores de UAV.

A última contribuição do WALS é a simplicidade (baixa complexidade). O WALS utiliza a comutação da camada 2 como forma de fornecer uma capacidade de reencaminhamento de pacotes simples e rápida. Uma das principais razões para a simplicidade do WALS reside no facto de ser relativamente curto, de comprimento variável, e nos AL, que contêm toda a informação sobre o caminho de encaminhamento. O encaminhamento (routing) de um pacote IP por um nó MANET no nível 3 é mais complicado do que no nível 2. É indiscutivelmente mais simples construir hardware de comutação de etiquetas do que hardware de encaminhamento IP, porque a função de comutação de etiquetas é menos complexa e implica uma elevada eficiência energética. No entanto, note-se que o papel do WALS é uma função de comutação de rótulos pura e independente, que ainda deve ser auxiliada por uma pilha arbitrária de protocolos de encaminhamento de fontes unicast, por exemplo, DSR.

Estas razões indicam que o WALS é a técnica de comutação de rótulos mais viável para o fornecimento de serviços multicast de média ou grande escala para as MANET.

Identificamos várias lacunas de investigação importantes e potenciais vias para investigação futura, incluindo as seguintes.

1) Fiabilidade: A etiqueta WALS pode sofrer erros de bits em ligações sem fios propensas a erros, os erros de bits da etiqueta WALS podem levar à supressão do reencaminhamento normal ou a um reencaminhamento desnecessário, o que sugere que a fiabilidade deve ser melhorada para minimizar os erros.

2) Segurança: Considerando a perda maliciosa de pacotes causada pelo ataque de reencaminhamento seletivo (SFA) nas MANET. A solução de segurança de um protocolo WALS deve suportar a autenticação mútua entre dois nós WALS que executam o protocolo.

3) QoS: À semelhança da trajetória de desenvolvimento do MPLS, o mecanismo de engenharia de tráfego MPLS anexado (MPLS-TE) pode melhorar a QoS para dar prioridade ao tráfego IP, especialmente para aplicações em tempo real [50]. Revela também uma possível direção para o WALS.

4) Rede em grande escala: Com a superior escalabilidade da rede e as características de baixo custo de manutenção da DHT, pode ser implementado um protocolo unicast/multicast de camadas cruzadas para conceber conjuntamente esquemas WALS e DHT num futuro próximo.

Referências

[1] L. Junhai, Y. Danxia, X. Liu, e F. Mingyu, "A survey of multicast routing protocols for Mobile Ad-hoc Networks," IEEE Commun. Surveys Tuts., vol. 11, n.º 1, pp. 78-91, 1.º trimestre de 2009.

[2] H. Zhang, X. Wang, P. Memarmoshrefi, e D. Hogrefe, "A survey of ant colony optimization-based routing protocols for Mobile Ad-hoc Networks," IEEE Access, vol. 5, pp. 24139-24161, 2017.

[3] A. Tariq, R. A. Rehman, e B.-S. Kim, "Forwarding strategies in NDN-based wireless networks: A survey", IEEE Commun. Surveys Tuts., vol. 22, n.º 1, pp. 68-95, 1.º trimestre de 2020.

[4] P. Lavanya, S. V. M. Rao Ch, e P. V. Subba Rao S, "Routing in Mobile Ad-hoc Networks-A comprehensive research," in Proc. 1st Int. Conf. Elect. Electron. Inf. Commun. Technol. (ICEEICT), 2022, pp. 1-8.

[5] S. Glass, I. Mahgoub, and M. Rathod, "Leveraging MANET-based cooperative cache discovery techniques in VANETs: A survey and analysis," IEEE Commun. Surveys Tuts., vol. 19, no. 4, pp. 2640-2661, 4th Quart., 2017.

[6] D. S. Lakew, U. Sa'ad, N.-N. Dao, W. Na, e S. Cho, "Routing in flying ad hoc networks: A comprehensive survey", IEEE Commun. Surveys Tuts., vol. 22, n.º 2, pp. 1071-1120, 2.º trimestre de 2020.

[7] H.-H. Choi e K. Lee, "Cooperative wireless power transfer for lifetime maximization in wireless multihop networks," IEEE Trans. Veh. Technol., vol. 70, no. 4, pp. 3984-3989, Abr. 2021.

[8] J. J. Garcia-Luna-Aceves, J. E. Martinez-Castillo, and R. Menchaca- Mendez, "Routing to multi-instantiated destinations: Principles, practice, and applications," IEEE Trans. Mobile Comput., vol. 17, n.º 7, pp. 1696-1709, Jul. 2018.

[9] Y.-H. Chen, C.-C. Hu, E. H.-K. Wu, S.-M. Chuang, e G.-H. Chen, "A delay-sensitive multicast protocol for network capacity enhancement in multirate MANETs," IEEE Syst. J., vol. 12, no. 1, pp. 926-937, Mar. 2018.

[10] T.-N. Tran, T.-V. Nguyen, K. Shim, D. B. Da Costa e B. An, "A new deep Q-network design for QoS multicast routing in cognitive radio MANETs", IEEE Access, vol. 9, pp. 152841-152856, 2021.

[11] A. Acharya, A. Misra, and S. Bensal, "A label-switching packet forwarding architecture for multi-hop wireless LANs," in Proc. ACM Workshop Mobile Multimedia (WoWMoM), Atlanta, GA, EUA, Set. 2002, pp. 33-40.

[12] B. H. Khudayer, M. Anbar, S. M. Hanshi, and T.-C. Wan, "Efficient route discovery and link failure detection mechanisms for source routing protocol in Mobile Ad-hoc Networks," IEEE Access, vol. 8, pp. 24019-24032, 2020.

[13] L. Ji and M. S. Corson, "Differential destination multicast-a MANET multicast routing protocol for small groups," in Proc. IEEE INFOCOM Conf. Comput. Commun. 20th Annu. Joint Conf. IEEE Comput. Commun. Soc., vol. 2, 2001, pp. 1192-1201.

[14] "Reliable multicast transport working group". Acedido: 17 de janeiro de 2023. [Online]. Disponível: http://www.ietf.org/html.charters/rmt-charter.html

[15] A. Acharya, S. Ganu, and A. Misra, "DCMA: A label switching MAC for efficient packet forwarding in multihop wireless networks," IEEE J. Sel. Areas Commun., vol. 24, no. 11, pp. 1995-2004, Nov. 2006.

[16] D. Johnson, "Routing in ad hoc networks of mobile hosts," in Proc. IEEE Workshop Mobile Comput. Syst. Appl. (WMCSA), 1994, pp. 158-163.

[17] H. Xia, Z. Li, Y. Zheng, A. Liu, Y.-J. Choi, e H. Sekiya, "A novel light-weight subjective trust inference framework in MANETs," IEEE Trans. Sustain. Comput., vol. 5, no. 2, pp. 236-248, Abr.-Jun. 2020.

[18] H. Holbrook e B. Cain, "Source-specific multicast for IP", IETF, Fremont, CA, EUA, RFC 4607, agosto de 2006.

[19] X. Xiang, X. Wang e Y. Yang, "Supporting efficient and scalable multicasting over Mobile Ad-hoc Networks", IEEE Trans. Mobile Comput., vol. 10, no. 4, pp. 544-559, Abr. 2011.

[20] G. M. Someswar and B. V. V. S. Prasad, "USVGM protocol with two-layer architecture for efficient network management in MANET'S," in Proc. 2nd Int. Conf. Commun. Electron. Syst. (ICCES), 2017, pp. 738-741.

[21] G. Krishnasamy, "An energy aware fuzzy trust-based clustering with group key management in MANET multicasting," in Proc. 2nd Int. Conf. New Trends Comput. Sci. (ICTCS), 2019, pp. 1-5.

[22] K. U. Adhvaryu, "Energy efficient ERS for multicast routing in MANET," in Proc. Int. Conf. Recent Adv. Energy-Efficient Comput. Commun. (ICRAECC), 2019, pp. 1-4.

[23] G. Singal, V. Laxmi, M. S. Gaur, S. Todi, V. Rao e A. Zemmari, "MCLSPM: Multi-constraints link stable multicast routing protocol in ad hoc networks", em Proc. Wireless Days (WD), 2016, pp. 1-6.

[24] X. Li, T. Liu, Y. Liu, e Y. Tang, "Optimized multicast routing algorithm based on tree structure in MANETs," China Commun., vol. 11, no. 2, pp. 90-99, Feb. 2014.

[25] C. Greco, M. Cagnazzo, and B. Pesquet-Popescu, "Low-latency video streaming with congestion control in Mobile Ad-hoc Networks," IEEE Trans. Multimedia, vol. 14, no. 4, pp. 1337-1350, Aug. 2012.

[26] H. Gossain, K. Anand, C. Cordeiro, and D. P. Agrawal, "A scalable explicit multicast protocol for MANETs," J. Commun. Netw., vol. 7, no. 3, pp. 294-306, Sep. 2005.

[27] W.-K. Jia, G.-H. Liu, e Y.-C. Chen, "Topology-aware optimal subgrouping and sub-scheduling for generalized explicit multicasting on Internet," IEEE Syst. J., vol. 11, no. 4, pp. 2325-2336, Dec. 2017.

[28] Y. Zheng, W.-K. Jia, and Y. Wu, "Performance evaluation of in-packet membership querying algorithm for large-scale networks," in Proc. IEEE Scalable Comput. Commun. (Scalcom), 2018, pp. 1668-1675.

[29] A. Benslimane, C. Ferrari, and A. Hafid, "EM2NET: An energy-saving explicit multicast protocol for MANETs," in Proc. IEEE GLOBECOM IEEE Global Telecommun. Conf., 2007, pp. 592-597.

[30] W.-K. Jia e L.-C. Wang, "UNCLE: A unified unicast and multicast label forwarding architecture in MANETs," in Proc. IEEE Global Commun. Conf. (GLOBECOM), 2012, pp. 5711-5716.

[31] W.-K. Jia, C.-Y. Chen, and Y.-C. Chen, "ALEX: An arithmetic-based unified unicast and multicast routing for MANETs," in Proc. IEEE Wireless Commun. Netw. Conf. (WCNC), 2014, pp. 2114-2119.

[32] O. Ashour, M. St-Hilaire, T. Kunz, and M. Wang, "A survey of applying reinforcement learning techniques to multicast routing," in Proc. IEEE 10th Annu. Ubiquitous Comput. Electron. Mobile Commun. Conf. (UEMCON), 2019m pp. 1145-1151.

[33] T. N. Tran, T.-V. Nguyen, K. Shim, e B. An, "A game theory based clustering protocol to support multicast routing in cognitive radio Mobile Ad-hoc Networks," IEEE Access, vol. 8, pp. 141310-141330, 2020.

[34] D. Sampath and J. J. Garcia-Luna-Aceves, "Scalable integrated routing using prefix labels and distributed hash tables for MANETs," in Proc. IEEE 6th Int. Conf. Mobile Adhoc Sensor Syst., Macau, China, 2009, pp. 188-198.

[35] S. A. Abid, M. Othman, and N. Shah, "A survey on DHT-based routing for large-scale Mobile Ad-hoc Networks," ACM Comput. Surveys, vol. 47, no. 2, p. 20, 2015.

[36] S. A. Abid, M. Othman, N. Shah, M. Ali, and A. R. Khan, "3D-RP: A DHT-based routing protocol for MANETs," Comput. J., vol. 58, no. 2, pp. 258-279, Fev. 2015.

[37] A. Tahir, S. A. Abid, and N. Shah, "Logical clusters in a DHT-paradigm for scalable routing in MANETs," Comput. Netw., vol. 128, pp. 142-153, Dez. 2017.

[38] S. Zahid, S. A. Abid, N. Shah, S. H. Abbas Naqvi e W. Mehmood, "Distributed partition detection with dynamic replication management in a DHT-based MANET", IEEE Access, vol. 6, pp. 18731-18746, 2018.

[39] S. Venkatasubramanian, "Fruit-fly algorithm based dynamic source routing algorithm for energy efficient multipath routing in MANET," in Proc. Int. Conf. Comput. Commun. Informat. (ICCCI), 2022, pp. 1-8.

[40] K. Poularakis, Q. Qin, K. M. Marcus, K. S. Chan, K. K. Leung e L. Tassiulas, "Hybrid SDN control in Mobile Ad-hoc Networks," in Proc. IEEE Int. Conf. Smart Comput. (SMARTCOMP), 2019, pp. 110-114.

[41] F. A. Al-Zahrani, "On modeling optimizations and enhancing routing protocols for wireless multihop networks", IEEE Access, vol. 8, pp. 68953-68973, 2020.

[42] X. Guo, S. Yang, L. Cao, J. Wang, and Y. Jiang, "A new solution based on optimal link-state routing for named data MANET," China Commun., vol. 18, no. 4, pp. 213-229, Abr. 2021.

[43] K. S. Sankaran, N. Vasudevan, K. R. Devabalaji, T. S. Babu, H. H. Alhelou e T. Yuvaraj, "A recurrent reward-based learning technique for secure neighbor selection in Mobile Ad-hoc Networks," IEEE Access, vol. 9, pp. 21735-21745, 2021.

[44] A. , S. Pica, G. Predusca, N. Angelescu, D. Circiumarescu, e D. C. Puchianu, "Analysis of MPLS technology in the case of virtual networks," in Proc. 14th Int. Conf. Electron. Comput. Artif. Intell. (ECAI), 2022, pp. 1-6.

[45] S. Bhattacharyya, "An overview of source-specific multicast (SSM)", IETF, Fremont, CA, EUA, RFC 3569, Jul. 2003.

[46] H. Holbrook e B. Cain, "Source-specific multicast for IP", IETF, Fremont, CA, EUA, RFC 4607, agosto de 2006.

[47] "EstiNet 7.0." Acedido: 17 de janeiro de 2023. [Online]. Disponível: http://www.estinet.com

[48] S.-Y. Wang, P.-F. Wang, Y.-W. Li, e L.-C. Lau, "Design and implementation of a more realistic radio propagation model for wireless Vehicular Networks over the NCTUns network simulator," in Proc. IEEE Wireless Commun. Netw. Conf., Cancun, México, 2011, pp. 1937-1942.

[49] S. Sai et al., "Field evaluation of UHF radio propagation for an ITS safety system in an urban environment", IEEE Commun. Mag., vol. 47, n.º 11, pp. 120-127, Nov. 2009.

[50] R. Gandhi, T. Rajkumar, J. Chandramohan e T. Guha, "Redução do consumo de energia usando otimização de colônia de formigas em MANET usando técnicas de aprendizado de máquina", em Proc. IEEE 2nd Mysore Sub Section Int. Conf. (MysuruCon), Mysuru, Índia, 2022, pp. 1-5.

I want morebooks!

Buy your books fast and straightforward online - at one of world's fastest growing online book stores! Environmentally sound due to Print-on-Demand technologies.

Buy your books online at
www.morebooks.shop

Compre os seus livros mais rápido e diretamente na internet, em uma das livrarias on-line com o maior crescimento no mundo! Produção que protege o meio ambiente através das tecnologias de impressão sob demanda.

Compre os seus livros on-line em
www.morebooks.shop